Biblisch-Theologische Studien

Herausgegeben von
Jan Dietrich, Jörg Frey, Friedhelm Hartenstein
und Matthias Konradt

Band 190

Jörg Frey / Uta Poplutz (Hg.)

Taufe und Heil im Johannesevangelium

Mit Beiträgen von
C. Claußen, J. Frey, A. Hentschel,
Chr. Hoegen-Rohls, Chr. Karakolis,
T. Nicklas und U. Poplutz

Vandenhoeck & Ruprecht

Bibliografische Information der Deutschen Bibliothek:
Die Deutsche Nationalbibliothek verzeichnet diese Publikation in
der Deutschen Nationalbibliografie; detaillierte bibliografische
Daten sind im Internet über https://dnb.de abrufbar.

© 2022 Vandenhoeck & Ruprecht, Theaterstraße 13,
D-37073 Göttingen, ein Imprint der Brill-Gruppe
(Koninklijke Brill NV, Leiden, Niederlande; Brill USA Inc.,
Boston MA, USA; Brill Asia Pte Ltd, Singapore;
Brill Deutschland GmbH, Paderborn, Deutschland;
Brill Österreich GmbH, Wien, Österreich)
Koninklijke Brill NV umfasst die Imprints Brill, Brill Nijhoff,
Brill Hotei, Brill Schöningh, Brill Fink, Brill mentis,
Vandenhoeck & Ruprecht, Böhlau, V&R unipress und
Wageningen Academic.

Alle Rechte vorbehalten. Das Werk und seine Teile sind
urheberrechtlich geschützt. Jede Verwertung in anderen als
den gesetzlich zugelassenen Fällen bedarf der vorherigen
schriftlichen Einwilligung des Verlages.

Druck und Bindung: Hubert & Co. BuchPartner, Göttingen
Printed in the EU

Vandenhoeck & Ruprecht Verlage |
www.vandenhoeck-ruprecht-verlage.com

ISSN 0930-4800
ISBN 978-3-525-56061-7

Vorwort

Die in diesem Band veröffentlichten Beiträge gehen auf die fünfte Tagung des Colloquium Ioanneum an der Universität Zürich zurück, die unter dem Titel „Das Johannesevangelium in östlicher und westlicher Exegese am Paradigma der Thematik von Taufe und Reinigung" unter der Leitung von Jörg Frey (Zürich), Christos Karakolis (Athen) und Uta Poplutz (Wuppertal) durchgeführt wurde.

Bei der von Jörg Frey und Uta Poplutz 2010 ins Leben gerufenen und seit einigen Jahren gemeinsam mit Christina Hoegen-Rohls (Münster) und Nadine Ueberschaer (Tübingen) fortgesetzten Forschungskooperation des Colloquium Ioanneum handelt es sich um ein internationales, ökumenisches Doktoranden- und Habilitandenkolloquium, das Nachwuchswissenschaftlerinnen und Nachwuchswissenschaftlern ein jährlich tagendes Forum bietet, bei dem sie durch die Vorträge renommierter Expertinnen und Experten neue Einblicke in die aktuelle Forschung zum Corpus Ioanneum gewinnen und zugleich die eigenen im Entstehen begriffenen Qualifikationsarbeiten aus diesem Bereich vorstellen und in offener Werkstattatmosphäre diskutieren können.[1]

---

[1] Der Schwerpunkt des von uns verantworteten *Colloquium Ioanneum* liegt gezielt auf der internationalen und ökumenischen Nachwuchsförderung. Diese Forschungskooperation ist nicht identisch mit jener Forscher*innengruppe, die sich im Anschluss an die Tradition des *Colloquium Oecumenicum Paulinum* 2012 gegründet hat und die sich ebenfalls als *Colloquium Ioanneum* bezeichnet.

Für die Edierung des Manuskripts dieses Bandes haben sich Florence Gantenbein (Zürich/Bern) und Laura Schlettert (Münster) verdient gemacht. Für einen gründlichen letzten Korrekturdurchgang hat das Lehrstuhl-Team in Wuppertal gesorgt, namentlich Natalie Klimenko. Florence Gantenbein hat das Stellenregister angefertigt und die endgültige Druckvorlage erstellt.

Der Verlag Vandenhoeck & Ruprecht, jetzt Brill Deutschland, hat diesen Band gerne in sein bibelwissenschaftliches Programm übernommen, dafür und für die bewährte Zusammenarbeit sei Izaak de Hulster herzlich gedankt.

Zürich und Wuppertal,   Jörg Frey
im September 2022   Uta Poplutz

Inhalt

Vorwort V

Jörg Frey
Die Taufe im Johannesevangelium –
forschungsgeschichtliche Perspektiven 1

Carsten Claußen
Johannes der Zeuge im Johannesevangelium
für die Leserschaft des Markusevangeliums 35

Christos Karakolis
Baptism in the Fourth Gospel:
A Synchronic Reading 77

Christina Hoegen-Rohls
Was meint ‚Geisttaufe‘ im Johannesevangelium?
Ein komparatistisch grundierter Antwortversuch 97

Anni Hentschel
„Ihr seid schon rein!" (Joh 13,10)
Die Fußwaschung Jesu –
keine Frage der Reinheit? 139

Tobias Nicklas
Mensch sein und Mensch werden
im Johannesevangelium 169

Stellenregister 209

Autorinnen und Autoren 215

Jörg Frey

Die Taufe im Johannesevangelium – forschungsgeschichtliche Perspektiven

Mit der Frage nach den Sakramenten im Johannesevangelium sind zahlreiche Probleme verbunden.[1] Bei den für die kirchliche Praxis so zentralen und zugleich zwischen unterschiedlichen kirchlichen Traditionen in ihrem Verständnis strittigen Akten von Taufe und Eucharistie ist die Gefahr besonders groß, dass Exegeten unterschiedlicher Provenienz anachronistische Fragestellungen und Kategorien in die Texte eintragen und so die für ihre eigene Identität wesentlichen Aussagen und Vorstellungen in den Texten wiederfinden wollen. Daher ist zur Einführung in diesen Band über „Taufe und Heil im Johannesevangelium" ein kurzer Blick auf Wege und Irrwege der exegetischen Diskussion und den gegenwärtigen Stand der Fragestellung notwendig.

1. Vorfragen

Die theologische Tradition sieht die Urgestalt der Kirche und insbesondere die grundlegenden Sakramente Taufe und Eucharistie eingesetzt durch Jesus Christus, den Inkarnierten, Gekreuzigten und Auferstandenen. Biblische loci classici sind dazu einerseits der matthäische Missions- und Taufbefehl im Munde des Auferstandenen

[1] *Raymond E. Brown*, The Gospel According to John (i–xii), AncB 29, New York et al. 1966, cxi: „Perhaps on no other point of Johannine thought is there such sharp division among scholars as there is on the question of sacramentalism."

in Mt 28,18–20 und andererseits die verba testamenti der drei synoptischen Mahlberichte und der paulinischen Herrenmahlsparadosis, wobei im Blick auf die Einsetzung späterer kirchlicher Handlungen vor allem die Wiederholungsbefehle in 1Kor 11,23–25 und Lk 22,19f bedeutsam sind.

Das Johannesevangelium unterscheidet sich an dieser Stelle signifikant von den anderen kanonischen Evangelien, insofern es im Rahmen des Berichts vom letzten Mahl Jesu (Joh 13,1–30) von keiner ‚eucharistischen' Mahlhandlung berichtet, sondern an dieser Stelle von einer anderen Handlung Jesu, der Fußwaschung. Diese wird von Jesus zweifach gedeutet, zunächst im Rahmen soteriologischer Symbolik und dann als ein von den Jüngern nachzuahmendes Vorbild.[2] Dieser auffälligen Lücke hinsichtlich der Einsetzung einer Mahlhandlung steht allerdings der Sachverhalt gegenüber, dass im Rahmen von Johannes 6 nicht nur der Speisungsbericht 6,1–15 ‚eucharistische' Züge trägt (vgl. 6,11), sondern v.a. auch der Schlussteil der Lebensbrot-Rede, ab 6,48 oder 6,51.[3] In auffälligem Anklang an andere Mahlaussagen ist hier vom heilvollen „Kauen" des Brotes und „Trinken" des Blutes Jesu die Rede, was von der überwiegenden Mehrheit der Exegeten als Hinweis auf ein als ‚heilsvermittelnd' oder zumindest heilsrelevant verstandenes Mahl interpretiert wird.[4] Auch von einem Taufbefehl berichtet

---

[2] S. zu dieser Episode den Beitrag von Anni Hentschel in diesem Band.
[3] Die Abtrennung eines Abschnitts ab V. 51c ist allein aus literarkritischen Gründen erfolgt, weil Interpreten seit Anfang des 20. Jahrhunderts und dann insbesondere Rudolf Bultmann in seinem Kommentar (*Rudolf Bultmann*, Das Evangelium des Johannes, KEK 2, Göttingen ²¹1986, 174–177) in V. 51c–58 einen sachlich-theologisch von der vorherigen Lebensbrotrede abzuhebenden, im Unterschied zu dieser als „sakramentalistisch" einzustufenden Abschnitt sahen. Die Gliederung des überlieferten johanneischen Textes fordert hingegen keinen Einschnitt nach V. 51b.
[4] Die radikal entgegengesetzte Interpretation bei *Jan Heilmann*, Wein und Blut. Das Ende der Eucharistie im Johannesevangelium und dessen Konsequenzen, BWANT 204, Stuttgart 2014, die diese Aussa-

das vierte Evangelium weder im Rahmen der nachösterlichen Sendung der Jünger (Joh 20,22f) noch an anderer Stelle, wenngleich auch hier zumindest in der Rede von dem Geborenwerden „aus Wasser und Geist" (Joh 3,5; vgl. 3,3) wahrscheinlich eine Referenz auf die gemeindliche Praxis der Taufe vorliegt und daneben nicht nur von der Tauftätigkeit Johannes des Täufers, sondern sogar von einer eigenen – wie auch immer vorzustellenden – Tauftätigkeit des irdischen Jesus erzählt wird (Joh 3,22–26; vgl. 4,2).[5] Damit eröffnen sich eine Reihe von Fragenkreisen:
a) Zunächst stellt sich hier das klassische Problem des Verhältnisses von Johannes und Synoptikern. Wenn man Johannes die Intention zuschreibt, das synoptische Jesusbild theologisch zu vertiefen oder gar die Synoptiker im kirchlichen Gebrauch völlig zu ersetzen,[6] dann wird das Fehlen von Tauferzählung und Herrenmahlsparadosis als mögliche Kritik an der synoptischen Darstellung signifikant. Wenn man gar in Johannes eine ganz unabhängige, eigenständige Traditionslinie sieht, dann könnte das Evangelium selbst Zeuge einer eigenständigen frühen Form des Christentums sein, das auch in seiner Stellung zu den Sakramenten eine alternative Position vertritt.

---

gen konsequent metaphorisch ohne Bezug auf ein konkretes gemeindliches Mahl auf die Aufnahme von Lehre bezieht, basiert auf einer Reihe problematischer Voraussetzungen und kann im Ganzen nicht überzeugen.
[5] Zu diesen Aussagen und ihrer Bedeutung s. zuletzt *Jörg Frey*, Baptism in the Fourth Gospel, and Jesus and John as Baptizers. Historical and Theological Reflections on John 3:22–30, in: *R. Alan Culpepper / Jörg Frey* (Hg.), Expressions of the Johannine Kerygma in John 2:23–5:18. Historical, Literary, and Theological Readings from the Colloquium Ioanneum 2017 in Jerusalem, WUNT 423, Tübingen 2019, 87–115.
[6] Diese Alternative wurde aufgestellt bei *Hans Windisch*, Johannes und die Synoptiker. Wollte der vierte Evangelist die älteren Evangelien ergänzen oder ersetzen?, UNT 12, Leipzig 1926.

b) Die zweite zentrale Frage ist die nach der Auslegungsperspektive, in der Johannes gelesen wird:[7] Versteht man das Evangelium primär als eine historisch zuverlässige Erzählung über Wirken und Lehre des irdischen Jesus, dann kann man eine explizite Thematisierung der späteren kirchlichen Handlungen noch nicht erwarten, sondern wird alle möglichen Anspielungen auf die Taufe wie z.B. Joh 3,5 noch im Rahmen eines vorösterlichen und jüdischen Verständnisvermögens interpretieren.[8] Wird Johannes hingegen als Spiegel der Geschichte oder Theologie der johanneischen Gemeinde gelesen, dann stellt sich die Frage, ob im Rahmen dieser Gemeinde oder Gemeindekreise diese Handlungen womöglich fehlten, oder ob sie so selbstverständlich praktiziert wurden, dass eine Begründung unnötig war, aber Bezugnahmen oder Anspielungen auf die gemeindliche Praxis und auch auf Taufe und Mahlfeier im johanneischen Text vorauszusetzen sind bzw. von den ersten Leserinnen und Lesern als solche erkannt wurden, weil diese zu ihrer Glaubens- und Lebenswelt gehörten.

c) Die am schwierigsten zu klärende Frage hängt mit der johanneischen Metaphorik und Symbolik zusammen: Lässt sich auch dort, wo nicht explizit von Taufe und

---

[7] S. dazu *Jörg Frey*, Wege und Perspektiven des Johannesevangeliums. Überlegungen auf dem Weg zu einem Kommentar, in: *ders.*, Die Herrlichkeit des Gekreuzigten. Studien zu den Johanneischen Schriften I, hg. v. *Juliane Schlegel*, WUNT 307, Tübingen 2013, 3–41 (8–12).

[8] So z.B. im Blick auf Joh 3,5 der konservative Lutheraner *Theodor Zahn*, Das Evangelium des Johannes, Erlangen 5/61921, 190, der postuliert, „daß das Wort nach der geschichtlichen Sachlage verstanden sein will, unter welcher es gesprochen wurde." Ebenso neuere evangelikale Interpreten wie z.B. *Andreas J. Köstenberger*, John, BECNT, Grand Rapids 2009, 123: „it would hardly have been meaningful for Jesus to inform Nicodemus that he must be baptized in order to go to heaven"; differenzierter *Richard J. Bauckham*, Gospel of Glory: Major Themes in Johannine Theology, Grand Rapids 2015, 82–91, der nach der Diskussion von sieben Möglichkeiten eines zeitgenössisch-jüdischen Verständnisses von „Wasser und Geist" in Joh 3,5 wenigstens einen sekundären Bezug auf die Taufe in diesem Vers zugesteht (91).

Mahlfeier gesprochen wird, ein symbolischer Bezug darauf erkennen – oder muss man sich an das explizit Ausgesprochene halten und dann evtl. eine ‚defizitäre‘ oder jedenfalls unausgebildete Ekklesiologie postulieren?[9] Welches Maß an symbolischer Tiefe darf man hinter den johanneischen Texten sehen und wo ist die Grenze der symbolischen Interpretation? Impliziert die symbolische Deutung ihrerseits eine Entwertung der historischen oder der materiellen Dimension, oder besteht nach johanneischem Verständnis zwischen beiden kein Gegensatz, sodass das Irdische und damit auch die konkrete Wassertaufe und die konkrete Mahlfeier trotz der symbolischen Tiefe oder der Betonung des Geistes nach wie vor bedeutsam bleiben?

d) Damit stellen sich zugleich Fragen der literarischen Genese des Evangeliums. Wenn man zwischen übernommenen Traditionen, der Position des Evangelisten und späteren redaktionellen Ergänzungen und Korrekturen entscheidet, kommt der Frage nach der Zuordnung von Aussagen wie Joh 3,5 („Wasser und Geist") oder des ‚eucharistischen‘ Abschnitts in Joh 6,51c–58 sowie ggf. weiterer Teile dieses Kapitels entscheidende Bedeutung zu. Dabei ging es Interpreten häufig implizit darum, eine bestimmte Position – die des Evangelisten – von der ‚bloß übernommenen‘ Tradition oder einer später eingetragenen Korrektur zu distanzieren und theologisch besonders scharf zu profilieren. So wurde in wesentlichen Strömungen der modernen protestantischen Exegese der vierte Evangelist der Gewährsmann für eine ‚unsakramentale‘ oder gar antisakramentalistische Worttheologie, in der sich letztlich die neuprotestantische Kritik an sakramentalen Vollzügen und damit ein letztlich anachronistisches theologisches Interesse spiegelte.

[9] So z.B. *Ernst Käsemann*, Jesu letzter Wille nach Johannes 17, Tübingen [4]1980, 6; vgl. auch *Eduard Schweizer*, Gemeinde und Gemeindeordnung im Neuen Testament, Zürich [2]1962, 105–112, der die johanneische Ekklesiologie als ganz von der schon geschehenen Vollendung hergedacht ansieht. Anders *Udo Schnelle*, Johanneische Ekklesiologie, NTS 37 (1991), 37–50.

e) Die Frage nach den Sakramenten war schon lange zuvor kontroverstheologisch befrachtet, wie sich bereits bei älteren Auslegern zeigt. So wollte bereits Johannes Calvin in dem „aus Wasser und Geist" in Joh 3,5 keinen Bezug auf die Taufe sehen, denn nach seiner Auslegung bezeichnen Wasser und Geist gleichermaßen den Geist, sodass es in Joh 3,5 nicht um das Zeichen der Wassertaufe, sondern nur um die Geburt aus dem Geist gehen kann.[10] Umgekehrt ist die Auslegung auf die Taufe bei altkirchlichen Auslegern wie Johannes Chrysostomus und in der traditionell römisch-katholischen Exegese die Regel. Solche Faktoren sind zu berücksichtigen, auch wenn sich im 20. Jahrhundert die Lager mischen und ein lutherischer Theologe wie Oscar Cullmann eine besonders stark sakramentale Johannesauslegung vorlegte,[11] während umgekehrt auch Katholiken wie Georg Richter[12] antisakramentale Deutungen der Theologie des vierten Evangelisten präsentieren konnten.

Ich möchte im Folgenden an einzelnen exemplarischen Positionen die Herausbildung der Forschungsfragen und -kontroversen im 19. und 20 Jh. vorführen und dann einige einführende Perspektiven aus der neueren Diskussion formulieren.

---

[10] *Johannes Calvin*, Opera omnia ... series II: Opera exegetica veteris et novi testamenti, vol. IX/1: In evangelium secundum Joannem commentarius pars prior, hg. v. *Helmut Feld*, Genève 1997, 89,2f: „Ideo Spiritum et aquam pro eodem posuit, neque hoc durum aut coactum videri debet." Vgl auch *Hugo Grotius*, Annotationes in Novum Testamentum I: Annotationes in libros evangeliorum, Amsterdam 1641, 870: „hic non agitur directè de Baptismo, sed locutiones sunt alludentes ad Baptismum."
[11] *Oscar Cullmann*, Urchristentum und Gottesdienst, AThANT 3, Basel 1944. S. auch die 2., vermehrte Auflage (Basel / Zürich 1950), die 3. Auflage (Zürich 1956) und eine 4., unveränderte Auflage (Zürich 1962).
[12] *Georg Richter*, Studien zum Johannesevangelium, hg. v. *Josef Hainz*, BU 13, Regensburg 1977.

2. Die Herausbildung der Forschungspositionen im 19. Jahrhundert

Die heutige Forschung, die immer an vermeintlich ‚neuen Perspektiven' interessiert ist, übersieht häufig, welche Fülle an Überlegungen bereits in der älteren Exegese vorgetragen wurden – von den Kirchenvätern angefangen, aber dann auch und besonders im 19. Jahrhundert, in dem sich die kritische Exegese entwickelt hat, wenngleich der methodische Zugriff auf das Johannesevangelium in vielem noch ungeklärt war.[13] Stattdessen artikulieren sich die konfessionellen oder philosophischen Grundpositionen in diesen älteren Auslegungen noch unverblümter.

2.1 Die Entgegensetzung von Irdischem und Geistigem bei F.C. Baur

Ein geeigneter Ausgangspunkt ist die idealistische Auslegung des Johannesevangeliums bei Ferdinand Christian Baur. Für den Nestor der alten Tübinger Schule, der für die Durchsetzung der Johanneskritik entscheidende Bedeutung hatte,[14] ist das Johannesevangelium die Explikation der an seinem Anfang formulierten Logos-Idee. Es steht in der urchristlichen Literaturgeschichte ganz am Ende, in der späten Vermittlung und Überwindung der ursprünglichen Antithese von Judenchristentum und Paulinismus, und es bietet am ehesten eine Präsentation des Christentums als der ‚absoluten Religion'. In dieser philosophischen, von Hegels Idealismus her inspirierten

---

[13] S. zur methodischen und sachlichen Entwicklung der Johannesforschung bis zum Beginn des 20. Jahrhunderts *Jörg Frey*, Die johanneische Eschatologie. Ihre Probleme im Spiegel der Forschung seit Reimarus, WUNT 96, Tübingen 1996, 9–84.

[14] Zu Baurs Auslegung des Johannesevangeliums s. ausführlich *Jörg Frey*, Ferdinand Christian Baur und die Johannesauslegung, in: *Martin Bauspiess / Christof Landmesser / David Lincicum* (Hg.), Ferdinand Christian Baur und die Geschichte des frühen Christentums, WUNT 333, Tübingen 2014, 227–258.

Betrachtungsweise kann den irdischen Akten der Heilsvermittlung, Taufe und Herrenmahl, ‚eigentlich' kein Gewicht zukommen. In Baurs Darstellung der neutestamentlichen Theologie spielen diese gottesdienstlichen Akte daher auch kaum eine Rolle. Wohl wird in Joh 3,22 von Jesu Tauftätigkeit berichtet, aber die Parallelität der Wirksamkeit des Täufers und Jesu dient ja nur dazu, die Ablösung des ‚irdischen Prinzips' durch das ‚himmlische' anzudeuten.[15] Wohl ist in Joh 3,3–5 die Taufe erwähnt, doch kann es darin nach Baur nur um die Neugeburt aus dem Geist gehen, der allein das ‚wirkende Prinzip' ist.[16]

Die Entgegensetzung von irdisch-konkreter Handlung und symbolischer bzw. idealistischer Deutung ist bei Baur am ausgeprägtesten. Der spätere Streit um die Thesen der Tübinger Schule hat allerdings diesen Punkt sehr viel weniger berührt als die Fragen von Authentizität, Datierung und historischem Quellenwert des Johannesevangeliums. In der Ablehnung des Materiellen zugunsten des Geistigen waren sich die liberal-protestantischen Exegeten des ausgehenden 19. Jahrhunderts weithin einig.

2.2   Die Forschungslage um 1900

So standen sich gegen Ende des 19. Jahrhunderts im Blick auf die Deutung der Taufe im vierten Evangelium im Wesentlichen die folgenden Positionen gegenüber:
a) Die traditionelle Auslegung, etwa in dem römisch-katholischen Kommentar von Johannes Belser, konnte in Joh 3,5 unproblematisch „die sakramentale Vereinigung

---

[15] *Ferdinand Christian Baur*, Kritische Untersuchungen über die kanonischen Evangelien, ihr Verhältniß zueinander, ihren Charakter und Ursprung, Tübingen 1847, 124.
[16] *Ferdinand Christian Baur*, Vorlesungen über Neutestamentliche Theologie, hg. v. *F.F. Baur*, Leipzig 1864, 399.

des von oben herab sich mit dem Taufwasser verbindenden Geistes" sehen.[17]
b) Daneben steht der konservative Lutheraner Theodor Zahn, der in seiner historisierenden Auslegung daran festhält, dass Johannes für die Zeit des irdischen Wirkens Jesu noch nicht von der späteren christlichen Taufe sprechen kann. Die Rede von „Wasser und Geist" in Joh 3,5 sei daher ganz auf die erzählte Situation Jesu nach der Begegnung mit dem Täufer und auf das vom Täufer thematisierte Verhältnis zwischen seiner Taufe mit Wasser und der Taufe durch den kommenden ‚Stärkeren' in Geist und Feuer zu beziehen. Nikodemus werde auf diese Unterscheidung und damit auf die Notwendigkeit der Neugeburt durch den Geist hingewiesen.[18] Das „Wasser" in V.5 bezieht sich somit ganz auf die Johannestaufe. Die Angabe in Joh 3,22 und 4,1, dass auch Jesus getauft hätte, sieht Zahn auch historisch durch 4,2 präzisiert: Jesus selbst habe in der Tat nicht mit Wasser getauft. Nur seine Jünger praktizierten diesen Ritus, der noch die Johannestaufe war, während die Taufe mit dem Heiligen Geist, Jesu eigentümliche Aufgabe (Joh 1,33), nach Joh 7,39 vor Ostern noch nicht erfolgen konnte.[19] Ohne ein dogmatisch-antisakramentales Interesse zu verfolgen, bleibt Zahn ganz auf der historischen Ebene und liest Johannes ‚vorösterlich' unsakramental.
c) Der liberale Protestant Heinrich-Julius Holtzmann, dessen Theologie die Summe der Auslegung des 19. Jahrhunderts bietet, nimmt die Ambivalenzen und Spannungen zwischen einem „traditionellen" und einem „originalen" Moment im Johannesevangelium stärker wahr.[20] Johannes wird hier in die alexandrinische Denklinie eingeordnet, deren Kennzeichen im Überstieg des

---

[17] So das Referat bei *Heinrich Julius Holtzmann*, Lehrbuch der neutestamentlichen Theologie, Bd. II, Freiburg – Leipzig 1897, 557, Anm. 5; s. *Johannes E. Belser*, Das Evangelium des heiligen Johannes, Freiburg 1905, 100f.103.115f.
[18] *Zahn*, Evangelium, 190.
[19] *Zahn*, Evangelium, 215f.231.
[20] *Holtzmann*, Lehrbuch II, 554.

bloß Materiellen durch ein geistiges Verständnis gesehen wird. Wenn in Christus der Logos erschienen ist, „so verliert daneben die Taufe an Wert und Inhalt,"[21] ein Akt der Geistbegabung des Messias wird überflüssig. Konsequenterweise hat die Taufe Jesu nur noch den Sinn, den Sohn Gottes bekannt zu machen. Der johanneische Akzent sei darin zu erkennen, dass vom Bleiben des Geistes auf Jesus gesprochen wird, wobei für Holtzmann der Logos und der Geist letztlich identisch sind.[22] Die Wassertaufe des Täufers ist nach Joh 1,26.31 „eine irdische, vorläufige, äußerliche, im Gegensatze zu der Geistestaufe des Messias" (Joh 1,33). Wasser ist das Element des Vorläufers und nur Symbol des Geistes. Gleichwohl werde in 3,5 das Wasser „noch festgehalten", sodass auch die christliche Taufe letztlich wie die Johannestaufe eine symbolische Handlung ist, der aber nun der Geist zur Seite gestellt wird. Das spiritualisierende Werturteil ist in dieser Auslegung deutlich erkennbar. Eigentlich wäre das Wasser überflüssig, an ihm wird nur aufgrund einer gewissen Traditionsbindung noch festgehalten.

Wenn aber Joh 3,5 auch dafür aussagekräftig sein soll, wie das Johannesevangelium die Tauftätigkeit Jesu verstanden habe, dann hat Jesus gemäß der Vorstellung des Evangelisten nicht einfach die Johannestaufe praktiziert, sondern eine christliche Taufe. Holtzmann deutet dies so, dass Jesus nach der johanneischen Darstellung „antecipando", d.h. im Vorgriff auf das spätere Handeln der Gemeinde, getauft habe – und natürlich rechnet er damit, dass zur Zeit des Evangeliums die Taufe ebenso wie ein heiliges Mahl in der Gemeinde üblich waren, sodass der Evangelist die Darstellung des Wirkens Jesu „vom eigenen Standpunkt aus zurücktragend, von Jesu Standpunkt aus vorwegnehmend"[23] gestalte. Holtzmann sieht somit bereits die nachösterliche Überformung des johanneischen Bildes des irdischen Jesus, das im Rückblick aus

---

[21] *Holtzmann*, Lehrbuch II, 508.
[22] *Holtzmann*, Lehrbuch II, 509–511.
[23] *Holtzmann*, Lehrbuch II, 558.

der nachösterlichen Perspektive durchgestaltet ist. Darüber hinaus kann er auch phänomenologische Parallelen zu den antiken Mysterien feststellen, wenn bei Johannes die Neugeburt „an einen Initialakt geknüpft" ist, „der sie ebenso versinnbildlicht wie bewirkt"[24]. Diese Deutungslinie wird in der Religionsgeschichtlichen Schule im beginnenden 20. Jahrhundert stärker ausgebaut.

d) Diese Schule hat sich besonders den für das moderne Denken mysteriös erscheinenden Elementen des frühen Christentums zugewandt, der Geistvorstellung, den Wasserriten und Kultmählern, den Erlösungsvorstellungen und der göttlichen Verehrung Jesu. Diese wurden aus den vielfältigen Texten der Umwelt im Sinne einer ‚synkretistischen' Beeinflussung des frühen Christentums als letztlich ‚fremde' Bestandteile des Urchristentums erklärt. Im Hintergrund stand dabei letztlich ein liberal-dogmatisches Interesse, in der christlichen Überlieferung zwischen dem eigentlichen Kern und der zeitbedingten oder gar aus fremden Einflüssen zu erklärenden Schale zu unterscheiden.[25] Während der Kern durch das schlichte Evangelium Jesu repräsentiert war, wie es z.B. Adolf von Harnack[26] formuliert hatte, wurden der ‚Christuskult' des Paulus und Johannes und die damit verbundenen Vorstellungen und Riten nun bevorzugt aus paganen religiösen Milieus erklärt.

---

[24] *Holtzmann*, Lehrbuch II, 555.
[25] S. dazu erhellend *Karsten Lehmkühler*, Kultus und Theologie. Dogmatik und Exegese in der religionsgeschichtlichen Schule, FSÖTh 76, Göttingen 1996; speziell zu Wilhelm Bousset auch *Jörg Frey*, Eine neue religionsgeschichtliche Perspektive. Larry W. Hurtados Lord Jesus Christ und die Herausbildung der frühen Christologie, in: *Cilliers Breytenbach / Jörg Frey* (Hg.), Reflections on Early Christian History and Religion – Erwägungen zur frühchristlichen Religionsgeschichte, AJEC 81, Leiden / Boston 2012, 117–168.
[26] *Adolf von Harnack*, Das Wesen des Christentums, Leipzig 1902, 91: „Nicht der Sohn, sondern allein der Vater gehört in das Evangelium, wie es Jesus verkündigt hat, hinein." An anderer Stelle wird das schlichte Evangelium Jesu zusammengefasst als „Gott der Vater und der unendliche Wert der Menschenseele" (a.a.O. 40).

Für die Johannesauslegung geschieht dies am klarsten im Kommentar von Wilhelm Heitmüller.[27] Im Gegensatz zur traditionellen Auslegung ist das Johannesevangelium hier Spiegel der Anschauungen seines Verfassers, der – z.B. im Blick auf die Tauftätigkeit Jesu – die geschichtliche Überlieferung völlig missachtet: „Mit der Taufe, die Jesus ausgeübt haben soll (3,22), ist in Wirklichkeit die von seiner Gemeinde vollzogene gemeint [...]. Im Leben Jesu hat das Taufen mit Wasser und Geist keinen Platz."[28] Heitmüller plädiert dafür, die Rede von der Zeugung von oben auf dem „buntfarbigen Hintergrund" der antiken Mysterien zu betrachten.[29] Die Vorstellung von dem „Erfülltwerden mit göttlichem Vermögen durch den Einzug der Kraft und Substanz der göttlichen Welt"[30] solle in Joh 3,5 gerade mit der Taufe verbunden werden. Obwohl die Vorstellung ein „fremdes Gewand" gewesen sei, beeinflusste sie die Vorstellung von der Taufe, insofern „die Zeugung ‚von oben her' mit der heiligen Handlung der Taufe verknüpft und durch sie gewirkt angesehen wurde."[31] Die „fremde fertige Form" habe den Inhalt wohl beeinflusst, dennoch sieht Heitmüller den Bußruf Jesu hier tiefer und radikaler formuliert, durchdrungen von der Erkenntnis der „Paulus-Naturen", dass der Mensch an sich zu einer solchen Umkehr unfähig ist und dass die Erneuerung durch Gott geschehen muss und aus Gnade geschehen darf.[32]

---

[27] Dazu *Otto Merk*, Wilhelm Heitmüllers Auslegung des Johannes-Evangeliums, in: *ders.*, Wissenschaftsgeschichte und Exegese 2: Gesammelte Aufsätze 1998–2013, hg. v. *R. Gebauer*, BZNW 206, Berlin 2014, 326–334.
[28] *Wilhelm Heitmüller*, Das Johannes-Evangelium, in: *ders.* / *Wilhelm Bouffet*, Die Schriften des Neuen Testaments neu übersetzt und für die Gegenwart erklärt, Bd. IV: Das Johannes-Evangelium, die Johannes-Briefe und die Offenbarung des Johannes, Göttingen ³1918, 74.
[29] *Heitmüller*, Johannes-Evangelium, 66.
[30] *Heitmüller*, Johannes-Evangelium, 67.
[31] Ebd.
[32] Ebd.

Die synkretistische Übernahme der Vorstellungen aus dem Mysterienbereich kann aber auch viel kritischer gewertet werden, so in der Summe der Arbeit der Religionsgeschichtlichen Schule bei Wilhelm Bousset. Wenn in Joh 3,6 die paulinische Rede von „Fleisch" und „Geist" aufgenommen sei, so sei der Gedanke hier „schon verengt und rein sakramental ausgestaltet"[33] – „der Geist ist Sakramentsgeist, Geist des Amtes […], dritte Person der Gottheit geworden, die stürmische Glut elementaren Empfindens ist zur Schlacke ausgebrannt."[34] Hier zeigt sich die Abneigung gegen alles ‚Sakramentalistische' und Institutionelle, die sich dann auch später bei Rudolf Bultmann finden wird.

3. Die Diskussionslinien in der ersten Hälfte des 20. Jahrhunderts

a) Mit dem Aufkommen der johanneischen Literarkritik zu Beginn des 20. Jahrhunderts ergaben sich neue Möglichkeiten der Interpretation. Nun war es entscheidend, welche Textaussage welcher literarischen Schicht zugeordnet werden konnte. Dies betrifft nun auch die Behandlung von Taufe und Abendmahl, und man wird nicht fehlgehen mit der Annahme, dass die in der ‚vorliterarkritischen' liberalen Forschung inhärenten theologischen Werturteile nun bei der Aufteilung des überlieferten Textes auf die vermuteten Schichten eine erhebliche Rolle spielen.

So wird bei dem Begründer der johanneischen Literarkritik, Julius Wellhausen,[35] das ὕδατος καί („Wasser und")

---

[33] *Wilhelm Bousset*, Kyrios Christos. Die Geschichte des Christusglaubens von den Anfängen des Christentums bis Irenaeus, FRLANT 4, Göttingen ²1921, 163.
[34] Ebd.
[35] S. die programmatische Schrift *Julius Wellhausen*, Erweiterungen und Änderungen im vierten Evangelium, Berlin 1907; sowie *ders.*, Das Evangelium Johannis, Berlin 1908; vgl. *Frey*, Eschatologie I, 51–71.

in Joh 3,5 zugunsten einer einheitlichen Vorstellung der ‚johanneischen' Taufe im Text der von ihm angenommenen Grundschrift einer sekundären Ergänzung zugewiesen.[36] Die Aussage, dass schon Jesus selbst taufte, will Wellhausen ebenfalls nicht seiner Grundschrift, sondern einer Ergänzung zuweisen.[37] Hinter der diese Aussage mit dem synoptischen Befund harmonisierenden Bemerkung in Joh 4,2 sieht er eine noch spätere Hand.[38] Die Grundschrift als älteste johanneische Quelle, die Wellhausen als historische Quelle für Jesus neben das Markusevangelium rücken will, erwähne also gar keine Sakramente,[39] die Taufe gelte noch nicht als von Jesus befohlen oder gar selbst geübt[40], und auch die Einsetzung des Abendmahls sei „offenbar absichtlich ausgelassen."[41] Das älteste Quellenmaterial ist damit völlig frei von solchen sakramentalen Bezügen. Erst in der Erweiterung sei dann die Taufe als Reinigung der Jünger und als Wiedergeburt aus Wasser und Geist verstanden und Jesus selbst als Taufender stilisiert, wenngleich er am Ende die Jünger nicht zu taufen aussendet, sondern nur dazu, Sünden zu erlassen und zu behalten (Joh 20,22f).[42]

Hinter dieser Konstruktion, die in der ältesten Überlieferung vorwiegend Erzählmaterial vermutet und die typisch johanneischen Reden sowie andere für Johannes charakteristische Darstellungselemente als Teil einer vielstufigen weiteren Überarbeitung ansieht, steht zunächst offenkundig das Interesse, aus dem vierten Evangelium eine zusätzliche, historisch valide Quelle zu gewinnen, die dann neben Markus zur Rekonstruktion des Wirkens Jesu herangezogen werden kann, aber das Bild Jesu doch weniger apokalyptisch zeichnet. Angenommen

---

[36] *Wellhausen*, Evangelium, 17f.
[37] *Wellhausen*, Evangelium, 20.
[38] Ebd.
[39] *Wellhausen*, Evangelium, 119.
[40] Ebd.
[41] Ebd.
[42] Ebd.

wird zugleich, dass in dieser ältesten, von den Synoptikern unabhängigen Überlieferung die späteren kirchlichen Sakramente noch unbekannt bzw. unerheblich sind. Der *circulus vitiosus*, der hier zwischen sachlich-theologischen Werturteilen und der literarkritisch-historischen Rekonstruktion besteht, ist offenkundig.
b) Eine zweite einflussreiche Innovation der Johannesauslegung seit Beginn des 20. Jahrhunderts war die v.a. aus der Lektüre des Johannesprologs erschlossene Vermutung, dass der Evangelist bzw. die johanneischen Gemeindekreise noch aktuell in einer Konkurrenz mit Täuferkreisen standen und dass z.B. die Täuferstellen im Prolog (Joh 1,6–8.15) als polemische Einschübe in einen älteren Hymnus zu verstehen seien.[43] Die johanneische Umgestaltung des Bildes Johannes des Täufers vom Bußpropheten zum bloßen Christuszeugen und das auffällige Nicht-Erzählen des Aktes der Taufe Jesu ließen sich dann aus dieser Konkurrenzsituation erklären.
Diese historische Rekonstruktion liegt dann auch später der Auslegung Rudolf Bultmanns zugrunde, der den Evangelisten selbst als einen zu Jesus bekehrten ehemaligen Täuferjünger ansah,[44] der die aus dem gnostisierenden Milieu der Täufergemeinden mitgebrachten Stoffe (den Prolog, und die ‚Offenbarungsreden') nun durch eine polemische Wendung gegen die Verehrung des Täufers als Heilsgestalt und „Licht" korrigiert.
c) Kristallisationspunkt der Johannesauslegung um die Mitte des 20. Jahrhunderts ist – zumindest im deutschsprachigen Raum – der Kommentar Rudolf Bultmanns, der die Linien der älteren literarkritischen und religionsgeschichtlichen Forschung souverän zusammenführt und dadurch die exegetische Diskussion für die folgenden Jahrzehnte geprägt hat. Grundlage seiner Interpretation

---

[43] Grundlegend *Wilhelm Baldensperger*, Der Prolog des vierten Evangeliums, Freiburg 1898; s. zur Auslegungsgeschichte des Prologs *Michael Theobald*, Die Fleischwerdung des Logos. Studien zum Verhältnis des Johannesprologs zum Corpus des Evangeliums und zu 1 Joh, NTA 20, Münster 1988, 1–161.
[44] *Bultmann,* Evangelium, 76.

ist eine äußerst kühne Literarkritik,[45] die mit mehreren dem Evangelisten verfügbaren Quellen rechnet, aber zugleich annimmt, dass das Werk des Evangelisten aus unbekannten Gründen in Unordnung gekommen sein müsse, sodass dann eine Redaktion dieses Werk mehr schlecht als recht geordnet und mit korrigierenden Anmerkungen versehen habe. Was Bultmann für theologisch wertvoll ansieht und im Modus der Zustimmung kommentiert, ist das von ihm rekonstruierte Werk des Evangelisten, hingegen gelten die der Redaktion zugeschriebenen Zusätze als theologisch weniger interessant. Bultmann schreibt die klaren Aussagen über die Sakramente ausschließlich der vermuteten „kirchlichen" Redaktion zu, deren ekklesiologisches und sakramentales Interesse nicht nur im Nachtragskapitel Joh 21 zur Sprache komme, sondern auch in dem „eucharistischen" Abschnitt Joh 6,51c–58 und in den Worten ὕδατος καί in Joh 2,5, die Bultmann – ohne jede textkritische Basis – ebenfalls dem Evangelisten abspricht und der Redaktion zuweist. Damit ergibt sich textlich eine klare Gegenüberstellung zwischen einem unsakramental denkenden Evangelisten und einer die Sakramente korrigierend einschreibenden, großkirchlich und sakramentalistisch denkenden Redaktion. Während der Evangelist aufgrund seines gnostischen Herkunftsmilieus vom Dualismus zwischen Irdischem und Geistigem geprägt und ausschließlich an der Geisttaufe interessiert gewesen sei, habe die Redaktion um der kirchlichen Akzeptabilität willen den Hinweis auf die Wassertaufe in 3,5 und die massiv-konkrete Rede vom Essen des Fleisches in 6,51c–58 korrigierend eingefügt. So wird der für die Theologie des vierten Evangeliums maßgeblich verantwortliche Autor, der Evangelist, von jeglichem sakramentalen Denken abgerückt. Er habe sich zwar mit dem

---

[45] S. dazu *Frey*, Eschatologie I, 119–150, sowie die ausführliche Darstellung bei *D. Moody Smith*, The Composition and Order of the Fourth Gospel. Bultmann's Literary Theory, New Haven / London 1965.

kirchlichen Brauch von Taufe und Herrenmahl abgefunden, doch sei ihm dieser des Missbrauchs verdächtig, weshalb er davon schweige.[46] „In Wahrheit sind für ihn die Sakramente überflüssig", denn die Jünger sind rein und heilig durch das bloße Wort.[47] Daher werde im Werk des Evangelisten in Joh 3 und 6 ganz bewusst „der Sakramentalismus der kirchlichen Frömmigkeit" ausgeschieden,[48] wohingegen ihn die theologisch wesentlich schlichtere Redaktion aus Gründen der Rechtgläubigkeit wieder einfüge. Letztlich macht Bultmann seinen Evangelisten zu einem protestantischen Worttheologen und damit zu einem biblischen Prototyp seiner eigenen Theologie. Freilich wird dieser Evangelist in seiner Entgegensetzung sowohl zur Tradition seiner Gemeinden als auch zur späteren Redaktion ein recht isoliertes Individuum, das die kirchliche Institution nicht benötigt und für das die Vermittlung des Heils dezidiert von irdischleiblichen Akten unabhängig ist.

4. Zwei Schweizer Stimmen: Oscar Cullmann und Eduard Schweizer

Es sei hier gestattet, die Diskussion der Epoche nach Bultmann anhand der Gegenüberstellung zweier Entwürfe aus der Schweiz zu profilieren, einerseits des seit 1938 in Basel lehrenden elsässischen (und damit formell französischen) Lutheraners Oscar Cullmann und andererseits des seit 1949 in Zürich lehrenden Reformierten Eduard Schweizer, der selbst in den 1930er-Jahren bei Bultmann in Marburg studiert hatte. Beide Entwürfe folgen den skizzierten literarkritischen und religionsgeschichtlichen Thesen nicht, doch spiegeln sie in aufschlussreicher Weise sachlich die Spannbreite der Diskussion um die Sakramente im Johannesevangelium.

---

[46] *Bultmann*, Evangelium, 360.
[47] *Bultmann*, Evangelium, 360.
[48] *Bultmann*, Evangelium, 98, Anm. 2.

4.1 Oscar Cullmann

Oscar Cullmann hat 1944 mit der Schrift „Urchristentum und Gottesdienst"[49] einen Versuch vorgelegt, das ganze Johannesevangelium im Blick auf das gottesdienstliche Leben der Adressatengemeinden zu interpretieren. Damit werden weit mehr als nur die explizit an Taufe und Mahlfeier interessierten Passagen im Blick auf diese kirchlichen Phänomene hin gelesen, sodass im Gegensatz zu Bultmann eine ‚maximalistische' Position hinsichtlich der Bezugnahme auf die Sakramente im Johannesevangelium erreicht wird. Die Abhandlung hat Cullmann sogar den Vorwurf eingetragen, er betreibe „allegorische Exegese".[50]

Cullmann verzichtet dezidiert auf literarkritische Scheidungen. In „Urchristentum und Gottesdienst" geht er davon aus, dass der vierte Evangelist alles, was er berichtet, in den Dienst seiner kirchlichen Gegenwartsinteressen stellt (vgl. 20,31).[51] Da sein Interesse für Taufe und Abendmahl an einzelnen Stellen sicher belegt ist, sieht sich Cullmann befugt, das ganze Evangelium auf Anspielungen auf die gottesdienstliche Wirklichkeit und gottesdienstliche Handlungen hin zu befragen.[52] Er will zeigen, dass sich „durch das Johannesevangelium hindurch eine gottesdienstliche Linie verfolgen lässt."[53]

Kurz nach dieser Schrift hat Cullmann eine kleine Studie zum Gebrauch doppeldeutiger Ausdrücke bei Johannes

---

[49] *Oscar Cullmann*, Urchristentum. S. auch *ders.*, Die Tauflehre des Neuen Testaments. Erwachsenen- und Kindertaufe, AThANT 12, Zürich 1948.

[50] So *Hendrik van der Loos*, Allegorische Exegese, NedTT 3 (1948), 130ff.

[51] S. das Vorwort in *Cullmann*, Urchristentum, Basel / Zürich ²1950, 6.

[52] Seine Interpretation ist zugleich eine Reaktion auf die Tauflehre seines Fakultätskollegen Karl Barth, explizit wird auf dessen Problematisierung der Kindertaufe in der 1948 erschienenen Studie „Die Tauflehre des Neuen Testaments" geantwortet.

[53] *Cullmann*, Urchristentum, Zürich ⁴1962, 38.

veröffentlicht,[54] in der er die These vertritt, dass bei Johannes eine Vielzahl doppeldeutiger Ausdrücke begegnen, und dass in diesen – wie überhaupt bei Johannes – die ‚geschichtliche' und die ‚symbolische' Erklärung nicht gegeneinander auszuspielen sind.[55] Damit weist Cullmann die seit Baur und natürlich auch bei Bultmann vorherrschende Entgegensetzung von Geschichte und Symbol, Materiellem und Spirituellem ab.

Aus der Beobachtung der Doppeldeutigkeit in Joh 3,14 folgert Cullmann, dass auch an anderen Stellen mit Sinngehalten gerechnet werden muss, die über das explizit Ausgesprochene hinausgehen,[56] und dass auch Termini wie „lebendiges Wasser" in Joh 4,10 und 7,39 oder die Rede vom Blindsein in Joh 9,39–41 etc. auf die gottesdienstliche Gegenwart der Gemeinde hin zu lesen sind. So ergibt sich für ihn in Joh 1 aus der Verbindung der Rede vom Geisttäufer mit dem Zeugnis vom Lamm Gottes, das die Sünde der Welt wegträgt, die Aussage, dass die christliche Taufe eine „Taufe auf den Tod Christi" ist.[57] Das Zusammenspiel von Weinwunder und Brotwunder, die ja beide durch textliche Signale auf den Zusammenhang des Todespassa bzw. der Stunde Jesu bezogen sind, verweise auf die Eucharistie, und der Wein von Kana sei Sinnbild des eucharistischen Weins, während das Wasser in jener Perikope für die alte Praxis der jüdischen Reinigung stehe.[58] Das Zeichen der Tempelreinigung verdeutliche, dass durch Tod und Auferstehung Jesu der rechte Gottesdienst ermöglicht wird und „die Gemeinde im Gottesdienst als Leib" Christi zur Darstellung kommt.[59]

---

[54] *Cullmann*, Der johanneische Gebrauch doppeldeutiger Ausdrücke als Schlüssel zum Verständnis des vierten Evangeliums, in: *ders.*, Vorträge und Aufsätze 1925–1963, hg. v. *K. Fröhlich*, Tübingen / Zürich 1966, 176–186.
[55] *Cullmann*, Urchristentum, Zürich ⁴1962, 55.
[56] *Cullmann*, Urchristentum, Zürich ⁴1962, 51.
[57] *Cullmann*, Urchristentum, Zürich ⁴1962, 65.
[58] *Cullmann*, Urchristentum, Zürich ⁴1962, 70.
[59] *Cullmann*, Urchristentum, Zürich ⁴1962, 74.

Im Blick auf die Taufe belegt für Cullmann Joh 3,5 die „allgemein urchristliche Auffassung", „dass die Wiedergeburt an die Taufe gebunden ist" (vgl. Röm 6,4; Tit 3,5). Gegen Bultmanns Auslegung sei hier gerade betont, „dass der Geist im Materiellen vorhanden ist, so wie der Logos Fleisch geworden ist", d.h. Johannes trete der Tendenz, die Geisttaufe vom Wasser zu lösen, dezidiert entgegen und halte beides zusammen, auch wenn das Neue an der Christlichen Taufe in der Geistverleihung bestehe und die Wiedergeburt nach 3,3–8 „trotz dem materiellen, vom Menschen im Wasser vollzogenen Akt ein göttliches Wunder" sei.[60] In 3,22ff betone Johannes durchaus im aktuellen Interesse die Differenz der christlichen Taufe von der Johannestaufe. Im Heilungswunder in Joh 5 ist nach Cullmann gerade durch die Heilung im Wasser die im Taufakt gewährte Sündenvergebung symbolisiert,[61] zumindest habe der Evangelist in den Sabbatheilungen eine Rechtfertigung für die Nichtbeachtung des Sabbat und die Feier des Sonntags in seiner Gemeinde gesehen.[62] Auch die Heilung des Blindgeborenen und seine Abwaschung im Teich Siloah, „dem Gesandten" (Joh 9,7), sei mit den Kirchenvätern als Hinweis auf das Wunder, das sich in der Taufe ereignet, die Abwaschung von Sünden und die „Erleuchtung" (Hebr 6,4; 10,32), zu beziehen.[63] Auch die Fußwaschung wird von Cullmann in diesem Horizont interpretiert. Da die Einsetzung des Herrenmahls allgemein bekannt gewesen sei, könne Johannes sie gut auslassen, zumal dieser Bezug schon in Joh 6 vorliege. In der Fußwaschungsperikope findet Cullmann in V. 9–10 einen klaren Bezug auf die christliche Taufe. Impliziert sei hier der Gedanke einer „Ablehnung einer zweiten Taufe" und damit eine Verwerfung der Lehre von Hemerobaptis-

---

[60] *Cullmann*, Urchristentum, Zürich ⁴1962, 76.
[61] *Cullmann*, Urchristentum, Zürich ⁴1962, 87. Cullmann meint hier sogar, die Vorstellung vom Tätigsein Gottes am Sabbat (5,17) könnte ein Verweis auf den kommenden Weltensabbat sein (vgl. Barn 15,9).
[62] *Cullmann*, Urchristentum, Zürich ⁴1962, 88.
[63] *Cullmann*, Urchristentum, Zürich ⁴1962, 97f.

ten.[64] Zugleich wolle der Evangelist zeigen, dass Taufe und Mahlfeier zusammengehören, aber während das Sakrament der Liebesgemeinschaft des Abendmahls auf Wiederholung angelegt sei, gebe die Taufe ein für alle Mal Anteil an Christus.[65] Schließlich sei auch die Lanzenstich-Episode ein Hinweis auf Taufe und Abendmahl, sie markiere einen antidoketischen Akzent sowohl im Blick auf den irdischen wie auch auf den im Sakrament begegnenden Jesus.[66] Cullmann gesteht sehr wohl ein, dass viele Einzelzüge, die er symbolisch interpretiert, für sich keine Beweiskraft besitzen, doch sei die Summe der so lesbaren Bezüge ein deutlicheres Signal. Klarere Indizien könnten in einem Text, der einmalige Ereignisse der Zeit Jesu berichten wolle, nicht gefordert werden.[67]

4.2 Eduard Schweizer

Die Frage stellt sich freilich, ob Cullmann hier nicht die Wirklichkeit der Gemeinde zu sehr als eine ‚gottesdienstliche', liturgisch geprägte Wirklichkeit gefasst hat oder ob damit nicht anachronistische Aspekte eingetragen werden. Hier hat Cullmann zunächst von seinem Berner Kollegen Wilhelm Michaelis,[68] und dann auch von seinem Zürcher Kollegen Eduard Schweizer Widerspruch erfahren.[69] In direkter Antwort an Cullmann hat Michaelis schon 1946 die Auswertung des Johannesevangeliums als einer indirekten Quelle für den christlichen Gottesdienst bejaht, aber die Zahl der tatsächlich

---

[64] *Cullmann*, Urchristentum, Zürich ⁴1962, 103.
[65] *Cullmann*, Urchristentum, Zürich ⁴1962, 104.
[66] *Cullmann*, Urchristentum, Zürich ⁴1962, 110.
[67] *Cullmann*, Urchristentum, Zürich ⁴1962, 99f.
[68] *Wilhelm Michaelis*, Die Sakramente im Johannesevangelium, Bern 1946.
[69] *Eduard Schweizer*, The concept of the church in the Gospel and Epistles of St. John, in: *A.J.B. Higgins* (Hg.), New Testament essays in Memory of T.W. Manson, Manchester 1959, 230–45; dt.: Der Kirchenbegriff im Evangelium und in den Briefen des Johannes, in: *ders*., Neotestamentica, Zürich / Stuttgart 1963, 254–271.

aussagekräftigen Belege auf die Stellen Joh 3,5, 6,51ff und 19,34 eingeschränkt.[70] Gegen die Einschränkung auf diese klareren Einzelstellen argumentiert Cullmann mit der kumulativen Evidenz und mit den – wie man heute sagen könnte – metaphorischen Vernetzungen im Johannesevangelium.[71]
Cullmanns Zürcher Kollege Eduard Schweizer als Vertreter dezidiert reformierter Bibelauslegung ging in seinem Minimalismus der johanneischen Ekklesiologie noch weiter. Grundsätzlich stellt Schweizer in einem wichtigen Aufsatz über das Herrenmahl im Neuen Testament fest, dass „wir nicht wissen können, ob – rein historisch gesprochen – Jesus die Eucharistie eingesetzt hat" und dass mit der „sehr fraglichen Einsetzung durch den historischen Jesus" jedenfalls „der Sakramentscharakter [...] nicht begründet werden" kann.[72] Die zwischen Lutheranern und Reformierten kontroverse Frage nach der Realpräsenz in den Elementen kommentiert Schweizer interessanterweise dergestalt, dass nach seiner Auffassung „der Palästinenser vermutlich reformiert, der Hellenist lutherisch geworden" wäre.[73] Für das Urchristentum jedenfalls sei „die Frage nach den Elementen eine völlig unangemessene."[74]
Im Blick auf das Johannesevangelium betont Schweizer zunächst die Rolle des Einzelnen: Der Einzelne wird hier zum Glauben gerufen, und „rettende Erkenntnis ist Sache des Einzelnen"[75], die einzelnen Schafe hören und folgen dem Hirten. Schweizer übersieht nicht, dass daneben betont von der Einheit der Gemeinde die Rede ist, doch wird diese gerade nicht durch ein Amt, sondern radikal durch Christus selbst gewährleistet. Schweizer

---

[70] *Michaelis*, Sakramente.
[71] *Cullmann*, Urchristentum, Zürich ⁴1962, 5f.
[72] *Eduard Schweizer*, Das Herrenmahl im Neuen Testament, in: *ders.*, Neotestamentica, Zürich / Stuttgart 1963, 344–370 (367).
[73] *Schweizer*, a.a.O., 368.
[74] *Eduard Schweizer*, Das johanneische Zeugnis vom Herrenmahl, in: *ders.*, Neotestamentica, Zürich / Stuttgart 1963, 371–396 (373).
[75] *Schweizer*, Kirchenbegriff, 261.

erkennt im Johannesevangelium ein Bild der schon vollendeten Kirche, die – die Formulierung lässt aufhorchen – „kein Amt mehr" hat.[76] In seinem Aufsatz über das Herrenmahl bei Johannes, der interessanterweise Rudolf Bultmann gewidmet war,[77] – bestreitet Schweizer keineswegs, dass in Joh 19,34 oder auch in 3,5 und 6,51ff von den Sakramenten die Rede ist bzw. die ersten Leser an diese denken mussten.[78] Gleichwohl geht es eben nicht darum, diese betont zu begründen (wie Bultmann für seinen korrigierenden Redaktor voraussetzte). Gerade wenn man hier nicht mit einer geflissentlich korrigierenden Reaktion rechnet, muss man an diesen Stellen nicht mit einer sakramentalistischen Zurückweisung einer antisakramentalen Position rechnen, sondern kann z.B. in 19,34 sehr viel nüchterner eine Sicherung der „Realität des Todes Jesu"[79] sehen. Für Joh 6,51–58 hält Schweizer gegen Bultmann fest, dass „jedenfalls die Nichtursprünglichkeit nicht bewiesen werden"[80] könne. Unter der Voraussetzung, dass hier nicht ein späterer Redaktor eine gegensätzliche ältere Haltung korrigiert, zeigt diese Stelle nach Schweizer, „dass die Sakramente für Joh. nicht zentral sind."[81]. Viele Fragen, die aus späteren kirchlichen Diskursen erwachsen sind, sieht Schweizer im Johannesevangelium gar nicht thematisiert. Das Herrenmahl bezeugt nichts anderes als die inkarnatorische Realität des Kommens Jesu gegen alle doketische Verengung[82] – wobei in Joh 6,63 festgehalten wird, dass nicht die Sarx als solche rettet, sondern letztlich nur die

---

[76] *Schweizer*, Kirchenbegriff, 264. S. auch *ders.*, Gemeinde, 105f.
[77] *Schweizer*, Zeugnis. Der Taufe hat Schweizer keine spezielle Studie gewidmet.
[78] *Schweizer*, Zeugnis, 380f.
[79] *Schweizer*, Zeugnis, 381; mit Verweis auf 1Joh 5,6–8; vgl. a.a.O. 384.
[80] *Schweizer*, Zeugnis, 385; vgl. auch die spätere Miszelle *Eduard Schweizer,* Joh 6,51c–58 – vom Evangelisten übernommene Tradition?, ZNW 85 (1991), 274.
[81] *Schweizer, Zeugnis,* 384.
[82] *Schweizer*, Zeugnis, 394; vgl. 379.

Worte Jesu.[83] Schweizer rechnet also damit, dass der Evangelist in Joh 6,63 sein Verständnis bereits gegen ein mögliches Missverständnis absichert, wie es sich dann z.B. bei Ignatius von Antiochien zeigt. Analog versteht er auch die Aussagen über die Taufe in Joh 3 in dem Sinne, dass „nach 3,5 das Zeugnis der Verkündigung und das darauf antwortende Glauben (3,12), in dem die Geburt von oben erfolgt, in der Taufe seinen Ausdruck findet."[84] Wie das Herrenmahl in Joh 6 ist auch die Taufe in Joh 3 nicht spezifisch betont, sondern eher als der selbstverständliche Ausdruck des geistlichen Geschehens der Glaubensaneignung gesehen. In der Betonung der Verbindung von Wort und Geist zeigt sich das reformierte Profil des Zürcher *genius loci*.

5. Perspektiven der neueren Forschung

Springen wir von diesem innerschweizerischen Dialog in die Diskussionslage des späten 20. und beginnenden 21. Jahrhunderts, lässt sich die Veränderung in mehrfacher Hinsicht wahrnehmen.[85]

---

[83] *Schweizer*, Zeugnis, 395f.
[84] *Schweizer*, Zeugnis, 392.
[85] S. als Spiegel des gegenwärtigen Forschungsstandes *Turid Karlsen Seim*, Baptismal Reflections in the Fourth Gospel, in: *David Hellholm* et al. (Hg.), Ablution, Initiation, and Baptism. Late Antiquity, Early Judaism, and Early Christianity I, BZNW 176/1, Berlin 2011, 717–734. In den folgenden Abschnitten nehme ich zudem Aspekte auf, die ich in dem folgenden Aufsatz ausgeführt habe: *Jörg Frey*, Baptism in the Fourth Gospel, and Jesus and John as Baptizers. Historical and Theological Reflections on John 3:22–30, in: *R. Alan Culpepper / Jörg Frey* (Hg.), Expressions of the Kerygma of the Fourth Gospel. Historical, Literary, and Theological Readings from the Colloquium Ioanneum 2017 in Jerusalem, WUNT 423, Tübingen 2019, 87–115.

5.1 Neue Paradigmen und ihre Folgen

a) Zunächst ist die konfessionelle Prägung der neutestamentlichen Exegese stärker zurückgetreten. So sehr viele Exegeten von einem spezifischen kirchlich-theologischen Hintergrund geprägt sind, ist doch die internationale Diskussion sehr viel pluraler geworden. Konfessionell indifferente, agnostisch-religionswissenschaftliche und auch jüdische Autoren sind in die Diskussion um das Johannesevangelium eingetreten, daneben artikulieren sich neue ‚positionelle' Stimmen aus z.B. feministischer oder postkolonialer Perspektive. All dies hat dazu beigetragen, dass die traditionellen Streitpunkte im Blick auf die Sakramente deutlich in den Hintergrund getreten und anderen Fragen gewichen sind.

b) Zudem ist das Schwinden der Plausibilität des literarkritischen Auslegungsparadigmas zu nennen. Während Cullmann und Schweizer zu ihrer Zeit noch gegen die Vorherrschaft des literarkritischen Paradigmas der Auslegung Rudolf Bultmanns oder seiner Nachfolger zu kämpfen hatten, hat sich die Johannesinterpretation seit den 1980er-Jahren deutlich zugunsten textlinguistischer oder narratologischer Paradigmen gewandelt, in denen der überlieferte Gesamttext des Evangeliums und das innertextliche Spiel seiner Elemente Priorität haben vor der textinternen Suche nach Spannungen, Divergenzen oder Schichten und dem Rückschluss auf entsprechende theologische Entwicklungen der johanneischen Gemeinden. Die Ausscheidung von ὕδατος καί in Joh 3,5 wird praktisch nicht mehr vertreten und auch für Joh 6 wird weithin die Notwendigkeit einer kohärenten Auslegung des gesamten Kapitels gesehen. Damit treten – wie schon in der scharfsichtigen Auslegung bei Eduard Schweizer – die aus der Theologiegeschichte in die Johannesexegese eingetragenen Gegensätze noch stärker in den Hintergrund (was freilich nicht bedeutet, dass nicht das ganze Kapitel in sehr unterschiedlicher Weise interpretiert

werden könnte).[86] Dies gilt auch für die Rede von einer „antidoketischen" Stoßrichtung des Evangeliums,[87] die ja voraussetzt, dass eine ‚doketische' Haltung bestimmter Teile der johanneischen Gemeinden bereits zur Zeit des Evangelisten bzw. der Herausgabe des Evangeliums existierte oder aus den Johannesbriefen erschlossen werden kann, doch ist auch diese Voraussetzung und die damit verbundene anachronistische Definition von Doketismus[88] in letzter Zeit erheblich problematisiert worden.[89]
Überhaupt ist durch die neueren texttheoretischen Einsichten der früher gerne praktizierte direkte Rückschluss von der Sprache des Evangeliums und anderen textlichen Phänomenen auf die im Hintergrund stehende Gemeinde oder gar ihre theologiegeschichtliche Entwicklung fraglich geworden. Der Optimismus, mit dem die Forscher

---

[86] S. etwa die provokativ antisakramentale Interpretation der johanneischen Mahltexte bei *Heilmann*, Ende.
[87] So klassisch bei Vertretern einer kirchlichen Redaktion des Evangeliums; für den Evangelisten wird diese antidoketische Stoßrichtung reklamiert bei *Udo Schnelle*, Antidoketische Christologie im Johannesevangelium. Eine Untersuchung zur Stellung des vierten Evangeliums in der johanneischen Schule, FRLANT 144, Göttingen 1987.
[88] Ferdinand Christian Baur ging in seiner Definition von Doketismus ganz von der dogmatischen Zweinaturenlehre aus, s. *Ferdinand Christian Baur*, Die christliche Gnosis oder die christliche Religionsphilosophie in ihrer geschichtlichen Entwicklung, Tübingen 1835, 258–259; s. dazu *Jörg Frey*, "Docetic-like" Christologies and the Polymorphy of Christ. A Plea for Further Consideration of Diversity in the Discussion of 'Docetism', in: *Joseph Verheyden* et al. (Hg.), Docetism in the Early Church. The Quest for an Elusive Phenomenon, WUNT 402, Tübingen 2018, 27–49.
[89] S. dazu neuerdings *Wichard von Heyden*, Doketismus und Inkarnation. Die Entstehung zweier gegensätzlicher Modelle von Christologie, TANZ 58, Tübingen 2014; sowie den Band *Joseph Verheyden* et al. (Hg.), Docetism in the Early Church. The Quest for an Elusive Phenomenon, WUNT 402, Tübingen 2018. Für die Johannesdiskussion s. weiter *Jörg Frey*, Die johanneische Theologie zwischen „Doketismus" und „Antidoketismus". Auseinandersetzungen und Trennungsprozesse im Hintergrund der johanneischen Schriften und ihrer Rezeption, in: *Uta Poplutz / Jörg Frey* (Hg.), Erzählung und Briefe im johanneischen Kreis, WUNT 2/420, Tübingen 2016, 129–156.

der ‚neuen Literarkritik' solche Entwicklungen rekonstruieren zu können meinten,[90] ist weithin geschwunden: So lässt sich aus den dualistischen Sprachelementen nicht mehr auf eine sektiererisch-abgeschlossene Gemeinde schließen.[91] Auch lässt sich die Tatsache, dass der vierte Evangelist die Taufe Jesu durch Johannes den Täufer nicht erzählt und an der Stelle der synoptischen Einsetzung des Herrenmahls die tiefsymbolische Erzählung von der Fußwaschung bietet, nicht mehr einfach im Sinne einer Ablehnung der gemeindlichen Akte von Taufe und Herrenmahl deuten: Das Evangelium kennt durchaus Mahltraditionen und die synoptische Überlieferung von der Taufe Jesu wird in Joh 1,31–34 doch wohl als bekannt vorausgesetzt, da ohne eine solche Kenntnis die Erzählung von der Identifikation Jesu durch den „wie eine Taube" herabkommenden Geist gar nicht verständlich wäre.

c) Wesentlich ist zudem das mit der literaturwissenschaftlichen und narratologischen Exegese gewachsene Bewusstsein für die metaphorische bzw. symbolische Dimension des Textes. Dabei ist nicht nur von einzelnen Metaphern auszugehen, sondern von metaphorischen Netzwerken,[92] in denen einzelne Termini und Passagen

---

[90] So etwa *Jürgen Becker*, Das Evangelium nach Johannes, ÖTK 4/1–2, Gütersloh / Würzburg ³1991; *Richter*, Studien; dazu kritisch *Frey, Eschatologie* I, 266–297. In Nordamerika waren die einflussreichsten Entwürfe der „Community Hypothesis" *J. Louis Martyn*, History and Theology in the Fourth Gospel, New York / Evanston 1968, 2. Aufl. Nashville 1979; sowie *Raymond E. Brown*, The Community of the Beloved Disciple, New York etc. 1979. Zur Kritik s. *Jörg Frey*, Theology and History in the Fourth Gospel. Tradition and Narration, Waco 2018, 1–12.

[91] Dieser Rückschluss von der Sprache auf die Gemeindestruktur bestimmte z.B. Ansätze wie *Herbert Leroy*, Rätsel und Mißverständnis. Ein Beitrag zur Formgeschichte des Johannesevangeliums, BBB 30, Bonn 1968; sowie *Wayne A. Meeks*, The Man from Heaven in Johannine Sectarianism, JBL 91 (1972), 44–72.

[92] Zu diesem Terminus s. *Jan G. van der Watt*, Family of the King. Dynamics of Metaphor in the Gospel According to John, BIS, Leiden 2000.

miteinander verbunden sind und sich gegenseitig nuancieren. Die dadurch entstehende Polyvalenz und Ambiguität des Textes macht es schwer, wenn nicht gar unmöglich, noch von einer eindeutigen, ursprünglichen Intention des Textes oder seines Autors zu reden. Damit ist auch eine eindeutige ‚biblische' Begründung bestimmter kirchlicher Positionen problematisch geworden[93] und die konfessionellen Differenzen hinsichtlich der Sakramente müssen in Anbetracht der unterschiedlichen Denkvoraussetzungen ihrer Vertreter erörtert werden, ohne dass man die biblischen Texte zum ‚Schiedsrichter' für Probleme späterer Zeiten heranziehen könnte.

Auch die Metaphorik und Symbolik des Wassers im Johannesevangelium hat in den letzten Jahrzehnten vertiefte Aufmerksamkeit gefunden.[94] Diese kann in einer großen Breite auf die Offenbarung, das neue Leben, den Geist oder auch auf Jesus selbst bezogen sein[95] und es ist keineswegs ausgemacht, dass an allen Stellen, an denen Wasser oder auch Waschungen in einem Text erwähnt werden, die ersten Leserinnen und Leser diese auf den gemeindlichen Akt der Taufe beziehen mussten. Der von Cullmann angenommene durchgehend ‚gottesdienstliche' Bezug des Evangeliums lässt sich nicht belegen. Andererseits sind solche Bezüge – wenn die Lesenden einen bestimmten Erfahrungshintergrund mitbringen – durchaus möglich. Die semantische Ambiguität bleibt jedoch und steht allen Versuchen entgegen, dem Evangelium ‚dogmatisch' eindeutige Antworten zu entnehmen.

---

[93] Vgl. dazu *Seim*, Baptismal Reflections, 718, sowie *Robert Kysar*, The Sacraments and Johannine Ambiguity, in: *ders.*, Voyages with John. Charting the Fourth Gospel, Waco 2005, 247–250.
[94] Vgl. *Craig Koester*, Symbolism in the Fourth Gospel. Meaning, Mystery, Community, Minneapolis 1995, 155–183; *Larry P. Jones*, The Symbol of Water in the Gospel of John, JSNTS.S 145, Sheffield 1997; *Wai-Yee Ng*, Water Symbolism in John. An Eschatological Interpretation, New York 2001.
[95] *R. Alan Culpepper*, Anatomy in the Fourth Gospel. A Study in Literary Design, Philadelphia 1983, 192–195.

5.2 Forschungsfragen in der neueren Diskussion

Trotz dieser neueren exegetischen Entwicklungen wirken die zuvor skizzierten Diskussionslinien zwischen Maximalismus und Minimalismus, Realismus und Symbolismus auch in der gegenwärtigen Diskussion nach. Wie werden die Forschungsfragen hier artikuliert, bzw. welche Fragehorizonte stellen sich in der Gegenwart?[96]
a) Dass das Johannesevangelium (bzw. die hinter ihm und seinem Autor stehenden Gemeinden) den Ritus der christlichen Taufe als Initiationsritus kennen, kann nach Joh 3,3.5 und auch in Anbetracht der Johannesbriefe[97] kaum zweifelhaft sein. Zwar fehlt im Evangelium das Nomen βάπτισμα, und auch Johannes der Täufer wird anders als in den Synoptikern nicht mit dem Epitheton βαπτιστής bezeichnet, doch sind die Gründe dafür keineswegs zwingend in einer Abwertung oder Geringschätzung der Taufe zu sehen, sondern eher in der spezifischen Modifikation des Täuferbildes. Das Verb βαπτίζειν ist jedenfalls im Evangelium 13 mal belegt, häufiger als in den Synoptikern, freilich sollte man hier schon bei der Übersetzung nicht einfach das semantisch recht festgelegte „taufen" verwenden, sondern eher von „untertauchen" o.ä. sprechen, denn die Akte des βαπτίζειν in Wasser, die im Johannesevangelium belegt sind, beziehen sich durchgehend auf den Immersionsritus Johannes des Täufers sowie einen offenbar analog dazu von Jesus selbst (Joh 3,22.26) oder – wie Joh 4,2 korrigiert wird – seinen Jüngern durchgeführten Immersionsritus, nicht auf die nachösterliche, christliche Taufe „auf den Namen Jesu". Eine frappierende Eigenart des Johannesevangeliums ist es dabei, dass Jesus selbst als Täufer beschrieben wird, der – analog zu Johannes – einen Ritus

---

[96] Zum Folgenden s. besonders den exemplarischen Beitrag von *Seim*, Baptismal Reflections.
[97] Zur Taufe in den Johannesbriefen s. *Udo Schnelle*, Salbung, Geist und Taufe im 1. Johannesbrief, in: *David Hellholm* et al. (Hg.), Ablution, Initiation, and Baptism. Late Antiquity, Early Judaism, and Early Christianity I, BZNW 176/1, Berlin 2011, 629–654.

des Untertauchens praktiziert. Davon wissen die Synoptiker nichts und die Frage, ob sich hier ein Relikt einer alten, historisch sehr ernst zu nehmenden Tradition zeigt, ist durchaus erwägenswert.[98]

b) Damit tritt erneut das Bild Johannes des Täufers in den Blickpunkt, das sich im vierten Evangelium so signifikant von dem der Synoptiker unterscheidet. Während die ältere Forschung hier vor allem aktuelle polemische Interessen gegen Täufergemeinden im Umfeld des Evangelisten vermutete,[99] stellt sich aus heutiger Sicht eher die Frage, ob und inwiefern die johanneische Theologie sich hier kritisch mit der älteren Tradition auseinandersetzt, deren historisch wohl zutreffende ursprüngliche Nähe zwischen dem Täufer und Jesus zunehmend zum Problem wurde:[100] So erscheint die johanneische Darstellung eher theologisch motiviert als narrative Absicherung gegen den Eindruck, der Taufende (Johannes) könnte dem Getauften (Jesus) gegenüber überlegen sein, und gegen die Implikation, dass Jesus selbst eine „Taufe zur Vergebung der Sünden" benötigt hätte. Beide möglichen Folgerungen aus der markinischen Tauferzählung werden durch die johanneische Umprägung des Johannes-Bildes vom Bußpropheten zum Christuszeugen und durch die Bestimmung des alleinigen Zwecks seiner Wirksamkeit zur Identifikation und Offenbarung des Messias in Israel (Joh 1,31) abgebogen, sodass die Unvergleichlichkeit und absolute Priorität Jesu gesichert sind.

---

[98] S. dazu *Frey*, Baptism.
[99] So insbesondere auf der Basis der Täuferaussagen im Prolog bei Wilhelm Baldensperger und Rudolf Bultmann (s.o. Anm. 43f.), doch wird eine polemische Stoßrichtung gegenüber Täuferkreisen auch in neueren Arbeiten vertreten, z.B. *Lars Hartman*, „In the Name of the Lord Jesus". Baptism in the Early Church, Edinburgh 1997, 20.
[100] Dies zeigt sich analog in Mt 3,14, wo Johannes es erst ablehnt, Jesus zu taufen, sowie in einem judenchristlichen Evangelienfragment (bei Hieronymus, adv. Pelag. 3,2), in welchem angesichts der Taufe Jesu über die Möglichkeit einer ihm eventuell anhaftenden Unwissenheitssünde reflektiert wird.

c) Die exegetischen Fragen, die sich aus der johanneischen Rede von der Wassertaufe durch Johannes und Jesus ergeben, betreffen v.a. das Verhältnis dieser vorösterlichen Immersionsrituale zur späteren christlichen Taufe. Sind diese für die johanneische Leserschaft Spiegel und Vorabbildung der in der späteren Gemeinde entwickelten Praxis oder ist – auch dann, wenn von einer Tauftätigkeit des irdischen Jesus die Rede ist – die Differenz zur nachösterlichen Taufe im Blick? Da diese im Johannesevangelium nirgendwo explizit erwähnt wird und eine präzise Sinndeutung fehlt, bleibt hier breiter Raum zur Spekulation bzw. zur Interpretation der Rede von der Fußwaschung in Joh 13,9f, der Heilung des Gelähmten am Teich Bethesda und ihrer Verbindung mit „Sünde" in Joh 5,14 oder der Waschung des Blindgeborenen im Teich Siloah in Joh 9,7. Eindeutigkeit im Blick auf das johanneische Taufverständnis lässt sich von hier aus kaum gewinnen.

d) Analoge Fragen stellen sich auch im Blick auf die Rede von der Neugeburt aus „Wasser und Geist" in Joh 3,1–8. Kann man die beiden Einlassworte Joh 3,3.5 (oder eine gemeinsame, ihnen zugrundeliegende Tradition)[101] als Fragment aus der gemeindlichen Verkündigung verstehen, sodass die Rede von der Neugeburt aus Wasser und Geist dann auf einen gemeindlichen Akt der Taufe bezogen ist, oder ist auch hier – im Kontext eines vorösterlich situierten Gesprächs mit dem jüdischen Ratsherrn Nikodemus – zu überlegen, wie diese Worte in einem jüdischen, vorösterlichen Kontext verständlich sein konnten? In diesem Falle wären alttestamentliche und frühjüdische Vorstellungen von der Geburt eines Menschen[102] oder von der eschatologisch erhofften Neu-

---

[101] S. in diesem Sinne *Jörg Frey*, Die johanneische Eschatologie III. Die eschatologische Verkündigung in den johanneischen Texten, WUNT 110, Tübingen 2000, 248–251.
[102] So schon *Hugo Odeberg*, The Fourth Gospel Interpreted, Uppsala 1929, 48–69, unter Heranziehung rabbinischer Texte; s. *Seim*, Baptismal Reflections, 726. Doch bieten sich auch griechisch-römische Interpretationsmöglichkeiten an, z.B. unter Bezug auf die aristoteli-

geburt heranzuziehen, während der Bezug auf die spätere christliche Taufe allenfalls eine sekundäre Lektüremöglichkeit wäre.[103] Oder wäre eine solche Kontextualisierung eine allzu sehr ‚historisierende' Lektüre, die zu wenig berücksichtigt, dass alle Worte Jesu im Johannesevangelium letztlich aus nachösterlicher Perspektive formuliert sind und einen Transformationsprozess repräsentieren, den die Überlieferung zwischen ihrem ältesten Stadium und der Komposition des Evangeliums durchlaufen hat.[104]

Fragt man danach, welche Art von Taufpraxis das Johannesevangelium spiegelt oder inspiriert, dann bleiben viele Fragen offen. Wie war das Verhältnis von Neugeburt und Taufe bestimmt oder war es sachlich und v.a. zeitlich noch relativ unbestimmt, sodass erst später eine präzisere Identifikation von Taufe und Neugeburt oder dann gar eine ‚Taufwiedergeburtslehre' entwickelt wurde? War in der johanneischen Gemeinde die Taufe mit einem Akt der Salbung verbunden, der dann die Geistmitteilung symbolisiert hätte, oder ist die Rede von der „Salbung" (χρῖσμα) in den Johannesbriefen (1Joh 2,20.27)[105] gleichfalls nur metaphorisch und nicht rituell zu verstehen, im Sinne eines bei oder im Zusammenhang

sche Sicht der *epigenesis*, s. dazu *Adele Reinhartz*, And the Word Was Begotten. Divine Epigenesis in the Gospel of John, Semeia 85 (1999), 83–103; s. auch *Claire K. Rothschild*, Embryology, Plant Biology and Divine Generation in the Fourth Gospel, in: *Stephen P. Ahearne-Kroll / Paul A. Holloway / James A. Kelhoffer* (Hg.), Women and Gender in Ancient Religions. Interdisciplinary Approaches, WUNT 263, Tübingen 2010, 125–152.

[103] S. die ausführliche Diskussion bei *Richard J. Bauckham*, Gospel of Glory. Major Themes in Johannine Theology, Grand Rapids 2015, 82–91.

[104] Vgl. grundsätzlich *Jörg Frey*, Art. Johannesevangelium, in: *Jens Schröter / Christine Jacobi* (Hg.), Jesus-Handbuch, Tübingen 2017, 137–145; als exemplarische Diskussion *ders.*, From the „Kingdom of God" to „Eternal Life". The Transformation of Theological Language in the Fourth Gospel, in: *Paul N. Anderson / Felix Just / Tom Thatcher* (Hg.), John, Jesus, and History, Bd. 3: Glimpses of Jesus through the Johannine Lens, Atlanta 2016, 439–458.

[105] Dazu *Schnelle*, Salbung, 638–649.

der christlichen Initiation mitgeteilten Offenbarungswissens?
Gerade im Blick auf die rituelle Ausgestaltung der Taufe bleiben uns für die ersten beiden Jahrhunderte viele Unklarheiten, sodass hier für eine präzisere Interpretation die Quellenbasis fehlt. Insgesamt liegt bei Johannes der Schwerpunkt mehr auf dem Geist als auf dem Wasser,[106] dennoch ist eine Entgegensetzung beider im Sinne des später entwickelten ‚Spiritualismus' kaum sachgemäß.

6. Abschließende Perspektiven

Nirgendwo im Johannesevangelium wird die christliche Taufe näher beschrieben oder detaillliert erörtert. Weder die Verwendung des Terminus βαπτίζειν noch die knappen Hinweise auf „Wasser und Geist" oder die anderen metaphorischen Erwähnungen von Wasser bieten dies. Vielleicht muss daher einfach gefolgert werden, dass der Evangelist in der Tat keine ausgeprägte Theologie der Taufe entwickelt und es eine Überforderung des Textes wäre, eine solche von ihm zu erwarten. Auf der anderen Seite wäre es auch unangemessen, aus der Nichterzählung der Taufe Jesu oder aus der Betonung der Wirklichkeit des Geistes eine Geringschätzung des physisch-rituellen Initiationsaktes der Taufe oder eine spezifische Entgegensetzung gegen eine als unangemessen abgewehrte Praxis zu folgern. Die Diskussionen um Sakramentalismus und Spiritualismus oder auch die Kategorien von Doketismus und Antidoketismus sind im Blick auf das Johannesevangelium anachronistisch und unangemessen.
Die Frage, ob die johanneischen Gemeindekreise (und mit ihnen der Evangelist) den Initiationsakt der Taufe als eine wirksame und damit ‚sakramentale' Vermittlung der Gotteskindschaft oder der Anteilhabe am Heiligen Geist ansahen oder lediglich als ein äußeres Zeichen dessen,

[106] *Seim*, Baptismal Reflections, 731.

was mit dem Glauben an Jesus und sein Wort bereits vor dem eigentlichen Taufakt erfolgen konnte und dem somit der Akt der gemeindlichen Initiation nur noch als übliche Konsequenz folgte, lässt sich nicht sicher beantworten. Die Betonung der Aussagen, dass ein Mensch im (richtigen) Hören des Wortes Jesu und im Glauben an Jesus zum ewigen Leben hindurchgedrungen ist (Joh 5,24) oder dass die Jünger durch Jesu Wort gereinigt sind (Joh 15,3), legt nahe, dass die ‚Heilsvermittlung' hier noch nicht dogmatisch an einen physischen Wasserritus gebunden war, was freilich nicht heißt, dass dieser im Sinne eines späteren Spiritualismus oder Antisakramentalismus als verzichtbar angesehen worden wäre.

Letztlich spielt die (christliche) Taufe im Johannesevangelium eine untergeordnete Rolle. Nach Joh 4,2 ist von βαπτίζειν nicht mehr die Rede und die unterschiedlichen Erörterungen des Themas ‚Reinigung' sind nicht notwendigerweise auf den Akt der Taufe zu beziehen, denn letztlich erfolgt die Reinigung im christologisch konzentrierten Blickwinkel des Johannesevangeliums aufgrund des Heilsgeschehens des Todes Jesu oder, wie 1Joh 1,7 metonymisch formuliert, „durch sein Blut".

Wenn Jesus in Joh 1,33 als derjenige angekündigt wird, der „im Heiligen Geist eintaucht", dann ist auch dies in erster Linie eine christologische Bestimmung: Jesus ist der göttliche Träger und Geber des Heiligen Geistes (vgl. Joh 3,34; 15,26; 16,7), der gerade in der Weitergabe des göttlichen Geistes an seine Jünger in Analogie zum Wirken Gottes des Schöpfers handelt. Dass dieser Geist und damit das neue, ewige Leben durch den gekreuzigten und auferstandenen Christus vermittelt wird, kennzeichnet die johanneische Christologie und Soteriologie. Die konkreten Fragen der christlichen Taufe und ihrer Praxis treten dahinter zurück, denn letztlich liegt der Akzent der johanneischen Verkündigung nicht auf dem Wasser, sondern auf dem Geist.

Carsten Claußen

Johannes der Zeuge im Johannesevangelium für die Leserschaft des Markusevangeliums

Alle vier neutestamentlichen Evangelien und auch der jüdische Religionshistoriker Flavius Josephus[1] berichten über die Person und die Wirksamkeit Johannes des Täufers.[2] Sie bieten damit wichtige Anhaltspunkte, um der

---

[1] Jos. Ant. 18,116–119; für einen Forschungsüberblick zur Frage, ob es sich um eine christliche Interpolation handelt, siehe: *Rivka Nir*, Josephus' Account of John the Baptist. A Christian Interpolation, JStHJ 10 (2012), 32–62, bes. 32–35; anders als *Nir* argumentiert, deuten die Unterschiede zwischen der Evangeliendarstellung und den Aussagen des Josephus, die für Jos. Ant. typische Wortwahl und ferner das Vorhandensein des Textes in allen Manuskripten jedoch darauf hin, dass es sich sehr wahrscheinlich nicht um eine Interpolation handelt. Vgl. *John P. Meier*, John the Baptist in Josephus. Philology and Exegesis, JBL 111 (1992), 225–237.

[2] Neuere Monographien zu Johannes dem Täufer sind u.a.: *Walter Wink*, John the Baptist in the Gospel Tradition, SNTS.MS 7, Cambridge 1968; *Jürgen Becker*, Johannes der Täufer und Jesus von Nazareth, BSt 63, Neukirchen-Vluyn 1972; *Josef Ernst*, Johannes der Täufer. Interpretation – Geschichte – Wirkungsgeschichte, BZNW 53, Berlin / New York 1989; *ders.*, Johannes der Täufer – der Lehrer Jesu?, Biblische Bücher 2, Freiburg / Basel / Wien 1994; *Stephanie von Dobbeler*, Das Gericht und das Erbarmen Gottes. Die Botschaft Johannes des Täufers und ihre Rezeption bei den Johannesjüngern im Rahmen der Theologiegeschichte des Frühjudentums, BBB 70, Frankfurt 1999; *Knut Backhaus*, Die „Jüngerkreise" des Täufers Johannes. Eine Studie zu den religionsgeschichtlichen Ursprüngen des Christentums, PaThSt 19, Paderborn 1991; *Robert L. Webb*, John the Baptizer and Prophet. A Socio-Historical Study, JSNT.SS 62, Sheffield 1991; *Martin Stowasser*, Johannes der Täufer im Vierten Evangelium, ÖBS 12, Wien 1992; *Michael Tilly*, Johannes der Täufer und die Biographie der Propheten. Die synoptische Täuferüberliefe-

historischen Rückfrage nach dieser wohl wichtigsten Gestalt aus dem Kontext der frühen Wirkungsphase Jesu von Nazareth nachzugehen.[3] Betrachtet man jedoch diese Quellen, so zeigt sich im Johannesevangelium ein durchaus eigenständiges Täuferbild. Vergleicht man dieses mit den älteren synoptischen Darstellungen, so stellt sich für die entsprechenden Textpassagen die Frage nach dem Verhältnis vom vierten zu den synoptischen Evangelien.[4]

---

rung und das jüdische Prophetenbild zur Zeit des Täufers, BWANT 137, Stuttgart / Berlin / Köln 1994, 69–104; *Peter Böhlemann*, Jesus und der Täufer. Schlüssel zur Theologie und Ethik des Lukas, SNTS.MS 99, Cambridge 1997; *Joan E. Taylor*, John the Immerser. John the Baptist within Second Temple Judaism, Grand Rapids (MI) 1997; *Gary Yamasaki*, John the Baptist in Life and Death. Audience-oriented Criticism of Matthew's Narrative, JSNT.SS 167, Sheffield 1998; *Ulrich B. Müller*, Johannes der Täufer und Wegbereiter Jesu, Biblische Gestalten 6, Leipzig 2002; *Matthias Apel*, Der Anfang in der Wüste – Täufer, Taufe und Versuchung Jesu. Eine traditionsgeschichtliche Untersuchung zu den Überlieferungen vom Anfang des Evangeliums, SBB 72, Stuttgart 2013; *Joel Marcus,* John the Baptist in History and Theology, Columbia (SC) 2018.
[3] Für neuere Forschungsüberblicke zur Rückfrage nach dem historischen Johannes vgl.: *John Reumann*, The Quest for the Historical Baptist, in: *ders.* (Hg.), Understanding the Sacred Text (FS M.S. Enslin), Valley Forge (PA) 1972, 181–199; *von Dobbeler*, Gericht, 16–31; *Claire K. Rothschild*, Baptist Traditions and Q, WUNT 190, Tübingen 2005, 29–82; *Knut Backhaus*, Echoes from the Wilderness: The Historical John the Baptist, in: *Tim Holmén / Stanley E. Porter* (Hg.), Handbook for the Study of the Historical Jesus, Bd. 2, Leiden 2011, 1747–1785, bes. 1748–1756; *Gerd Theißen / Annette Merz*, Der historische Jesus. Ein Lehrbuch, Göttingen [4]2011, 184–198.
[4] Vgl. für einen forschungsgeschichtlichen Überblick: *Josef Blinzler*, Johannes und die Synoptiker. Ein Forschungsbericht, SBS 5, Stuttgart 1965; *D. Moody Smith*, John Among the Gospels, Columbia (SC) [2]2001; *Manfred Lang*, Johannes und die Synoptiker. Eine redaktionsgeschichtliche Analyse von Joh 18–20 vor dem markinischen und lukanischen Hintergrund, FRLANT 182, Göttingen 1999; *Jörg Frey*, Das vierte Evangelium auf dem Hintergrund der älteren Evangelientradition. Zum Problem: Johannes und die Synoptiker, in: *ders.*, Die Herrlichkeit des Gekreuzigten. Studien zu den Johanneischen Schriften I, hg. v. *Juliane Schlegel*, WUNT 307, Tübingen 239–294; *ders.*, Theology and History in the Fourth Gospel. Tradition and Narration, Waco (TX) 2018, 64–78.

Wollte der vierte Evangelist die älteren Täuferdarstellungen der synoptischen Tradition „ergänzen oder ersetzen"?[5] Oder ist das Johannesevangelium unabhängig, jedenfalls von den vorliegenden Fassungen der Synoptiker, entstanden?[6] Auf jeden Fall zeigt das vierte Evangelium eine eigenständige und gewiss oft eigenwillige Interpretation des Täufers. Gegen die Grundannahme einer völligen Unabhängigkeit des vierten Evangeliums sprechen jedoch die deutlichen Übereinstimmungen zwischen den synoptischen Evangelien und dem Johannesevangelium hinsichtlich Gattung und Komposition.[7] So erscheint eine Benutzung eines oder mehrerer synoptischer Evangelien durch den vierten Evangelisten am ehesten plausibel zu sein.[8] Inhaltlich und chronologisch

---

[5] Vgl. den Untertitel der bedeutenden Studie: *Hans Windisch*, Johannes und die Synoptiker. Wollte der vierte Evangelist die älteren Evangelien ergänzen oder ersetzen?, UNT 12, Leipzig 1926; ders. wendet sich gegen die bereits im zweiten Jahrhundert nachweisbare „Ergänzungstheorie" und argumentiert in Richtung einer „Verdrängungstheorie", die *Blinzler*, Johannes, 63, treffend zusammenfasst: „Johannes betrachtet sein Buch als das absolute Evangelium, als die absolute Fassung der Gottesbotschaft, und beabsichtigt mit diesem Buch die älteren Evangelien, die er ablehnt, aus dem kirchlichen Gebrauch zu verdrängen."
[6] So etwa: *Jürgen Becker*, Das Evangelium nach Johannes. Kapitel 1–10, ÖTBK 4/1, Gütersloh ³1991, 41–45; vgl. die forschungsgeschichtliche Einordnung bei: *Frey*, Evangelium, 249–253.
[7] So mit Recht: *Michael Labahn*, Offenbarung in Zeichen und Wort, WUNT II/117, Tübingen 2000, 244f.
[8] Vgl. etwa *Hartwig Thyen*, Das Johannesevangelium, HNT 6, Tübingen ²2015, 4: „Im Gegensatz zu all diesen m. E. unbegründbaren, und wie die Beispiele zeigen, für die Interpretation des Evangeliums als eines literarischen Werkes wenig hilfreichen Quellen und Redaktionstheorien verfolge ich in diesem Kommentar eine ganz andere Spur. Es erscheint mir nämlich sehr viel wahrscheinlicher, dass Johannes außer der jüdischen Bibel nicht nur eine anonyme, ihm womöglich nur mündlich überlieferte, den Synoptikern ähnliche Tradition kennt und sie als Quelle benutzt hätte, sondern dass er vielmehr intertextuell mit den alttestamentlichen Texten ebenso wie mit den synoptischen Evangelien in ihren überlieferten redaktionellen Gestalten spielt; und zwar nicht allein mit dem Markusevangelium, sondern auch mit den Evangelien nach Matthäus und nach Lukas."

ist dabei vor allem an das Markusevangelium zu denken, aber auch das Lukasevangelium kann,[9] etwa für das Verständnis der johanneischen Passionsgeschichte,[10] wichtige Details beisteuern. Doch anders als bei der quellenkritisch naheliegenden Abhängigkeit des Matthäus- und des Lukasevangeliums vom Markusevangelium und der Logienquelle geht es beim Verhältnis des Johannesevangeliums zu den Synoptikern nicht nur um die Frage nach einer quellenkritischen Benutzung von Prätexten.[11] Geht man davon aus, dass die Evangelien keinesfalls nur für jeweils recht isolierte Rezipientenkreise intendiert waren, sondern eine weite Verbreitung anstrebten und diese zur Zeit der Abfassung des vierten Evangeliums auch bereits erreicht hatten,[12] so entsteht ein deutlich anderes Bild. Das Johannesevangelium ist dann nicht nur als Rezipient der älteren Evangelientradition anzusehen, sondern es tritt dieser und ihrer Leserschaft bewusst gegenüber und entgegen.[13] Betrachtet man die Berührungen zwischen Johannes und den Synoptikern, so entsteht der Eindruck, dass das vierte Evangelium in besonderer Weise auf das Markusevangelium reagiert.[14] Es geht im Folgenden also nicht allgemein um „Beobachtungen zum

---

[9] So *Charles K. Barrett*, Das Evangelium nach Johannes, KEK Sonderband, Göttingen 1990, 59–71, bes. 62f.
[10] Vgl. *Lang*, Johannes, 302 *et passim*.
[11] Diese Perspektive verfolgt etwa der instruktive Beitrag von: *Dietrich-Alex Koch*, Der Täufer als Zeuge des Offenbarers. Das Täuferbild von Joh 1,19–34 auf dem Hintergrund von Mk 1,2–11, in: *Frans Van Segbroeck* et al. (Hg.), The Four Gospels 1992. Festschrift Frans Neirynck, Bd. 3, BEThL 100/3, Leuven 1992, 1963–1984.
[12] Siehe die grundlegenden Beiträge in: *Richard Bauckham* (Hg.), The Gospel for All Christians. Rethinking the Gospel Audiences, Edinburgh 1998.
[13] Vgl. *Barrett*, Evangelium nach Johannes, 86: „Und in der Tat, wenn Joh die anderen Evangelien (oder zumindest Mk) kannte, dann muß jeder ernsthafte Widerspruch zwischen beiden bedeuten, daß Joh entweder neue historische Informationen besaß oder, wie des öfteren wahrscheinlich ist, daß er von einem anderen Blickwinkel aus schrieb und eine andere Absicht verfolgte."
[14] Vgl. die Synopse wörtlicher Berührungen bei Mk und Joh in: *Barrett*, Evangelium nach Johannes, 61f.

Spiel des Textes mit seinen Lesern"[15] oder um die Frage, wie der vierte Evangelist „mit den synoptischen Evangelien in ihren überlieferten redaktionellen Gestalten spielt,"[16] sondern um die Frage nach dem konkreten intertextuellen Spiel mit der exemplarischen Leser- beziehungsweise Hörerschaft des Markusevangeliums.[17] Die Leitfrage lautet dabei: Auf welche Weise nehmen jene Leser und Leserinnen[18] des Johannesevangeliums, die zugleich als Rezipienten und Rezipientinnen des Markusevangeliums vorauszusetzen sind, die johanneischen Akzentsetzungen des Täuferbildes wahr? Mit dieser rezeptions- beziehungsweise wirkungsästhetischen Fragestellung werden im Folgenden die einzelnen Abschnitte der johanneischen Täuferüberlieferung in den Blick genommen.

---

[15] So *Jörg Frey*, Wege und Perspektiven der Interpretation des Johannesevangeliums. Überlegungen auf dem Weg zu einem Kommentar, in: *ders.*, Die Herrlichkeit des Gekreuzigten. Studien zu den Johanneischen Schriften I, WUNT 307, hg. v. *Juliane Schlegel*, Tübingen 2013, 3–41, hier: 37; vgl. *Jörg Frey*, Between Torah and Stoa. How Could Readers Have Understood the Johannine Logos?, in: *Jan G. van der Watt / R. Alan Culpepper / Udo Schnelle* (Hg.), The Prologue of the Gospel of John. Its Literary, Theological, and Philosophical Contexts. Papers read at the Colloquium Ioanneum 2013, WUNT 359, Tübingen 2016, 189–234, hier: 219–231.
[16] *Thyen*, Johannesevangelium, 4; vgl. *ders.*, Johannes und die Synoptiker. Auf der Suche nach einem neuen Paradigma zur Beschreibung der Beziehungen anhand von Beobachtungen an ihren Passions- und Ostererzählungen, in: *ders.* (Hg.), Studien zum Corpus Iohanneum, WUNT 214, Tübingen 2007, 155–181, hier: 170, der voraussetzt, „daß das Johannesevangelium als ein Text über die Texte der Synoptiker gelesen sein will und deshalb Leser voraussetzt, die dieses Spiel durchschauen und an ihm teilnehmen sollten."
[17] Vgl. für diesen methodischen Ansatz: *Richard Bauckham*, John for Readers of Mark, in: *ders.* (Hg.), The Gospel for All Christians. Rethinking the Gospel Audiences, Edinburgh 1998, 147–171.
[18] Vgl. *Bauckham*, John, 148: „[T]he fourth evangelist must have expected most of his readers to know Mark."

1. Ein Mensch im Prolog (Joh 1,6–8)

Die Bucheröffnung des vierten Evangeliums (Joh 1,1–51) ist in drei Abschnitte untergliedert: Auf den Prolog (VV. 1–18) folgt eine Erzählung über Johannes den Täufer und einige Täuferjünger, die zu Jesusjüngern werden (VV. 19–34), und die Berufung weiterer Jesusjünger (VV. 35–51). Geht man mit weiten Teilen der Forschung davon aus, dass der vierte Evangelist einen ursprünglich selbstständigen Hymnus übernommen und an einigen Stellen erweitert hat,[19] so stechen besonders die Verse 6–8.15 über Johannes den Täufer[20] heraus:

(6) Es wurde (ἐγένετο) ein Mensch (ἄνθρωπος),
gesandt von Gott,
sein Name war Johannes.
(7) Dieser kam zum Zeugnis (εἰς μαρτυρίαν), damit alle zum Glauben kämen durch ihn.

---

[19] So bietet etwa *Otfried Hofius*, Struktur und Gedankengang des Logos-Hymnus in Joh 1,1–18, in: *ders.* / *Hans-Christian Kammler* (Hg.), Johannesstudien. Untersuchungen zur Theologie des vierten Evangeliums, WUNT 88, Tübingen 1996, 1–23, einen Rekonstruktionsversuch des Prologs als eines vierstrophigen Diptychons, bei dem jeweils zwei Strophen parallel gestaltet sind. Es bleibt jedoch die Frage, warum der Evangelist diese eindrucksvolle Struktur durch Einfügungen so empfindlich gestört hat; *Frey*, Torah, 225, weist jedoch mit Recht darauf hin: „[T]here is no completely satisfying explanation as to why the evangelist would destroy a dense and coherent ‚hymn' so oddly by his insertions." Entsprechend wirbt er für eine andere Wahrnehmung des Textes (ebd. 225f): „[T]he text provides a sequence of ‚clarifications' that can show how the Logos mentioned in the beginning should be understood."

[20] Die konkrete Bezeichnung dieses mit Wasser taufenden Johannes (Joh 1,26.31) ist für die entsprechenden Texte des vierten Evangeliums aus zwei Gründen kompliziert: Zum einen nennt der vierte Evangelist ihn im Gegensatz zu den Synoptikern und zu Flavius Josephus nie „den Täufer". Zum anderen tauft nach Joh 3,22 auch Jesus selbst. Weil diese Person jedoch ansonsten allgemein als „Johannes der Täufer" bezeichnet wird, erscheint es, um der begrifflichen Klarheit willen, trotzdem sinnvoll, diese titulare Benennung auch zu verwenden, wenn es um das Täuferbild des vierten Evangeliums geht.

(8) Nicht war jener das Licht (τὸ φῶς),
sondern damit er Zeugnis ablege von dem Licht
(μαρτυρήσῃ περὶ τοῦ φωτός).
[...]
(15) Johannes legt Zeugnis ab von ihm (μαρτυρεῖ περὶ αὐτοῦ) und hat gerufen: Dieser war es, von dem ich gesagt habe: Der nach mir kommt, ist vor mir geworden (γέγονεν), denn eher als ich war er.

Durch ihren prosaischen Stil unterbrechen diese Verse den Hymnus. Inhaltlich sind sie mit den Abschnitten über den Täufer in Joh 1,19–28 und 3,22–30 eng verbunden. Der einsetzende Vers Joh 1,6 wirkt dabei zunächst so, als würde hier jemand vorgestellt, den die Adressatenschaft noch nicht kennt. Genauer betrachtet handelt es sich jedoch um den Versuch, alttestamentliche Diktion zu imitieren.[21] Konkret ist dabei an die Genesis zu denken, in der das Schöpfungswirken Gottes mehrfach mit ἐγένετο beschrieben wird.[22] Johannes kommt als Mensch (ἄνθρωπος)[23] und damit als Geschöpf zur Welt. Somit steht er in deutlichem Gegensatz zum präexistenten und göttlichen λόγος (Joh 1,1f). Mit dem „Werden" des Johannes beginnt die konkrete Geschichtsdarstellung

---

[21] So mit Recht: *R. Alan Culpepper*, Anatomy of the Fourth Gospel. A Study in Literary Design, Philadelphia (PA) 1983, 213.
[22] Gen (LXX) 1,3.5.6.8.9.11.13.14.15.19.20.23.24.30.31. Die Erschaffung des Menschen (Gen [LXX] 1,27: καὶ ἐποίησεν ὁ θεὸς τὸν ἄνθρωπον) wird dgg. mit ποιέω ausgedrückt. Vgl. ποιέω in Gen (LXX) 1,1.7.11.12.16.21.25.26.27.31; *Peder Borgen*, Observations on the Targumic Character of the Prologue of John, NTS 16 (1969/70) 288–295, hier: 291, weist mit Recht darauf hin, dass Joh 1,6–8 keine eigenständigen Rückbezüge auf Gen 1,1–5 aufweist, sondern Elemente aus Joh 1,1–5 aufgreift. Während Joh 1,1–5 damit eine unmittelbare Exposition von Gen 1,1–5 darstellt, gilt dieser Rückbezug für das Vokabular von Joh 1,6–8 nur in vermittelter Weise. Auch diese Beobachtung unterstreicht den Charakter von Joh 1,6–8 als spätere Hinzufügung zum ursprünglichen Hymnus. Entsprechend ordnet das ἐγένετο aus Joh 1,6 den Menschen Johannes in das umfassende Schöpfungshandeln Gottes (vgl. V. 3: πάντα δι᾽ αὐτοῦ ἐγένετο, καὶ χωρὶς αὐτοῦ ἐγένετο οὐδὲ ἕν) ein.
[23] Vgl. Joh 3,1.

des vierten Evangeliums. Seine besondere Rolle wird durch den Hinweis auf seine göttliche Sendung markiert, die im vierten Evangelium ansonsten Jesus und dem Parakleten vorbehalten ist.[24] Identifizierung und irdische Identität werden durch die Nennung seines Namens „Johannes" unterstrichen. Er ist überhaupt der erste im Johannesevangelium namentlich erwähnte Mensch. Worin besteht sein Auftrag innerhalb des göttlichen Heilsplans? Er soll Zeugnis ablegen von dem „Licht" (V. 7), das bereits in Joh 1,4f mit dem λόγος in Verbindung gebracht wurde. Erfolgt mit der göttlichen Legitimation der Sendung und der Beauftragung die „positive" Wesensbestimmung des Johannes, so setzt V. 7 die „negative" Verhältnisbestimmung gegenüber dem in Jesus inkarnierten göttlichen λόγος ein: Johannes ist nicht selbst das Licht, sondern er ist nur der Zeuge des Lichtes.[25] Dieser Gedanke wird später fortgeführt: Johannes ist nach Joh 5,35 „die brennende und scheinende Lampe (ὁ λύχνος ὁ καιόμενος καὶ φαίνων)", an der sich die Menschen jedoch nur kurzfristig (für eine Stunde: πρὸς ὥραν) „erfreuen wollten". Gegenüber „dem Licht" (τὸ φῶς), das aus dem Leben des Logos (Joh 1,4f) in der Finsternis dauerhaft (Präsens!) scheint (ἐν τῇ σκοτίᾳ φαίνει), ist der Täufer eher eine kleine Leuchte, die angezündet werden muss und doch bald wieder erlischt. Damit wird eine mögliche Täuferverehrung in ihre Schranken gewiesen

---

[24] Joh 3,17.34; 5,38; 14,26; 15,26.
[25] Zu beachten sind die Zeitstufen in Joh 1,1–5. Auf die Vergangenheitsformen in VV. 1–4 folgt mit φαίνει in V. 5 ein die Dauerhaftigkeit anzeigendes duratives Präsens. Der effektive Aorist κατέλαβεν verweist bereits im Prolog darauf, dass das Licht nicht durch die Finsternis ergriffen wurde (vgl. 1Joh 2,8). Nach *Michael Theobald*, Das Evangelium nach Johannes. Kapitel 1–12, RNT, Regensburg 2009, 116, „[kann d]as ‚Ziel' [dieses effektiven Aorists] [...] gemäß der johanneischen Christologie nur die Erhöhung am Kreuz sein". Folgt man diesem Gedanken, so gilt: Der Sieg des Lichtes über die Finsternis wird im vierten Evangelium bereits proleptisch im Prolog aufgezeigt. Entsprechend fehlt in der johanneischen Kreuzigungsszene im Gegensatz zum Bericht der Synoptiker (Mk 15,22 parr. 27,45/Lk 23,44; vgl. Lk 23,45) jeglicher Hinweis auf eine Finsternis.

und es stellt sich die Frage, wer die Adressaten einer solchen Zurückweisung gewesen sein mögen. Hatte der vierte Evangelist hier konkrete Johannesjünger im Blick, deren Verehrung er von dem Täufer weg auf Jesus als den Messias lenken wollte? Dies ist die These der Studie von Wilhelm Baldensperger,[26] der das gesamte Johannesevangelium als eine polemische Schrift gegen Anhänger Johannes des Täufers interpretiert. Diese hätten den Täufer und nicht Jesus für den Messias gehalten. Dagegen setze sich das vierte Evangelium zur Wehr.[27] Be-

---

[26] *Wilhelm Baldensperger*, Der Prolog des vierten Evangeliums. Sein polemisch-apologetischer Zweck, Freiburg 1898, 141: „Dem höchsten Anspruch aber der Täufergemeinde, dass ihr Meister das Licht war, welches denen in der Finsternis leuchten sollte (ἐπιφᾶναι Lc 1 79), wird das directe Dementi entgegenhalten: nicht er war das Licht, sondern das wahrhaftige Licht, das jeden Menschen erleuchtet, war der Logos" (Sperr. i. Orig.); vgl. *Walter Bauer*, Das Johannesevangelium, HNT 6, Tübingen ³1933, 16–18; noch weitreichendere Schlüsse zieht: *Rudolf Bultmann*, Die Bedeutung der neuerschlossenen mandäischen und manichäischen Quellen für das Verständnis des Johannesevangeliums, ZNW 24 (1925), 103–146, hier: 143f; *ders.*, Das Evangelium des Johannes, KEK 2, Göttingen ²¹1986, 4f: „Das zur Einfügung von V. 6–8.15 führende Motiv wird aus der polemischen Haltung der Verse deutlich; denn ihr Zweck ist nicht nur der positive, den Täufer als Zeugen für Jesus aufzubieten, sondern zugleich der polemische: die Autorität des Täufers als des Offenbarers zu bestreiten. Diese Autorität muß also von der Täufersekte ihrem Meister zugeschrieben worden sein; diese hat in Johannes das φῶς und damit dann doch wohl auch den fleischgewordenen präexistenten Logos gesehen. Damit ist schon die Vermutung angedeutet, daß der Text der Quelle ein Lied der Täufergemeinde war. [...] Die Vermutung hat keine Schwierigkeit, wenn man annehmen darf, daß der Evglist selbst einst zur Täufergemeinde gehörte, bis ihm die Augen dafür aufgingen, daß nicht Johannes, sondern Jesus der gottgesandte Offenbarer sei" (Sperr. i. Orig.); vgl. aktuell zur „competition hypothesis": *Marcus*, John the Baptist, 26: „Competition between early Christians and followers of the Baptist is evident throughout early Christian sources."

[27] Dgg. stellt sich jedoch die berechtigte Frage mit: *Risto Uro*, John the Baptist and the Jesus Movement. What does Q Tell Us?, in: *Ronald A. Piper* (Hg.), The Gospel behind the Gospels. Current Studies in Q, NT.S 75, Leiden / New York / Köln 1995, 231–257, hier: 254: „Would one not expect to recognize much stronger hostility in

denkt man jedoch, dass die neutestamentliche Täuferüberlieferung vollständig in den Dienst christologischer Verkündigung genommen ist, so erscheint ein Rückschluss auf eine ursprüngliche vor- oder nebenchristliche Täufertradition[28] und die Annahme einer entsprechenden Polemik von christlicher Seite mit erheblichen methodischen Unsicherheiten behaftet.[29]

Wie wird der in der synoptischen Tradition[30] und auch bei Josephus[31] mit dem charakteristischen Titel ὁ βαπτιστής bezeichnete Johannes zum Vergleich im Markusevangelium eingeführt? Markus setzt bereits im zweiten Vers mit Hinweisen auf Johannes den Täufer ein. Diese geläufige Benennung, hinter der die partizi-

---

the traditions about John than there now exists?" Vgl. *Manuel Vogel*, Jesusgemeinden und Täufergruppen zwischen Abgrenzung und Wertschätzung – eine Skizze, in: *Niclas Förster / J. Cornelis de Vos* (Hg.), Juden und Christen unter römischer Herrschaft. Selbstwahrnehmung und Fremdwahrnehmung in den ersten beiden Jahrhunderten n.Chr., SIJD 10, Göttingen 2015, 74–84, hier: „[E]s [gibt] aus neutestamentlicher Zeit kein Zeugnis manifester Feindseligkeit von Täufergruppen gegen christliche Gemeinden." Vgl. *Backhaus*, „Jüngerkreise", der die These vertritt (112): „Die neutestamentlichen Theologen setzen sich nicht primär apologetisch-polemisch mit einer konkurrierenden Gemeinschaft [sc. Täufersekte] auseinander, sondern ‚protologisch' mit der Ursprungsgeschichte der eigenen Gemeinschaft." Doch selbst Backhaus muss für das vierte Evangelium eine gewisse antitäuferische Polemik zugestehen. Siehe: *ders.*, Echoes, 1753: „The Baptist tradition of the Fourth Gospel is certainly theologically (and polemically) styled, but it also shows peculiarly concrete and archaic-looking traces of what might be the social remembrance of the Johannine community competing with a community of Baptist adherents (John 1:35–51; 3:22–30; 4:1–3; 10:40–41)."

[28] Vgl. etwa die Untersuchungen zu Täufertraditionen in der Logienquelle: *Wink*, John the Baptist, 18–26; *Ernst*, Johannes der Täufer, 39–80; *Tilly*, Johannes der Täufer, 69–104; *Rothschild*, Baptist Traditions, Tübingen 2005.

[29] So mit Recht die Einwände von: *Klaus Berger*, Die impliziten Gegner. Zur Methode des Erschließens von „Gegnern" in neutestamentlichen Texten, in: *Dieter Lührmann / Georg Strecker* (Hg.), Kirche (FS Günther Bornkamm), Tübingen 1980, 373–400.

[30] Mt 3,1; 11,11; 14,2; 16,14; Mk 6,14; 8,28; Lk 7,20.33; 9,19.

[31] Jos. Ant. 18,116: Ἰωάννης ἐπικαλουμένος βαπτιστής. Vgl. s.u.

piale Konstruktion Ἰωάννης ὁ βαπτίζων[32] beziehungsweise die eher titulare Bezeichnung Ἰωάννης ὁ βαπτιστής stehen,[33] charakterisiert diesen Johannes[34] in den synoptischen Evangelien gemäß jener für ihn als typisch angesehenen Tätigkeit als Taufenden, als Täufer beziehungsweise als „Unter-" oder „Eintaucher".[35] Auch Josephus, der als einziger außerbiblischer Zeuge historisch ernst zu nehmende Informationen über Johannes mitteilt, gibt seinen Namen wieder als: „Johannes, genannt der Täufer (Ἰωάννης ὁ ἐπικαλουμένος βαπτιστής)".[36] Die Bezeichnung ὁ βαπτιστής scheint speziell für Johannes gebildet worden zu sein. Jedenfalls wird sie in der erhaltenen griechischen Literatur ausschließlich für ihn verwendet. Zum Vergleich: Das vierte Evangelium nennt ihn einfach Johannes.[37] Dabei wird seine Tauftätigkeit dort keinesfalls verschwiegen. So gibt jener selbst darüber Auskunft, dass er mit Wasser taufe (Joh 1,31.33). Der vierte Evangelist überliefert sogar zwei unterschiedliche geographische Verortungen dieser Tätigkeit in „Betanien, auf der anderen Seite des Jordan" (Joh 1,28) und in

---

[32] Mt 3,13; Mk 1,4; 6,14.24.
[33] Mt 3,1; 11,11.12; 14,2.8; 16,14; 17,13; Mk 6,25; 8,28; Lk 7,20.33; 9,19.
[34] Um Unklarheit zu vermeiden, wird im vorliegenden Aufsatz nicht der vierte Evangelist mit dem Namen „Johannes" bezeichnet, sondern ausschließlich jene Person, die „mit Wasser tauft" (Joh 1,31.33; 3,5–34), jedoch, anders als bei den Synoptikern, im vierten Evangelium an keiner Stelle als „Johannes der Täufer" bezeichnet wird.
[35] So der ursprüngliche Titel von: *Joan E. Taylor*, John the Immerser. John the Baptist within Second Temple Judaism; die britische Ausgabe trägt dagegen den Titel: *dies.*, John the Baptist within Second Temple Judaism. A Historical Study, London 1997; vgl. *Jörg Frey*, Baptism in the Fourth Gospel, and Jesus and John as Baptizers. Historical and Theological Reflections on John 3:22–30, in: *ders.* / *R. Alan Culpepper* (Hg.), Expressions of the Johannine Kerygma in John 2:23–5:18. Historical, Literary, and Theological Readings from the Colloquium Ioanneum 2017 in Jerusalem, WUNT 423, Tübingen 2019, 87–115, bes. 91, Anm. 12; 108.
[36] Jos. Ant. 18,116.
[37] Siehe Joh 1,6: ὄνομα αὐτῷ Ἰωάννης. Vgl. Joh 1,15.19.26.28–29.32.35.40.42; 3,23–27; 4,1; 5,33.36; 10,40–41.

„Änon, nahe bei Salim" (Joh 3,23).[38] Johannes ist jedoch in den Augen des vierten Evangelisten offensichtlich nicht hinreichend oder gar exklusiv als ὁ βαπτίζων oder ὁ βαπτιστής zu charakterisieren. Er wird vielmehr als Verkündiger eines speziellen Zeugnisses über Jesus porträtiert und theologisch rezipiert.

Auch das Markusevangelium beginnt mit einem Prolog.[39] Zunächst wird der Täufer durch ein prophetisches Mischzitat aus Mal 3,1 und Jes 40,3 als von Gott gesandter Wegbereiter und Wüstenprediger eingeführt und legitimiert. Der Johannesprolog konzentriert sich dagegen auf die göttliche Sendung (Joh 1,6). Eine deutliche Akzentverschiebung zeigt sich ebenfalls im Vergleich von Joh 1,6 mit Mk 1,4f. Während das johanneische ἐγένετο ἄνθρωπος etwas distanziert wirkt und pointiert einen Menschen einführt, scheint das markinische ἐγένετο Ἰωάννης [ὁ] βαπτίζων von einem alten Bekannten zu erzählen, auf den die Leserschaft durch die Prophetenworte in Mk 1,2f bereits vorbereitet ist. Während der Markusprolog den Täufer zu seiner Person und zu seiner Tätigkeit ausführlich vorstellt, konzentriert sich der Johannesprolog auf dessen Aufgabe als Zeuge für das Licht. Eine deutliche Korrektur zeigt sich im Hinblick auf die Frage, wer zuerst da war, Johannes der Täufer oder Jesus. Gemäß der Darstellung als prophetischer Wegbereiter (Mk 1,2f) und der täuferischen Charakterisierung Jesu als ὀπίσω μου legt sich für das Markusevangelium der Schluss nahe, dass der Täufer natürlich Jesus als Vorläufer voranging. Diese Reihenfolge kommt für den Johannesprolog, der Jesus vom präexistenten Logos her entwickelt (Joh 1,1f), aus theologischen Gründen nicht in Frage. Konnte man aus der markinischen Darstellung den Eindruck gewinnen, dass Jesus dem Täufer

---

[38] Zur Frage nach der geographischen Verortung der Täufer-Orte vgl.: *Rainer Riesner*, Messias Jesus. Seine Geschichte, seine Botschaft und ihre Überlieferung, Gießen 2019, 108f.
[39] Dazu grundlegend: *Hans-Josef Klauck*, Vorspiel im Himmel? Erzähltechnik und Theologie im Markusprolog, BThSt 32, Neukirchen-Vluyn 1997.

jedenfalls chronologisch nachgeordnet sei, so widersetzt sich der vierte Evangelist mit aller Deutlichkeit jeglicher Vorordnung und damit potenzieller Eigengewichtung des Zeugen Johannes.[40] Auch wenn im Munde des Täufers eine irdisch-chronologische Reihenfolge erwähnt wird (vgl. ὀπίσω μου in Mk 1,7 und Joh 1,15e), so muss der Vorläufer im vierten Evangelium aus theologischen und christologischen Gründen Jesus protologisch als den bezeugen (Joh 1,15ef), „der vor mir gewesen ist; denn er war eher als ich (ἔμπροσθέν μου γέγονεν, ὅτι πρῶτός μου ἦν)". Damit ist schon die Perspektive der Selbstidentifizierung des Johannes berührt.

2. Johannes der Zeuge über sich selbst (Joh 1,19–28)

Der Abschnitt Joh 1,19–34 setzt mit einer Überschrift ein: Καὶ αὕτη ἐστὶν ἡ μαρτυρία τοῦ Ἰωάννου. Das Stichwort des Zeugnisses (μαρτυρία) fügt sich in die Gerichtsmotivik des vierten Evangeliums ein[41] und greift konkret die zentrale Funktion des Johannes auf, unter der er bereits mitten im Prolog eingeführt worden war: Johannes legt Zeugnis für Jesus ab. Die Überschrift in V. 19 verklammert nicht nur den Beginn der Narration mit dem Prolog, sondern bildet auch mit dem Abschluss des folgenden Abschnittes eine inclusio. Im abschließenden V. 34 resümiert Johannes: „Und ich habe gesehen und bezeugt (μαρτυρέω): Dieser ist der Sohn Gottes (οὗτός ἐστιν ὁ υἱὸς τοῦ θεοῦ)." Johannes eröffnet damit den Reigen jener mit μαρτυρέω περί[42] gebildeten Zeugen(aussagen) über Jesus. Es folgen im vierten Evangelium das Selbstzeugnis Jesu (Joh 5,31; 8,18) und das seiner Werke (Joh 5,36; 10,25) sowie das Zeugnis seines

---

[40] Vgl. die auch johanneische Überlieferung gleichzeitiger Wirksamkeit des Täufers und Jesu in Joh 3,22f; 4,1f.
[41] Vgl. ausführlich: *Andrew T. Lincoln*, Truth on Trial. The Lawsuit Motif in the Fourth Gospel, Peabody (MA) 2000, bes. 58–65 *et passim*.
[42] Joh 1,7.8.15; vgl. 5,33–36.

Vaters (Joh 5,37; 8,18) und der Schriften des Alten Bundes (Joh 5,39). Für die Zukunft wird das Zeugnis des Parakleten (Joh 15,26) und der Jünger (Joh 15,27)[43] angekündigt. Diese Redeweise vom μαρτυρέω περί ist typisch für das Johannesevangelium und findet sich im NT ansonsten nicht. In dieselbe Richtung weist der statistische Befund für die gesamte Wortfamilie. Das Substantiv ἡ μαρτυρία begegnet im NT insgesamt 37mal, davon allein 14-mal im Joh,[44] 6-mal in 1Joh[45] und einmal im 3Joh.[46] Auch für das Verb μαρτυρέω mit insgesamt 76 neutestamentlichen Belegen findet sich der Hauptteil mit 33 Vorkommen im Joh[47] und 10 im 1Joh[48] und 3Joh.[49] Jesus ist im vierten Evangelium nicht nur derjenige, über den andere und er selbst Zeugnis ablegen. Er legt seinerseits als himmlischer Augenzeuge Zeugnis von der göttlichen Offenbarung ab.[50]

Das Ziel der Zeugenschaft über Jesus als ὁ υἱὸς τοῦ θεοῦ, das Johannes bereits in Joh 1,34 erreicht, ist für das Evangelium insgesamt die Verkündigung der Gottes-

---

[43] In der Sache geht es auch in Joh 15,27 um das Zeugnis für Jesus, an dieser Stelle jedoch ohne περί.

[44] Joh 1,7–8.15.32.34; 2,25; 3,11.26.28.32; 4,39.44; 5,31–33.36–37. 39; 7,7; 8,13–14.18; 10,25; 12,17; 13,21; 15,26–27; 18,23.37; 19,35; 21,24; 1Joh 1,2; 4,14; 5,6–7.9–10.

[45] 1Joh 1,2; 4,14; 5,6–7.9–10.

[46] 3Joh 1,3.6.12; die übrigen Belege sind: Mt 23,31; Lk 4,22; Apg 6,3; 10,22.43; 13,22; 14,3; 15,8; 16,2; 22,5.12; 23,11; 26,5; Röm 3,21; 10,2; 1Kor 15,15; 2Kor 8,3; Gal 4,15; Kol 4,13; 1Tim 5,10; 6,13; Heb 7,8.17; 10,15; 11,2.4–5.39; Apg 1,2; 22,16.18.20.

[47] Joh 1,7–8.15.32.34; 2,25; 3,11.26.28.32; 4,39.44; 5,31–33.36–37. 39; 7,7; 8,13–14.18; 10,25; 12,17; 13,21; 15,26–27; 18,23.37; 19,35; 21,24; Apg 1,2; 22,16.18.20.

[48] 1Joh 1,2; 4,14; 5,6–7.9–10.

[49] 3Joh 1,3.6.12; die übrigen Stellen sind: Mt 23,31; Lk 4,22; Apg 6,3; 10,22.43; 13,22; 14,3; 15,8; 16,2; 22,5.12; 23,11; 26,5; Röm 3,21; 10,2; 1Kor 15,15; 2Kor 8,3; Gal.4,15; Kol 4,13; 1Tim 5,10; 6,13; Heb 7,8.17; 10,15; 11,2.4–5.39; Offb 1,2; 22,16.18.20.

[50] Joh 3,11.32; vgl. Joh 8,26.38.40; 15,15. Vgl. zur apokalyptischen Herkunft dieser Vorstellung: *Johannes Beutler,* Martyria. Traditionsgeschichtliche Untersuchungen zum Zeugnisthema bei Johannes, FThSt 10, Frankfurt a.M. 1972, 327–332.

sohnschaft, die den Nachfolgern und Nachfolgerinnen Jesu „durch den Glauben das Leben in seinem Namen" (Joh 20,31) gibt. Auch wenn die Terminologie der Zeugenschaft im ursprünglichen Schlussvers des vierten Evangeliums fehlt, so deutet der Hinweis auf die Gottessohnschaft im Lichte des Johanneszeugnisses in Joh 1,34 doch darauf hin, dass der Evangelist auch sein Werk im Dienste der Zeugenschaft für Jesus als Christus und Gottessohn sieht.

Auffällig ist dagegen das Fehlen von μάρτυς (ansonsten 35-mal im NT) und einer Reihe anderer Lexeme derselben Wortfamilie[51] im Johannesevangelium. In der Sache ist jedoch die johanneische Zuspitzung auf das Motiv der Zeugenschaft für Christus für die Tätigkeit des Johannes überaus deutlich gezeichnet: Er ist für das vierte Evangelium nicht „Johannes der Täufer", sondern „Johannes der Zeuge."[52]

Während im vierten Evangelium eine kritische Gesandtschaft von Priestern und Leviten zu einer Art juristischer Identitätsklärung bei Johannes erscheinen (Joh 1,19), sind es nach Mk 1,5 viele nicht näher identifizierte Leute, die von dort und aus ganz Judäa kommen, um sich taufen zu lassen und ihre Sünden zu bekennen. Der Ge-

---

[51] Vgl. διαμαρτύρομαι (15-mal im NT), καταμαρτυρέω (3) μαρτύριον (19) μαρτύρομαι (5) ψευδομαρτυρέω (5) ψευδομαρτυρία (2) ψευδόμαρτυς (2) συμμαρτυρέω (3) und die ntl. *hapax legomena* ἀμάρτυρος, ἐπιμαρτυρέω, προμαρτύρομαι, συνεπιμαρτυρέω.

[52] Als solcher bildet Johannes mit keinen geringeren alttestamentlichen Gestalten als Abraham (Joh 8,56), Jesaja (Joh 12,38–41) und Mose (Joh 5,45–47) eine Reihe von menschlichen Zeugen für den menschgewordenen Gottessohn, ohne dass die μαρτυρέω-Terminologie dort explizit aufgerufen wird; vgl. *Martin Hengel*, Die Schriftauslegung des 4. Evangeliums auf dem Hintergrund der urchristlichen Exegese, in: *ders.*, Jesus und die Evangelien. Kleine Schriften V, WUNT 211, Tübingen 2007, 601–643, bes. 617–625; ausdrücklich über Jesus Zeugnis geben dgg. er selbst (Joh 3,11; 8,14.18; 18,37) und in negativer Form (4,44; 5,31; 8,13), die Schrift (5,39), seine bzw. die vom Vater ihm gegebenen Werke (5,36; 10,25), der Vater (5,32.37; 8,18), der Paraklet (15,26), die Jünger (Joh 15,27) und der Lieblingsjünger (19,35 vgl. 21,24).

gensatz dieser beiden „Besuchergruppen" von kritischen Autoritäten beziehungsweise zugewandten Anhängern und Anhängerinnen könnte kaum größer sein. Die Identitätsklärung erfolgt durch drei negative (Joh 1,20–21) und drei positive Selbstzeugnisse (Joh 1,23.26.27) des Johannes.

2.1 Drei negativ ablehnende Ich-bin-Worte

So viel sei vorweggenommen: Die Leser und Leserinnen des Markusevangeliums werden sich bei den Fragen nach der Identifizierung des Täufers als Christus, Elia oder den Propheten an einen ganz anderen Textzusammenhang erinnern. Diese Personenkonstellation prägt die Frage Jesu an seine Jünger, was denn die Menschen und schließlich was denn die Jünger meinen, dass er sei (Mk 8,27–29). Diese drei Möglichkeiten bilden eine Art Pool messianisch konnotierter Identifikationsmöglichkeiten, die bei Markus und im vierten Evangelium im Hinblick auf Jesus und auf den Täufer abgefragt werden. Die Antworten sind dabei teilweise konträr.

Johannes bekennt zunächst verneinend (V. 20): „Ich bin nicht der Christus (ἐγὼ οὐκ εἰμὶ ὁ χριστός)." Dass danach nicht ausdrücklich gefragt worden war, deutet wohl auf die Offensichtlichkeit dieser Fragestellung hin. Werden auch im Markusevangelium Positionen sichtbar, die Johannes den Täufer für den Christus gehalten haben mögen? Dies wird man etwa für die Johannesjünger vermuten dürfen, die bei Markus jedoch nur sehr beiläufig als Bestatter ihres ermordeten Meisters erwähnt werden.[53]

Im zweiten negativen Ich-bin-Wort verneint Johannes das Identifizierungsangebot, Elia zu sein. Das Markusevangelium rezipiert dagegen die antik-jüdische Vorstellung, dass Elia als Vorläufer des Messias erscheinen

---

[53] Mk 6,29 par. Mt 14,12; Vgl. dgg. Mt 11,2 par Lk 7,18; Joh 1,35. 37.40; 3,26.

müsse[54] und identifiziert den Täufer mit dem alttestamentlichen Propheten[55]. Die Elia-Tradition schwingt bereits gleich zu Beginn des Markusprologs (Mk 1,3) in der Aufnahme von Mal 3,1 mit und wird bereits dort mit dem Täufer Johannes verbunden. Wahrscheinlich hat auch der Täufer selbst durch seine Kleidung[56], seine Nahrung[57], seine schroffe Verkündigung[58], seine Herrschaftskritik[59] und die Wahl seines Taufortes „jenseits des Jordans"[60] die Verbindung mit Elia evoziert. Mit Ausnahme der letztgenannten geographischen Verortung fehlen diese Merkmale im vierten Evangelium. Auch ist der Täufer im vierten Evangelium nicht der Vorläufer Jesu, sondern Jesus selbst beziehungsweise der Logos ist πρῶτος.[61] Entsprechend kann dort auch nicht auf einen Zusammenhang von Mal 3,1 und dem Täufer verwiesen werden.

Gegenüber dem dritten Identifikationsangebot bestreitet der Täufer, der zu erwartende Prophet (ὁ προφήτης), also der „Prophet wie Mose" nach Dtn 18,15.18, zu sein. Auch Jesus wird im Fortgang des vierten Evangeliums für eben diesen Propheten gehalten, entzieht sich dem jedoch.[62] Für die gesamte synoptische Tradition gilt dagegen, dass sich deren Täuferbild in das antik-jüdische

---

[54] Mal 3,23 (4,5 LXX); vgl. die Erwartung der Wiederkunft Elias in: Hen(äth) 90,31; 4Esr 6,26; LAB 48,1; OrSib 2,187–189; ApcEl 5,23f; 4Q558; vgl. ausführlicher: *Markus Öhler*, Wer war Johannes der Täufer? Von Johannes 1,19–28 bis Herakleon, WJTh 7 (2008), 327–352, hier: 332–337.
[55] Mk 9,(9–)13 par. Mt 17,12f, vgl. Lk 1,17.
[56] Mk 1,6a; vgl. 2Kön 1,8.
[57] Mk 1,6b; vgl. 1Kön 17,2–6.
[58] 1Kön 18,21; vgl. Lk 3,7–9.16f.
[59] 1Kön 16,18; 21,20.
[60] Joh 1,28; Elia stammte aus dem ostjordanischen Tischbe in Gilead und trug entsprechend den Beinamen „der Tischbiter" (1Kön 17,1; 21,17.28; 2Kön 1,3.8; 9,36).
[61] Joh 1,15.30. Vgl. *Wink*, John the Baptist, 89f.
[62] Joh 6,14; 7,40; vgl. 7,52.

Prophetenbild einordnen lässt.[63] Nach Mk 11,32 hielten selbst Hohepriester, Schriftgelehrte und Älteste den Täufer „wirklich für einen Propheten". Mindestens für die Q-Tradition gilt darüber hinaus (Mt 11,9 par. Lk 7,26): „Er ist mehr als ein Prophet."[64] Nachdem Johannes die drei Identitifizierungsangebote der Jerusalemer Gesandtschaft abgelehnt hat (Joh 1,19–21), formuliert er drei positive Ich-bin-Worte.

2.2 Drei positiv bekräftigende Ich-bin-Worte des Johannes

Für seine positive Selbstcharakterisierung sagt Johannes, in Aufnahme von Jes 40,3, erstens über sich selbst (Joh 1,23): „Ich bin eine Stimme eines Predigers in der Wüste," der dazu aufruft: „Ebnet den Weg des Herrn." Er ist nicht „das Wort (ὁ λόγος)"[65], sondern nur „eine rufende Stimme (φωνὴ βοῶντος)".[66] Die Bezugnahme auf Jes 40,3 verbindet das johanneische mit dem markinischen Täuferbild.[67]

Zweitens beschreibt Johannes seine Tätigkeit mit den Worten (Joh 1,26): ἐγὼ βαπτίζω ἐν ὕδατι. Das betont vorangestellte ἐγώ rückt auch diese Aussage in die Nähe eines Ich-bin-Wortes: Johannes identifiziert sich als Wassertäufer. Die Formulierung in Mk 1,8 ist ganz ähnlich: ἐγὼ ἐβάπτισα ὑμᾶς ὕδατι. Beide Darstellungen des Wassertäufers, sowohl die johanneische als auch die markinische, gewinnen ihre eigentliche Bedeutung jedoch durch die jeweils folgende Charakterisierung und

---

[63] So die These und Argumentation der überzeugenden Untersuchung von: *Tilly*, Johannes der Täufer, 254 *et passim*.
[64] Die Nähe zum deuteronomischen Prophetenideal schimmert in der Logienquelle deutlich durch. Vgl. dazu: *John S. Kloppenborg*, The Formation of Q. Trajectories in Ancient Wisdom Collections, Studies in Antiquity & Christianity, Harrisburg (PA) 1999, 105.
[65] Joh 1,1.
[66] Vgl. Mk 1,3.
[67] Mk 1,3.

damit Überbietung durch die Geisttaufe Jesu.[68] Mk 1,8 stellt die aoristische Vergangenheit der Wassertaufe (ἐβάπτισα im Rückblick auf Mk 1,4f) der futurischen und damit zukünftigen Geisttaufe (βαπτίσει) Jesu gegenüber.[69]

Auch das dritte Jesus bezeugende Wort des Täufers (Joh 1,27) ist parallel zur synoptischen Überlieferung[70] gestaltet und bestätigt das markinische Täuferbild. Auf die Gründe für seine Taufe angesprochen, verweist der Täufer vor allem auf den nach ihm Kommenden und, wie bei den Synoptikern auch,[71] auf seine Unwürdigkeit, jenem die Schuhriemen zu lösen. Letzteres wird erneut betont mit einem (textkritisch jedoch unsicheren) Ichbin-Wort: οὐκ εἰμὶ [ἐγὼ] ἄξιος.

Zusammenfassend ist festzuhalten: Der johanneische Täufer weist mit dem Christus, Elia und dem Propheten drei Möglichkeiten zurück, mit denen Menschen seiner Zeit versuchten, ihn einzuordnen.[72] Besonders die Verbindung des Täufers mit der Eliatradition aber auch jene von Dtn 18,15.18 inspirierte Erwartung „des Propheten" haben im Markusevangelium deutliche Spuren hinterlassen. Im Gegenzug bekräftigt der Täufer im Johannesevangelium die Aspekte der markinischen Tradition, dass erstens der Wüstenprediger gegenüber dem κύριος, zweitens die Wassertaufe gegenüber der Geisttaufe und drittens der Täufer insgesamt gegenüber Jesus unterlegen ist.

Diese erste Szene des Täuferzeugnisses bleibt – in ihren negativen Zurückweisungen und in ihren die Defizite des Täufers gegenüber jenem noch Unbekannten (V. 26) betonenden Charakter – für die offizielle Gesandtschaft

---

[68] Vgl. Mk 1,8 mit Joh 1,33.
[69] Die Q-Überlieferung in Mt 3,11 par. Lk 3,16 verstärkt den Kontrast gegenüber der Wassertaufe: „Er wird euch mit Heiligem Geist *und mit Feuer* taufen."
[70] Vgl. Joh 1,27 mit Mk 1,7 parr. Mt 3,11/Lk 3,16.
[71] Vgl. Mk 1,7 parr. Mt 3,11/Lk 3,16.
[72] Vgl. die Versuche, Jesus einzuordnen in Mk 8,27–29 parr. Mt 16,13–16/Lk 9,18–20.

rätselhaft. Ganz anders ist die nun folgende zweite Szene des Täuferzeugnisses vor einer unbekannten Adressatenschaft ausgestaltet. Hier wird der nun Kommende pointiert vorgestellt.[73]

3. Johannes der Zeuge über Jesus (Joh 1,29–34)

Nachdem die Jerusalemer Gesandtschaft ausgeblendet wird, richtet Johannes am folgenden Tag erstmals ein explizites Zeugnis über Jesus aus (Joh 1,29): „Siehe, das ist Gottes Lamm (ὁ ἀμνὸς τοῦ θεοῦ), das die Sünde der Welt trägt (ὁ αἴρων τὴν ἁμαρτίαν τοῦ κόσμου)", das nochmals in V. 36 in verkürzter Form aufgegriffen wird. Am Übergang zu dieser neuen Erzähleinheit (Joh 1,29–34) fehlt die Einführung einer konkreten Adressatenschaft. Die herausragende Bedeutung von V. 29 legt nahe, dass dabei nicht einfach[74] von einer anonymen Volksmenge auszugehen ist, sondern von der konkreten Leserschaft des vierten Evangeliums und damit unter anderem von jenen, die bereits das Markusevangelium kennen. Die jetzt ausgesprochene Botschaft geht alle an. Eine weitere inhaltliche „Lücke" stellt in dieser Szene die fehlende Reaktion Jesu dar. Während die Leserschaft eine unmittelbare Begegnung der beiden Protagonisten vermissen mag, wirkt die dramaturgisch gestaltete Erzählung so, als ob Jesus schweigend und für das Publikum unsichtbar an diesem ersten Zeugen vorbeizieht, ebenso wie nochmals einen Tag später (Joh 1,35f). Nach Art einer prophetischen Teichoskopie[75] teilt der Täufer dem

---

[73] Dieser Umbruch erinnert an den Übergang von Jesu Schweigegebot am Ende von Mk 8,27–30 zur ersten Leidensankündigung (Mk 8,31), von der gilt: „Und er [sc. Jesus] redete das Wort frei und offen."
[74] Vgl. *Benjamin Schliesser*, To Touch or not to Touch? Doubting and Touching in John 20:24–29, Early Christianity 8 (2017), 69–93, hier 69: „The Fourth Gospel is a text dotted with narrative gaps."
[75] Zur Verwendung der Teichoskopie im AT vgl.: *Stefan Ark Nitsche*, Jesaja 24–27: ein dramatischer Text. Die Frage nach den Genres

Publikum mit, was seine Botschaft ist (Joh 1,29) und was er bei seiner ersten Begegnung mit Jesus gesehen hatte (Joh 1,32–33). Er wird damit als „Späher" vom Offenbarungsgeschehen dargestellt, das ihm zunächst verborgen war.[76] Aus der Teichoskopie wird dabei das Zeugnis einer Epiphanie (Joh 1,34): „Und ich habe es gesehen und bezeugt: Dieser ist Gottes Sohn."

Der Abschnitt ist damit von zwei zeugnishaften Benennungen Jesu als ὁ ἀμνὸς τοῦ θεοῦ und als ὁ υἱὸς τοῦ θεοῦ eingerahmt. Was meint ὁ ἀμνὸς τοῦ θεοῦ zu Beginn des täuferischen Monologs (Joh 1,29)? Die Bezeichnung Jesu als „Lamm Gottes" ist wirkungsgeschichtlich von allergrößter Bedeutung, rein wortstatistisch jedoch sehr selten. Als unmittelbare Prädikation Jesu findet sich diese im Neuen Testament nur in diesem Kontext (VV. 29.36). Die Verbindung der Themen „Lamm" und „Sündenvergebung" wirft die Frage nach dem traditionsgeschichtlichen Hintergrund auf.[77] Konkret bieten sich vor allem vier Möglichkeiten an:[78] der leidende Gottes-

---

prophetischer Literatur und die Textpragmatik der großen Jesajarolle aus Qumran, BWANT 166, Stuttgart 2006, v.a. 128–130; *Hans Frör*, Das Drama des Zweiten Jesaja. Inszenierung und Reflexion der prophetischen Dialoge Jesaja 40–55, Stuttgart 2016, 111–113; vgl. *Thyen*, Johannesevangelium, 116.

[76] Vgl. Joh 1,31: „Und ich kannte ihn nicht."

[77] Vgl. die ausführlichen traditionsgeschichtlichen Analysen bei: *Martin Hasitschka*, Befreiung von Sünde nach dem Johannesevangelium. Eine bibeltheologische Untersuchung, IThS 27, Innsbruck / Wien 1989, 52–109; *Thomas Knöppler*, Die theologia crucis des Johannesevangeliums, WMANT 69, Neukirchen-Vluyn 1994, 67–83; *Rainer Metzner*, Das Verständnis der Sünde im Johannesevangelium, WUNT 122, Tübingen 2000, 143–156.

[78] Ferner: *C.H. Dodd*, The Interpretation of the Fourth Gospel, Cambridge 1955, 230–238, der versucht, die Verbindung zwischen dem „Lamm" und der apokalyptischen Vorstellung von einem „militant and conquering Messiah" in der Apc herzustellen; vgl. ähnlich die Bezugnahme auf Apc 5 bei: *George Beasley-Murray*, John, WBC 36, Nashville (TN) ²1999, 24f; die Isaaktradition findet Berücksichtigung bei: *T. Francis Glasson*, Moses in the Fourth Gospel, SBT, London 1963, 100: „[O]ne of the strands which enter into the profound title ‚the Lamb of God' comes from Genesis 22[,8]." Ebenso

knecht (Jes 53,4.5.7.10–12),[79] das Passalamm,[80] der Sündenbock am Yom Kippur[81] und das Tamidopfer.[82] Ferner werden einige Zuordnungen zu mehreren Verständnissen vertreten. So urteilt Hans-Walter Wolff: „[D]er Täufer [habe] das Lamm Gottes auf Jes 53 bezogen, der Evangelist auf das Passalamm."[83] Ähnlich unterscheidet Joachim Jeremias zwischen einem im aramäischen Urtext vorliegenden Bezug von Joh 1,29 auf den Gottesknecht von Jes 53 und einer nachösterlichen Bezeichnung Jesu als wahres Passalamm, „das durch die

---

Jason R. Ripley, Behold, the Lamb of God! Johannine Christology and the Martyrdoms of Isaac, unveröfftl. PhD-Dissertation, Princeton Theological Seminary, Princeton (NJ) 2005, 228–249, bes. 242–246, hier: 242: „The hypothesis with the greatest explanatory power is that John 1:29 has in mind a reference to [...] *Gen 9* " (Hervorhebung im Original); *Norman R. Petersen*, The Gospel of John and the Sociology of Light. Language and Characterization in the Fourth Gospel, Valley Forge (PA) 1993, 26, unter Hinweis auf Jes 53,12 (LXX): „‚Lamb' would therefore be a substitute for and a synonym of ‚Son'". Eine ausführliche Bibliographie findet sich bei: *Gilbert van Belle*, Johannine Bibliography 1966–1985, BEThL 82, Leuven 1988, 191f.
[79] So etwa: *Craig A. Evans*, Word and Glory. On the Exegetical and Theological Background of John's Prologue, JSNTS 89, Sheffield 1993, 182f; *Daniel Stökl Ben Ezra*, The Impact of Yom Kippur on Early Christianity. The Day of Atonement from the Second Temple to the Fifth Century, WUNT 163, Tübingen 2003, 178: „In sum, Isaiah 53 explains best the Johannine tradition."
[80] So etwa: *Barrett*, Evangelium nach Johannes, 201f; *Jean Zumstein*, Das Johannesevangelium, KEK 2, Göttingen 2016, 98; vgl. den forschungsgeschichtlichen Überblick bei: *Reimund Bieringer*, Das Lamm Gottes, das die Sünde der Welt hinwegnimmt (Joh 1,29). Eine kontextorientierte und redaktionsgeschichtliche Untersuchung auf dem Hintergrund der Passatradition als Deutung des Todes Jesu im Johannesevangelium, in: *Gilbert van Belle* (Hg.), The Death of Jesus in the Fourth Gospel, BEThL 200, Leuven u.a. 2007, 199–231, hier: 200–213.
[81] Vgl. zur Diskussion: *Stökl Ben Ezra* (s. Am. 79), Impact, 177.
[82] So etwa: *Peter Stuhlmacher*, Das Lamm Gottes – eine Skizze, in: *Hubert Cancik / Hermann Lichtenberger / Peter Schäfer* (Hg.), Geschichte – Tradition – Reflexion. Festschrift für Martin Hengel zum 70. Geburtstag, Bd. 3: Frühes Christentum, Tübingen 1996, 529–542.
[83] *Hans-Walter Wolff*, Jesaja 53 im Urchristentum, Gießen [4]1984, 81.

Sühnkraft seines Blutes die Sünde der Welt tilgt."[84] Andere sehen im Hintergrund eine Verbindung zwischen Yom Kippur und Passalamm („Yom Kippuring Passover")[85] oder vermuten neben diesen beiden Traditionen auch die Rezeption von Jes 53.[86] Schließlich wird ein Zusammenhang des „Lammes Gottes" (Joh 1,29.36) und der Passatradition gelegentlich auch generell bestritten.[87] Eine ausführliche Diskussion dieser Positionen würde den Rahmen dieser Studie sprengen.[88] Auch entsteht angesichts der Quellenlage nicht der Eindruck, als seien die traditionsgeschichtlichen Fragestellungen auf diesem Wege befriedigend zu lösen. Vielmehr ist auch für Joh 1,29 an der Fragerichtung festzuhalten, welche

[84] *Joachim Jeremias*, Art.: ἀμνός, ἀρήν, ἀρνίον, ThWNT 1 (1933), 342–345, hier: 343, Z. 34f; vgl. *Jasper Tang Nielsen*, The Lamb of God. The Cognitive Structure of a Johannine Metaphor, in: *Jörg Frey / Jan G. van der Watt / Ruben Zimmermann* (Hg.), Imagery in John: Terms, Forms, Themes, and Theology of Johannine Figurative Language, WUNT 200, Tübingen, 217–256, hier: 256: „[The Lamb of God is] a blend of at least the Suffering Servant and the Passover lamb."
[85] So etwa: *Jeffrey S. Siker*, Yom Kippuring Passover. Recombinant Sacrifice in Early Christianity, in: *Christian A. Eberhart* (Hg.), Ritual and Metaphor. Sacrifice in the Bible, RBSt 68, Atlanta (GA) 2011, 65–82, 81: „The blurring of these two traditions resulted in a kind of recombinant ritualizing within early Christianity, in which the Passover lamb and the Yom Kippur scapegoat were fused in Christian reflection as a commentary on the faithful death of Jesus on behalf of human sin."
[86] So etwa: *Klaus Wengst*, Das Johannesevangelium, Theologischer Kommentar zum Neuen Testament 4/1, Stuttgart 2019 (Neuausgabe), 75: „[Jesus] ist der Sündenbock; er ist der wie ein Lamm zur Schlachtbank geführte Gottesknecht; er ist das endzeitliche Pessachlamm."
[87] So etwa: *Christine Schlund*, „Kein Knochen soll gebrochen werden". Studien zu Bedeutung und Funktion des Pesachfestes in Texten des frühen Judentums und im Johannesevangelium, WMANT 107, Neukirchen-Vluyn 2005, 172–176; *Friederike Kunath*, Die Präexistenz Jesu im Johannesevangelium. Struktur und Theologie eines johanneischen Motivs, BZNW 212, Berlin und Boston 2016, 117.128–129, Anm. 66.
[88] Für einen kurzen Überblick siehe: *Stökl Ben Ezra*, Impact, 176–178.

Funktion die Rede von Jesus als ὁ ἀμνὸς τοῦ θεοῦ für die Leserschaft des Markusevangeliums entwickelt. Vor dem Hintergrund der antik-jüdischen und alttestamentlichen Quellen des Johannesevangeliums drängt sich der Eindruck auf, als gehe dessen Autor auch an dieser Stelle durchaus virtuos mit der vorgefundenen Metaphorik um. Eine monokausale und lineare Entstehung der Rede von Jesus als sühnendem Lamm ist historisch nicht nachweisbar. Vielmehr ist es wahrscheinlich, dass der vierte Evangelist aus theologischen Gründen und unter Einbeziehung mehrerer Traditionsstränge eine neue Art von Opfervorstellung zur Interpretation des Sühnetodes Jesu andeutet.[89] Die Gründe dafür werden beim Vergleich mit der Markustradition deutlich sichtbar. Die markinische Johannestaufe ist eine „Taufe der Buße zur Vergebung der Sünden (βάπτισμα μετανοίας εἰς ἄφεσιν ἁμαρτιῶν)."[90] Für die markinische Leserschaft bleibt offen, warum Jesus sich einer Taufe zur Sündenvergebung unterziehen musste und es entsteht die Frage, in welchem Verhältnis die sündenvergebende Wirkung der Johannestaufe zum Kreuzesgeschehen steht.[91] Diese markinischen Aporien vermeidet das Johannesevangelium, indem die Wassertaufe des Johannes dort einen ganz anderen Zweck erfüllen soll: „Aber damit er [Jesus] offenbar werde, darum bin ich gekommen, mit Wasser zu taufen," verkündet dort der Täufer. Die Wassertaufe wird damit im vierten Evangelium zu einem Zeugnis und ordnet sich dem Zeugendienst Johannes des Täufers ein und unter. Eine Art

---

[89] *Barrett*, Evangelium nach Johannes, 202: „Durch seine Verschmelzung alttestamentlicher Vorstellungen weist Johannes darauf hin, daß der Tod Jesu ein neues und besseres Opfer gewesen ist."
[90] Mk 1,4; Mt und Lk übernehmen diese markinische Definition einer „Taufe zur Vergebung der Sünden" nicht. Mt 3,6 deutet vielmehr auf eine Unterscheidung von Taufe und Sündenvergebung hin. Vgl. auch Jos. Ant. 18,117.
[91] Dieses Problem haben offensichtlich bereits Mt und Lk gesehen und streichen entsprechend den Hinweis auf die „Taufe zur Vergebung der Sünden" (Mk 1,4) in den parallelen Kontexten von Mt 3,1–12 par. Lk 3,1–20. In Mt 3,14 fügt Matthäus ferner einen Einwand des Täufers gegen die Taufe Jesu ein.

sakramentaler Funktion als Bußritual zur Vergebung der Sünden wie im Markusevangelium (Mk 1,4) kommt ihr dagegen nicht zu.

Markus verbindet die Passatradition über die Erzählung vom letzten Mahl Jesu mit seinen Jüngern (Mk 14,12–25 parr.) mit dem unmittelbar bevorstehenden Kreuzesgeschehen,[92] ohne jedoch den Tod Jesu mit Hilfe der Passatradition zu deuten. Auch hier geht das vierte Evangelium, ohne Abendmahlsbericht,[93] einen anderen Weg. Seine Rezeption der Passatradition muss innerhalb der weiteren proleptischen Bezugnahmen auf den Tod Jesu gesehen werden,[94] von denen Joh 1,29 die erste darstellt.[95] Durch das Evangelium hindurch fungieren die Hinweise auf drei Passafeste[96] nicht nur als Gliederungsmerkmale,[97] sondern als Erinnerung an die mit Joh 1,29.36 gesetzte Interpretation des Todes Jesu.[98]

---

[92] Für die Identifizierung des letzten Mahles Jesu als Passamahl argumentiert: *Joachim Jeremias*, Die Abendmahlsworte Jesu, Göttingen ⁴1967, 35–78; ihm folgt: *Martin Hengel*, Das Mahl in der Nacht, „in der Jesus ausgeliefert wurde (1Kor 11,23), in: *Christian Grappe* (Hg.), Le Repas de Dieu. Das Mahl Gottes, WUNT 169, Tübingen 115–160; vorsichtiger spricht dagegen *Jens Schröter*, Das Abendmahl. Frühchristliche Deutungen und Impulse für die Gegenwart, SBS 210, Stuttgart 2006, 48: vom „Kontext des Pessachmahles […] für das letzte Mahl Jesu". Er vermisst jedoch in den synoptischen Mahlerzählungen (44) „entscheidende Bestandteile eines Pessachmahles wie Pessachlamm, Bitterkräuter und die Rezitation der Pessachhagada."
[93] Vgl. jedoch die eucharistischen Bezugnahmen in Joh 6,51c–58.
[94] Vgl. die Übersicht bei: *Jörg Frey*, Die „*theologia crucifixi*" des Johannesevangeliums, in: *ders.*, Die Herrlichkeit des Gekreuzigten. Studien zu den Johanneischen Schriften I, WUNT 307, hg. v. *Juliane Schlegel*, Tübingen 2013, 485–554, hier: 513–515.
[95] So *Knöppler*, theologia crucis, 89–101; *Metzner*, Verständnis, 128–139.
[96] Joh 2,13; 6,4; 11,55; 13,1; 18,28.39; 19,14.
[97] *Wilhelm Wilkens*, Die Entstehungsgeschichte des vierten Evangeliums, Zollikon 1958, 9, spricht von einer „Passa-Gliederungsformel".
[98] Anders dgg. *Jens Schröter*, Sühne, Stellvertretung und Opfer, in: *ders.* / *Jörg Frey* (Hg.), Deutungen des Todes Jesu im Neuen Testament, UTB 2953, Tübingen ²2012, 51–71, bes. 64, der argumentiert, dass Joh 1,29 „nicht speziell auf den *Tod* Jesu, sondern auf seinen

Dieser Bogen der johanneischen Einordnung in die Passatradition spannt sich bis zur Passionsgeschichte. Nach der johanneischen Passa-Chronologie starb Jesus genau um die Zeit am Kreuz, als im Tempel die Passalämmer geschlachtet wurden (Joh 18,28; 19,14.31).[99] Den Verzicht auf das Crurifragium (Joh 19,33.36) interpretiert der vierte Evangelist mit einem Verweis auf das Passalamm in Ex 12,46. Noch vor Beginn der Passafeier muss der Leichnam Jesu vom Kreuz abgenommen werden (Joh 19,31). Wie er nach Joh 1,29 die Sünde trägt, so wird er nun selbst weggetragen.[100]
In der Zusammenschau des Täuferzeugnisses vom Anfang des Evangeliums und der Bezüge auf das Passalamm in der johanneischen Passionsgeschichte[101] wird die Passatradition unter dem Einfluss der für die Sühnetheologie insgesamt wichtigen Gottesknechtstradition[102] im vierten Evangelium neu interpretiert. Daraus entsteht die vielleicht erste Ein- und Übertragung von Elementen der Sündentilgung und der Sühnetheologie

---

Weg *insgesamt* zu beziehen ist". Vgl. *ders.*, Sterben für die Freunde. Überlegungen zur Deutung des Todes Jesu im Johannesevangelium, in: *Axel von Dobbeler* et al. (Hg.), Religionsgeschichte des Neuen Testaments (FS Klaus Berger), Tübingen / Basel 2000, 263–287. Zur Diskussion vgl. *Frey*, *„theologia crucifixi"*, 197, Anm. 135f; 203, Anm. 160; *ders.*, Zur johanneischen Deutung des Todes Jesu, in: ThBeitr 32 (2001), 346–362; ferner die übrigen Beiträge in: *Jörg Frey / Jens Schröter*, Deutungen (s.o.).

[99] Vgl. auch den Hinweis auf Ysop (Joh 19,29), mit dem beim ersten Passahfest die Türpfosten und die Oberschwelle mit dem Blut des Passalammes bestrichen wurden (Ex 12,22).

[100] *Metzner*, Verständnis, 134 verweist auf ein „bewußtes Wortspiel": „Das Lamm Gottes ‚beseitigt' die Sünde der Welt und wird zugleich von der Welt ‚beseitigt'"; vgl. jedoch auch das Wegtragen der Sünden an Yom Kippur in Lev 16,20–22.

[101] Siehe Joh 19,14; Joh 19,29 vgl. Ex 12,22; Joh 19,33 vgl. Ex 12,46; Num 9,12.

[102] Vgl. ὡς ἀμνός in Jes 53,7 (LXX) und das stellvertretende Tragen der Sünden, um „den Vielen Gerechtigkeit [zu] schaffen", in Jes 53,11.

auf das Passaopfer.[103] Bereits an der ersten Stelle (Joh 1,29), an der Jesus überhaupt in den Blick genommen wird, betont der vierte Evangelist mit aller Deutlichkeit: Der am Kreuz Gestorbene ist das wahre Passalamm, das der Welt Sünde trägt.[104]

4. Jesus und Johannes – zwei Täufer am Jordan (Joh 3,22–30)

Eingeleitet wird der Abschnitt mit einem im Neuen Testament singulären Hinweis auf die Tauftätigkeit Jesu in der westlichen Jordansenke Judäas (V. 22). Das Imperfekt der Verben (διέτριβεν, ἐβάπτιζεν) deutet einen längeren Aufenthalt und eine kontinuierliche Tauftätigkeit an.[105] Zur gleichen Zeit habe Johannes im weit entfernten nordsamaritanischen Änon, nahe bei Salim, getauft.[106] Für diese gleichzeitige Tauftätigkeit Jesu und des Täufers gibt es ansonsten keinen Beleg. Es ist jedoch auffällig, dass Jesus und Johannes miteinander identifiziert werden konnten (Mk 6,14f; 8,28). Damit stellt sich die Frage: Ist es wirklich denkbar, dass Menschen Jesus ohne dessen eigene Taufpraxis mit Johannes dem Täufer

---

[103] Vgl. *Frey*, „*theologia crucifixi*", 527: „[D]as Johannesevangelium [wäre dann] als erste Quelle für die eindeutige Übertragung des Aspekts der sühnenden Wirksamkeit auf ein (spezifisches) Passaopfer zu werten." Erst in nachneutestamentlicher Zeit belegt ShemR zu Ex 30,15–20 die Zuschreibung von Sühnewirkung gegenüber dem Passaopfer. Vgl. *Frey*, ebd., 519: „Man kann m.E. für Joh 1,29 präzisieren: als ein *sündentilgendes* und in diesem Sinne *sühnendes* Geschehen."
[104] *Wilkens*, Entstehungsgeschichte, 7, nennt das vierte Evangelium ganz passend ein „Passa-Evangelium".
[105] So mit Recht: *Hans-Josef Klauck*, Von Kana nach Kana (Joh 2–4). Die erste Missionsreise, in: *ders.*, Studien zum Korpus der johanneischen Schriften. Evangelium, Briefe, Apokalypse, Akten, WUNT 439, Tübingen 2020, 3–69, hier: 29.
[106] Vgl. ausführlich: *Frey*, Baptism, 87–115.

quasi verwechseln konnten?[107] Noch ein weiterer Vers, der allerdings nur im Matthäusevangelium überliefert ist, wirft Fragen in diese Richtung auf. So äußert Johannes in Mt 3,14 gegenüber Jesus: „Ich habe es nötig, von dir getauft zu werden (ἐγὼ χρείαν ἔχω ὑπὸ σοῦ βαπτισθῆναι)." Impliziert dies nicht, dass die Möglichkeit einer durch Jesus gespendeten Wassertaufe auch für Matthäus keinesfalls undenkbar war? Diese Beobachtungen reichen sicher nicht aus, um die Kenntnis einer Jesustaufe auch bei Markus oder Matthäus zu belegen. Aber sie lassen das singuläre Zeugnis von der Taufpraxis Jesu in Joh 3,22 (vgl. 4,1f) vielleicht etwas weniger überraschend erscheinen. Innerhalb der Komposition des vierten Evangeliums geht es jedenfalls erkennbar nicht um die inhaltliche Profilierung der Tauftätigkeit Jesu, sondern es wird eine Konkurrenzsituation zwischen Johannes und Jesus inszeniert (vgl. Joh 3,22–30), die wohl den eigentlichen Hintergrund der Erzählung darstellt.

Der unvermittelte Hinweis (V. 24): „Denn Johannes war noch nicht ins Gefängnis geworfen", mag auf den ersten Blick sinnlos erscheinen.[108] Wie sollte Johannes denn gleichzeitig mit Jesus taufen, wäre er bereits in der Festung Machairos in Peräa inhaftiert?[109] Weitere Fragen ergeben sich dadurch, dass die Synoptiker nicht von einer parallelen Tauftätigkeit der beiden berichten, sondern Jesu Wirksamkeit erst nach der Verhaftung des Johannes beginnen lassen.[110] Bereits Eusebius bietet für Joh 3,23f eine mögliche Erklärung:[111]

---

[107] Vgl. die Argumentation bei: *Joan E. Taylor / Federico Adinolfi*, John the Baptist and Jesus the Baptist. A Narrative Critical Approach, JSHJ (2012), 247–284, bes. 280.282.
[108] So *Thyen*, Johannesevangelium, 226: „[N]icht nur überflüssig, sondern absolut sinnlos."
[109] Vgl. Jos. Ant. 18,119.
[110] Mk 1,14 par. Mt 4,12 (vgl. Lk 3,19f) bildet den Abschluss der Wirksamkeit des Täufers mit dessen Inhaftierung und Tötung. Erst danach beginnt die Wirksamkeit Jesu (vgl. den Übergang von Lk 3,20 zu 3,21, nach dem die Taufe Jesu erst nach der Verhaftung des Täufers quasi als Nachtrag zu Lk 3,7–18 erzählt wird; auch Lukas berichtet die Taufe Jesu nicht im Detail und nur im Rückblick; vgl.

„Nach der Überlieferung hat nun deshalb der Apostel Johannes auf Bitten hin über die Zeit, über welche die früheren Evangelisten geschwiegen haben, sowie über die in diese Zeit, d. i. vor die Gefangennahme des Täufers, fallenden Taten des Erlösers in einem eigenen Evangelium berichtet, was er auch angedeutet habe, bald mit den Worten ‚Dies ist der Anfang der Wundertaten Jesu‘, bald dadurch, daß er in den Bericht der Taten Jesu eine Erinnerung an den damals noch in Änon bei Salim taufenden Täufer eingeflochten; klar und deutlich gäbe er seine Absicht zu erkennen mit den Worten: ‚Denn noch nicht war Johannes ins Gefängnis geworfen worden.‘ Johannes erzählt also in seinem Evangelium das, was Christus getan hatte, noch ehe der Täufer ins Gefängnis geworfen wurde; die übrigen drei Evangelisten aber berichten die auf die Einkerkerung des Täufers folgenden Ereignisse. Wer darauf achtet, dürfte nicht mehr Widersprüche in den Evangelien finden, da so das Evangelium nach Johannes den Anfang der Taten Christi mitteilt, während die anderen Evangelien die spätere Geschichte erzählen."

Diese bereits von vielen altkirchlichen Autoren[112] aufgenommene Lösung ordnet Joh 3,24 als einen Hinweis für die an der Chronologie der synoptischen Evangelien orientierte Leserschaft ein. Deren Erzählung wird im vierten Evangelium mit einer der Gefangenschaft des Johannes vorgelagerten Phase täuferzeitlicher und täuferischer Wirksamkeit Jesu ergänzt.[113]

Joh 1,32f). Ähnlich wie bei Joh wird die Taufe dabei nur noch kurz erwähnt. Mit Recht urteilt *Heinz Schürmann*, Das Lukasevangelium. Erster Teil. Kommentar zu Kapitel 1,1–9,50, HThK III/1, ³1984, Freiburg, 187: „Der johanneische μάρτυς (Joh 1,7f.15.19.32.34; 3,26; 5,33–36) kommt sachlich bereits bei Luk in Sicht."
[111] Eusebius HE III,24,11–13 (Übers.: *Ph. Haeuser / H.A. Gärtner / H. Kraft*; Hervorh. C.C.). Vgl. die Diskussion bei *Helmut Merkel*, Die Pluralität der Evangelien als theologisches und exegetisches Problem in der Alten Kirche, TC 3, Bern 1978, 62–65; *ders.*, Frühchristliche Autoren über Johannes und die Synoptiker, in: *Adalbert Denaux* (Hg.), John and the Synoptics, BEThL 101, Leuven 1992, 403–408, hier: 406.
[112] *Merkel*, Frühchristliche Autoren, 406, Anm. 27 nennt: Epiphanius, *Haer.* 51,17; Theodor von Mopsuestia, *Joh-Kommentar zu Joh 3,23*; Johannes Chrysostomos, *Matth.-Homilien XIV*; Hieronymus, *De vir. Ill.* IX; Augustin, *De consensu evangelistarum* II,18,42.
[113] Diese Ergänzungshypothese im Anschluss an Joh 3,24 findet sich in neuerer Zeit auch bei: *Bauckham*, John, 152–155; *Hans Förster*, The Narrative Perspective of the Fourth Gospel, in: *Stanley E. Por-*

Für die Leserschaft des Markus folgt daraus, dass jene die Erzählungen in Joh 1,19–4,43 aus der Zeit vor der Verhaftung des Täufers chronologisch zwischen Mk 1,13 und Mk 1,14 (par. Mt 4,12) einordnen können. Joh 3,24 ist dann keine Korrektur der markinischen Erzählung, sondern in dieser Perspektive ergeben sich Verstehenshinweise für die ansonsten irritierte markinische Leser- und Hörerschaft. Innerhalb des johanneischen Kontextes signalisiert die Rede vom Gefängnisaufenthalt zusätzlich das bevorstehende Ende (V. 30: ἐμὲ δὲ ἐλαττοῦσθαι) des Täufers.

Rätselhaft erscheint die Identität eines Juden (V. 25)[114], mit dem einige Johannesjünger „über die Reinigung (περὶ καθαρισμοῦ)" in Streit geraten. Handelt es sich hier um einen Juden, der von Jesus getauft wurde oder dieses begehrt?[115] Der Bezug zur Taufe ergibt sich durch die Einbettung in den Kontext. Hier muss auch die Frage nach dem Verständnis des Verses und konkret nach dem Inhalt des Streites ansetzen. Der folgende Kontext ist von einer gewissen Konkurrenzsituation zwischen dem Taufen Jesu und seiner Jünger im Land Judäa (Joh 3,22) auf der einen Seite und der Tauftätigkeit des Johannes in Änon nahe Salim (Joh 3,23) geprägt. Liest man das Vorstelligwerden der Jünger aus V. 26 und deren Ausführungen als Konsequenz aus dem Streit mit jenem unbekannten Juden περὶ καθαρισμοῦ (V. 25), dann wäre folgende Streitfrage naheliegend: Welche Taufe bewirkt Reinigung, die des Johannes oder die Jesu?[116] Auch

---

ter / Andrew W. Pitts (Hg.), Christian Origins and the Establishment of the Early Jesus Movement, TENT 12, Leiden / Boston (MA) 2018, 149–171, hier: 160–162.

[114] Zur textkritischen Diskussion und Entscheidung für μετὰ Ἰουδαίου als *lectio difficilior* siehe: *Tobias Niklas*, Notiz zu Joh 3,25, EThL 76 (2000), 133–135.

[115] So *Rudolf Bultmann*, Das Evangelium des Johannes, KEK 2, Göttingen ²¹1986, 123; ihm folgt: *Martin Stowasser*, Johannes der Täufer im Vierten Evangelium, ÖBS 12, Wien 1992, 204; vgl. ähnlich: *Backhaus*, „Jüngerkreise", 257f.

[116] So *Ludger Schenke*, Johanneskommentar, Düsseldorf 1998, 79f; *Thyen,* Johannesevangelium, 226.

wenn ansonsten im Neuen Testament im Kontext der Johannestaufe von Reinigung nicht die Rede ist,[117] so zeigt doch Josephus, dass die Themen Reinigung von Sünden beziehungsweise des Körper und die Johannestaufe tatsächlich in Beziehung gesetzt werden könnten. Jener äußert hinsichtlich der Johannestaufe:

„Denn so schien ihm [scil. Gott] die Taufe tatsächlich annehmbar zu sein, wenn sie sie nicht als Abbitte für irgendwelche Sünden praktizierten, sondern zur Reinigung des Leibes (ἀλλ' ἐφ' ἁγνείᾳ τοῦ σώματος), zumal ja auch die Seele durch Gerechtigkeit bereits vorher gereinigt (προεκκεκαθαρμένης) sei."[118]

Josephus entwertet an dieser Stelle die Johannestaufe und degradiert sie zu einer Art Waschung des Körpers. Damit erschiene der außerordentliche Zulauf, den auch Josephus für Johannes den Täufer bezeugt,[119] jedoch kaum plausibel. So ist es wohl wahrscheinlicher, dass Johannes nicht nur über Tugend, Gerechtigkeit und Frömmigkeit predigte,[120] sondern dass mit der Taufe auch die Reinigung von Sünden verbunden war, wie etwa Mk 1,4 nahelegt.[121] Dass es für diese Sicht der Taufe für den vierten Evangelisten durchaus zu Streitigkeiten kommen konnte, liegt nahe. Anders als für die Synoptiker spielen Fragen der Reinheit im vierten Evangelium nämlich kaum eine Rolle.[122] Die Sinnlosigkeit

---

[117] So der Einwand von *Jürgen Zangenberg*, Frühes Christentum in Samarien. Topographische und traditionsgeschichtliche Studien zu den Samarientexten im Johannesevangelium, TANZ 27, Tübingen 1998, 71.
[118] Jos. Ant. 117; Übersetzung: *Jens Schröter / Jürgen K. Zangenberg* (Hg.), Texte zur Umwelt des Neuen Testaments, UTB 3663, Tübingen ³2013, 68 (Hervorhebung und Ergänzung der griech. Worte C.C.).
[119] Jos. Ant. 18,116–119.
[120] Vgl. die Stichworte: ἀρετή, δικαιοσύνη und εὐσέβεια in Jos. Ant. 117.
[121] Darauf deutet auch die Verbindung der Pharisäer als Fachleute für Reinheit mit der Taufe in Joh 1,24f; 4,1 hin.
[122] Vgl. Mk 7,1–23 par. Mt 15,1–20. Außer in Joh 3,25 begegnet καθαρισμός nur in Joh 2,6. Das Thema kultische Reinheit fehlt an-

jeglichen Streites darüber, ob nun die Johannestaufe oder die Jesustaufe mehr oder überhaupt und gegebenenfalls in welchem Sinne καθαρισμός bedeute, veranschaulicht der Fortgang der Erzählung. Entscheidend ist, dass der Täufer Zeugnis von Jesus gegeben hat (V. 26) und dass dessen Jünger jetzt selbst dieses Zeugnis des Täufers bezeugen (V. 28). Die gesamte Szene dient nur als Anlass für diese christologische Stellungnahme. Alles andere ist für den vierten Evangelisten belanglos.

In Joh 3,26 berichten die Johannesjünger ihrem Meister (ῥαββί)[123] in auffällig anonymisierter Weise von jenem, „der bei dir war jenseits des Jordan". Der Schülerkreis des Täufers bestand also auch nach Beginn der Wirksamkeit Jesu weiter.[124] Jedoch hatten diese Johannesjünger das Zeugnis über Jesus (Joh 1,26–34) offensichtlich noch nicht begriffen und mussten an dieses erinnert werden.[125] Der Täufer lehnt wiederum ab, der Christus zu sein (V. 28; vgl. Joh 1,20) und bezeichnet sich wiederum als ἄνθρωπος (V. 27; vgl. Joh 1,6). Die Information über die Tauftätigkeit Jesu scheint auch für die Johannesjünger eine Überraschung zu sein, wie das ἴδε zum Ausdruck bringt.[126] Hatte vielleicht erst jener unbekannte Jude (V. 25) sie überhaupt darüber in Kenntnis gesetzt? Jedenfalls ist der Zulauf zu Jesus beachtlich und über-

---

sonsten im Vergleich mit den Synoptikern vollständig. Vgl. zum Befund: *Marianne Meye Thompson*, Baptism with Water and with Holy Spirit. Purification in the Gospel of John, in: *R. Alan Culpepper / Jörg Frey* (Hg.), The Opening of John's Narrative (John 1:19–2:22). Historical, Literary, and Theological Readings from the Colloquium Ioanneum 2015 in Ephesus, WUNT 385, Tübingen 2017, 59–78, bes. 59f; *Mira Stare*, Die Reinheitsthematik im Johannesevangelium, SNTU.A 40 (2015), 79–95, argumentiert, dass kultische Reinheit im Johannesevangelium obsolet sei. An ihre Stelle tritt Reinigung als „Gabe Gottes und Jesu" (95) und als „ein Kommunikations- und Beziehungsgeschehen" (ebd.).
[123] Vgl. die Parallelität der Anrede Jesu in Joh 1,49; 3,2.
[124] Vgl. jedoch den Übergang von Johannesjüngern zu Jesus in Joh 1,37.
[125] Vgl. Joh 3,28 mit Joh 1,20.23.27.
[126] So *Thyen*, Johannesevangelium, 227.

trifft den des Johannes (Joh 4,1). Während die Markusleserschaft von Beginn des Evangeliums an informiert war, dass „das ganze judäische Land und alle Leute von Jerusalem [zu Johannes hinausgingen] und sich von ihm taufen ließen im Jordan und bekannten ihre Sünden" (Mk 1,5),[127] hat sich für das vierte Evangelium das Blatt gewendet. Der Erfolg des Johannes geht seinem Ende entgegen, während Jesu Jünger (nach Joh 4,2 anders als in 3,22 nicht einmal Jesus selbst) immer mehr Menschen taufen und Jesus immer mehr Jünger gewinnt (Joh 4,1).[128] Die Konkurrenz der beiden geht also für den vierten Evangelisten natürlich zu Gunsten Jesu aus. Selbst die quantitative Überlegenheit hinsichtlich der wohl historischen Tauftätigkeit Jesu,[129] für die die Synoptiker keinen Sinn haben, wird vom vierten Evangelisten für dieses Aussageziel einsetzt. Die Wassertaufe, an der der vierte Evangelist ansonsten jedoch kaum Interesse zeigt, stellt das eigentliche Proprium des Johannes

---

[127] Die Parallele in Mt 3,5 steigert dies noch: „die Stadt Jerusalem und ganz Judäa und alle Länder am Jordan."
[128] Vgl. Mk 1,33–37; Mt 4,25.
[129] So *Rudolf Schnackenburg*, Das Johannesevangelium. Erster Teil. Einleitung und Kommentar zu Kapitel 1–4, HThK IV/1, Freiburg ⁶1986, 449; *Barrett*, Evangelium nach Johannes, 239; *Becker*, Johannes der Täufer, 13f: „Da nirgends eine christliche Motivation namhaft gemacht werden kann, die als Urheberin dieser Angabe gelten könnte, wird man bis zum Erweis des Gegenteils davon auszugehen haben, daß Jesus in einer Frühperiode in Analogie und Abhängigkeit vom Täufer ebenfalls taufte." Die geographische Entfernung in Joh 3,22f unterstreicht jedoch gerade die Unabhängigkeit Jesu und befördert die Konkurrenzsituation; vgl. *George Beasley-Murray*, Die christliche Taufe. Eine Untersuchung über ihr Verständnis in Geschichte und Gegenwart, TVG–STM 1, Wuppertal 1998, 96–103; *ders.*, John, 52: „Here alone [...] do we read of Jesus baptizing – or authorizing baptism – during his ministry. [...M]ost now see this as a remnant of primitive tradition unknown to the synoptics."; vgl. *Graham H. Twelftree*, Jesus the Baptist, JSHJ 7 (2009), 103–125, der das Wassertaufen Jesu seiner frühen Wirksamkeit zuordnet. Für das spätere, stärker eschatologisch eingeordnete Wirken Jesu gelte: „[Jesus] became convinced that the new age had actually dawned. Conducting baptism – a sign of preparedness for the eschaton – was no longer relevant" (125).

(Joh 1,26) dar, im Gegenüber zur überlegenen Geisttaufe Jesu (Joh 1,33). Dies führt dann auch konsequenterweise zur Korrektur in Joh 4,2: „[O]bwohl Jesus nicht selbst taufte, sondern seine Jünger." Damit wird die Wassertaufe erneut heruntergespielt. Die Überbietung des Täufers durch Jesus ist das treibende Moment der Darstellung. Sobald dies klar ist und der Täufer sich auf dem Rückzug befindet (Joh 3,30), misst der vierte Evangelist auch dem Wassertaufen Jesu keine Bedeutung mehr zu. Er bietet auch keinerlei Einschätzung, wie eine solche Jesustaufe im Vergleich zu jüdischen Reinigungsriten[130] oder gar zur späteren christlichen Taufpraxis einzuordnen sei. Entscheidend ist für die Darstellung nur das negative Christuszeugnis des Johannes über seine eigene Person (Joh 3,28; vgl. 1,20.25) und das positive in Bezug auf Jesus (Joh 3,28). Entsprechend soll nicht nur Johannes an Bedeutung abnehmen (Joh 3,30), sondern auch jene Jünger, die ihn für den Christus halten mochten. Im Gegenzug soll Jesus wachsen (Joh 3,30) und auch die Zahl seiner Jünger, die in ihm den Christus sahen (Joh 4,1). Das Zeugnis des Johannes und seine Wassertaufpraxis (Joh 1,31) dienen diesem Ziel der vollständigen christologischen und damit doxologischen „Gewichtsverlagerung" (Joh 3,30) von Johannes auf Jesus.[131] Das vierte Evangelium beschließt das explizite Zeugnis Johannes des Täufers über Jesus mit dessen letztem Wort (Joh 3,30): „Er muss wachsen, ich aber muss abnehmen", und bringt damit im Rückblick das Grundmotiv der johanneischen Täufererzählung pointiert auf den Punkt.

---

[130] Vgl. Joh 3,25.
[131] Die Identifizierung von Joh 3,31–36 als eventuelle Täuferrede ist mit erheblichen Schwierigkeiten belastet und kann im Kontext des vorliegenden Beitrags nicht differenziert erfolgen. Vgl. ausführlich: *Theobald*, Evangelium nach Johannes, 289–291.

5. Das Zeugnis der Lampe vom Licht (Joh 5,31–36)

Die bisherigen Täuferpassagen hatten die Bedeutung des täuferischen Zeugnisses für die Identifizierung Jesu als Christus und Gottes Sohn unterstrichen.[132] Diese Argumentationslinie kommt jetzt zum Ende. Bereits beim ersten Passafestaufenthalt hatten Jesu Zeichen bei vielen namentlich unbekannten Personen „Glauben" hervorgerufen (Joh 2,23–25). Doch der Autorenkommentar des Evangelisten erklärt (Joh 2,25): „[Jesus] bedurfte nicht, dass jemand Zeugnis ablege über den Menschen (περὶ τοῦ ἀνθρώπου); er selbst erkannte nämlich, was im Menschen (ἐν τῷ ἀνθρώπῳ) war." Jesus geht also davon aus, dass jene „glaubenden" Menschen ihn doch nur als Menschen ansehen. Damit ist ihr Zeugnis in seinen Augen wertlos. Dieses Argument holt in Joh 5,33–35 nun auch Johannes den Täufer und dessen Zeugnis ein. Jesus bestätigt in seinem im Johannesevangelium ersten und einzigen Zeugnis über den Täufer,[133] dass jener die Wahrheit bezeugt habe (μεμαρτύρηκεν τῇ ἀληθείᾳ). Bereits im Prolog wurde Johannes der Leserschaft jedoch als ἄνθρωπος (Joh 1,6 vgl. 3,27) vorgestellt. Eine besondere Qualität kommt seinem Zeugnis nur zu, weil ihm Offenbarung „vom Himmel gegeben ist" (Joh 3,27). Er ist und bleibt jedoch Mensch und sein Zeugnis ist darum nur von vorübergehender und begrenzter Bedeutung oder metaphorisch ausgedrückt: „Er war die brennende und scheinende Lampe (ὁ λύχνος ὁ καιόμενος καὶ φαίνων)" (Joh 5,35). Aber im Vergleich zu jenem, der von sich sagt „ich bin das Licht der Welt" (Joh 8,12)[134] war Johannes letztlich nur das kleine Licht, eine vorübergehend leuchtende Lampe, keinesfalls jedoch selbst das Licht.[135] Seine Leuchtkraft, das heißt sein Zeugnis, reicht nicht

---

[132] Vgl. Joh 1,7.8.15.19; 3,26.
[133] Vgl. die ähnliche Ambivalenz zwischen Hochachtung und Eingrenzung in Mt 11,7–15 par Lk 7,24–30.
[134] Vgl. Joh 1,4.5.7–9; 9,5.
[135] Vgl. Joh 1,8.

aus, um Jesus als Licht Gottes zum Licht der Welt werden zu lassen. Dazu bedarf es der „Werke, die der Vater [dem Sohn] gibt (ἔργα ἃ δέδωκέν μοι ὁ πατήρ)".[136] Nur diese bringen Licht in die Welt[137] und zeugen von Jesu Sendung durch den Vater.[138] Das Zeugnis des Vaters über Jesus stellt jedes menschliche Zeugnis in den Schatten, auch das des bedeutendsten Christuszeugen.

Welche Wirkung erzeugen diese Aussagen bei der impliziten, durch die Lektüre des Markusevangeliums informierten Leserschaft? Die Rede vom Licht ist bei Markus nur schwach ausgeprägt.[139] Ein expliziter Bezug von Lichtmetaphorik auf Johannes den Täufer fehlt dort vollständig. Dass eine solche Verbindung jedoch bereits vorjohanneisch gegeben ist, belegt in den Vorgeschichten des Lukasevangeliums eine Verheißung aus dem Benedictus des Zacharias (Lk 1,76–79), dass sein Sohn als „Prophet des Höchsten" jenen „leuchten [werde], die in Finsternis und Todesschatten sitzen (ἐπιφᾶναι τοῖς ἐν σκότει καὶ σκιᾷ θανάτου καθημένοις)." Traditionsgeschichtliche Hintergründe mögen in der Eliatradition[140] oder in messianischen Anklängen in den Psalmen[141] zu finden sein. Diese sind der Evangelientradition wohl bereits vorgegeben[142] und lassen für Joh 5,35 keinen eigenen Hintergrund aufscheinen. Hier ist die Einordnung in die johanneische Lichtmetaphorik von größerer Bedeutung.

---

[136] Joh 5,36 vgl. 4,34; 9,4f; 14,10f; 15,24; 17,4.
[137] Vgl. Joh 9,4f.
[138] Vgl. Joh 10,25.
[139] Vgl. Mk 4,21.
[140] Vgl. Sir 48,1.
[141] Vgl. Ps 132,17.
[142] Vgl. *Theobald*, Evangelium nach Johannes, 411.

6. Erinnerung und Urteil der „Vielen" jenseits des Jordan (Joh 10,40–42)

Schließlich kehrt Jesus an den ersten Taufort des Johannes im transjordanischen Peräa zurück, an dem er selbst zu Beginn seiner irdischen Wirksamkeit mit Wasser getauft worden war. Damit schließt sich eine große Ringkomposition.[143] Noch einmal wird ein Unterschied hervorgehoben: Der Täufer habe anders als Jesus „kein Zeichen getan" (V. 41: Ἰωάννης μὲν σημεῖον ἐποίησεν οὐδέν), sagen die „Vielen", die zu Jesus kommen. Das Zeugnis des Täufers wird damit nicht durch eine Wunderwirksamkeit beglaubigt. Trotzdem bewerten jene „Vielen" das Zeugnis des Johannes über Jesus positiv (Joh 10,41; vgl. 5,33): „Alles aber, was Johannes von diesem gesagt hat, war wahr." Johannes' Aufgabe, Zeugnis abzulegen, damit alle an Jesus glauben (Joh 1,7), wird damit als erfüllt angezeigt. Das Imperfekt des abschließenden ἀληθῆ ἦν deutet den im vierten Evangelium nicht berichteten Tod des Johannes an und verleiht den Worten Züge eines Nekrologs.

Auch an dieser Stelle wird man in der Bemerkung, dass Johannes kein einziges Zeichen getan habe,[144] keine Polemik gegen angebliche Täuferjünger sehen dürfen.[145]

---

[143] Vgl. die sehr ähnlichen Formulierungen in Joh 1,28 und 10,40.
[144] Joh 10,41.
[145] Anders *Baldensperger*, Prolog, 89, Anm. 5; ebs. *Bultmann*, Evangelium des Johannes, 300, Anm. 4: „der Täufer galt seinen Anhängern auch als Wundertäter"; in diese Richtung fragt auch: *Martin Hengel*, Nachfolge und Charisma. Eine exegetisch-religionsgeschichtliche Studie zu Mt 8,21f und Jesu Ruf in die Nachfolge, BZNW 34, Berlin 1968, 40 (nachgedruckt in: ders., Jesus und die Evangelien. Kleine Schriften V, WUNT 211, Tübingen 2007, 40–138, hier: 77): „die von R. Bultmann [...] positiv beantwortete Frage, ob nicht auch dem Täufer von seinen Jüngern Wunder zugeschrieben wurden, ist ernsthaft in Erwägung zu ziehen." Ähnlich vorsichtig: *Ernst*, Johannes der Täufer, 212: „Wir dürfen vermuten, daß es in der Spätzeit am Rande des Täuferkreises Leute gab, die den irrigen Glauben an den messianischen Täufer durch Wunder untermauern wollten. Die unmotivierte Einblendung der Bemerkung über die fehlenden Wundererweise legt

Das Fehlen der Zeichen entspricht nach dem Zeugnis der Quellen mit großer Wahrscheinlichkeit den historischen Tatsachen.[146] Damit ist die erzählerische Intention der Szene jedoch noch keineswegs erfasst. Zum einen wird erneut die Konkurrenz zwischen den beiden Personen deutlich. Zum anderen werden hier Jüngerkreise porträtiert, die Johannes durchaus für einen wahren Zeugen halten, aber genau darum die Überlegenheit und messianische Identität Jesu anerkennen. Schließlich ist nach dem Echo dieser kurzen Episode für die Leserschaft des Markusevangeliums zu fragen. Tatsächlich mag es Menschen gegeben haben, die aus dem Wunderwirken Jesu, wenn sie diesen denn für den Johannes redivivus hielten, Schlüsse auf den Täufer zogen. Oder umgekehrt: Menschen mochten Jesus gerade deshalb für den wiederauferstandenen Täufer halten, weil dieser wie jener, wie sie meinten, Wunder getan habe. Auch die Nähe der synoptischen Täufertradition zur Eliatradition[147] mag zu einer Annahme von Täuferwundern beigetragen haben. In diese Richtung deutet Mk 6,14f (parr. Mt 14,2/Lk 9,7[148]): „König Herodes [...] sagte [über Jesus]: Johannes der Täufer ist aus den Toten auferstanden, und deswegen wirken die Wunderkräfte (αἱ δυνάμεις) in ihm (15). Andere aber sagten: Es ist Elia [...]." Diese Vorstellung von einer von Johannes auf Jesus übergegangenen Wundertätigkeit korrigiert Joh 10,41c. Dass Jesus Zeichen tat, verbindet ihn im Johannesevangelium jedoch gerade nicht mit Johannes, sondern es unterscheidet beide deut-

---

diesen Schluß nahe." Ihm folgt: *Stowasser*, Johannes der Täufer, 237, Anm. 109.

[146] Vgl. die ausführliche Untersuchung der einschlägigen Quellen durch: *Ernst Bammel*, John Did No Miracle, in: *Charles F.D. Moule* (Hg.), Miracles. Cambridge Studies in Their Philosophy and History, London / New York ²1965, 179–202, 187: „[P]robably, the statement of John 10,41 is in agreement with the facts." Auch Jos. Ant. 18,116–119 weiß nicht von einer Wundertätigkeit Johannes des Täufers zu berichten.

[147] Vgl. u.a. Mk 9,11–13 par. Mt 17,10–13; Mt 11,14.

[148] In Lk 9,7 fehlt jedoch bezeichnenderweise der Hinweis auf die Wundertätigkeit Jesu (vgl. Mk 6,14 par. Mt 14,2).

lich. Damit mag das vierte Evangelium den Versuch unternehmen, einer Legendenbildung im Volk über angebliche Täuferzeichen entgegenzuwirken, wie sie im Hintergrund der markinischen Perspektive sichtbar wird.[149]

7. Fazit

Die Täuferdarstellung des Johannesevangeliums inszeniert deutlich eine Konkurrenz zwischen Johannes und Jesus. Insgesamt erscheint die Bewertung des Zeugen Johannes jedoch als durchaus positiv. Eine antitäuferische Polemik, etwa in Auseinandersetzung mit einer parallel existierenden Täufersekte, wird nicht sichtbar.[150] Viel eher geht es um eine innerchristliche Auseinandersetzung mit den eigenen Anfängen und vielleicht mit einer gelegentlich als zu groß angesehenen Täuferverehrung innerhalb der frühchristlichen Gemeinden. Da gerade das vierte Evangelium vom Übergang einiger Täuferjünger in die Jesusbewegung berichtet (Joh 3,37), erscheinen solche Klärungsprozesse hier besonders plausibel und wohl auch nötig.

Was erfährt also die implizite Leserschaft des vierten Evangeliums, die bislang schon das Markusevangelium kannte, über Johannes den Täufer? Zunächst einmal ist klar, dass beide Evangelien über ein und dieselbe Person berichten. Es handelt sich um jenen Johannes, der Jesus und viele andere im Jordan mit Wasser taufte. Für beide Evangelien gilt, dass dieser Johannes sich selbst in der Tradition von Jes 40,3 als „eine Stimme eines Predigers in der Wüste" sah. Auch in der Unterordnung des Täufers gegenüber Jesus zeigt sich eine deutliche Überein-

---

[149] Vgl. Mk 8,28.
[150] Vgl. *Francis F. Moloney*, From Cana to Cana (John 2:1–4:54) and the Fourth Evangelist's Concept of Correct (and Incorrect) Faith, in: *ders.*, Johannine Studies 1975–2017, WUNT 372, Tübingen 2017, 331–353, hier: 344: „[I]t is an exaggeration to claim that this Gospel is anti-Baptist."

stimmung in beiden Darstellungen. Damit sind die Gemeinsamkeiten jedoch im Kern bereits benannt. Der vierte Evangelist entwirft ansonsten ein sehr eigenständiges Täuferbild. Das beginnt bereits bei seiner Benennung. Der vierte Evangelist nennt ihn schlicht „Johannes", an keiner Stelle jedoch „der Täufer". Seine heilsgeschichtliche Bedeutung liegt nicht in seiner Taufpraxis, sondern darin, dass er über Jesus Zeugnis ablegt. Treffend wäre also der Titel „Johannes der Zeuge", der jedoch nicht vorkommt. Entsprechend dieser Verschiebung in der Benennung wird auch die Taufe des Johannes pointiert als bloße „Wassertaufe" und möglicherweise als bloßes Reinigungsbad dargestellt. Demgegenüber wird die Geisttaufe Jesu stark betont, während seine eigene Taufe durch Johannes nicht einmal explizit berichtet wird und nur im Rückblick aufscheint. Von einer sündentilgenden Wirkung einer johanneischen Bußtaufe wie im Markusevangelium ist im Johannesevangelium keine Rede. Die Johannestaufe ist im vierten Evangelium nicht einmal exklusiv, sondern auch Jesus, beziehungsweise dessen Jünger, taufen ebenfalls (Joh 3,22f; 4,1f). Der Täufer ist im vierten Evangelium auch weder der chronologische noch der heilsgeschichtliche Vorläufer Jesu, sondern erstens war der präexistente und in Jesus inkarnierte Logos früher als Johannes und zweitens findet die Wirksamkeit Jesu und Johannes' gleichzeitig statt. Stärker als im Markusevangelium setzt das Johannesevangelium den Täufer herab. Er ist natürlich nicht der Christus, nicht Elia und auch nicht „der Prophet" nach Dtn 18,15.18, während er im Markusevangelium als Elia redivivus angesehen wird. Auch wird im vierten Evangelium jegliche Wundertätigkeit des Täufers bestritten, von der nach dem Markusevangelium bestimmte Kreise überzeugt gewesen sein mögen. Seinen Höhepunkt erreicht das johanneische Täuferbild bereits früh im Evangelium. Im Johannesprolog nimmt er als erstgenannter Mensch eine Sonderrolle ein. Er ist von Gott gesandt und zum Zeugnis über „das Licht" bestimmt. Das Zeugnis: „das ist Gottes Lamm, das der

Welt Sünde trägt" (Joh 1,29), verweist bereits auf das Kreuz und Jesus wird als „Gottes Sohn" (Joh 1,34) bezeugt. Diese Spitzenaussagen seines Zeugnisses prägen die Hermeneutik des gesamten Evangeliums. Danach folgt die Darstellung des johanneischen Täuferbildes der im letzten Täuferwort ausgesagten narrativen Strategie: „Er muss wachsen, ich aber muss abnehmen" (Joh 3,30). Die Geschichte des Täufers im vierten Evangelium ist die eines zunächst herausragenden, dann jedoch sukzessive verschwindenden Zeugen.[151] Während zunächst nur einzelne Johannesjünger in die Nachfolge Jesu übergehen (Joh 1,37), überbietet ihn Jesus bald, indem „er mehr zu Jüngern machte und taufte als Johannes" (Joh 4,1). Auch wenn Jesus dessen Zeugnis als wahr charakterisiert, so war jener letztlich nur eine kleine Lampe gegenüber dem viel größeren Licht Jesu. Schließlich ist nicht einmal mehr sein Zeugnis nötig, weil es von einem Menschen kam. Die Werke des himmlischen Vaters und damit Gott selbst treten in die Funktion ein, Zeugnis über Jesus zu geben.

Die narrative Strategie, die in der Gewichtsverlagerung von Johannes auf Jesus besteht (Joh 3,30), erreicht im Verschwinden des Johannes und in der Erhöhung Jesu am Kreuz ihr Ziel. Von Johannes bleibt dabei letztlich nur, was Matthias Grünewald so erhellend auf dem Isenheimer Altar dargestellt hat: Der (historisch längst hingerichtete) Zeuge wird konzentriert auf den Fingerzeig eines sehr langen Zeigefingers, der neben einem blutenden Lamm und vor einem lateinischen Zitat von Joh 3,30[152] auf die Vollendung des Heilswerkes Jesu Christi am Kreuz hinweist, – als wolle er nochmals sagen, was er von Anfang an bezeugt hat (Joh 1,29): „Siehe, das ist Gottes Lamm, das die Sünde der Welt trägt."

---

[151] Siehe den sehr treffenden Untertitel von: *Ruben Zimmermann*, John (the Baptist) as a Character in the Fourth Gospel. The Narrative Strategy of a Witness Disappearing, in: *van der Watt / Culpepper / Schnelle*, Prologue, 99–115.
[152] *Illum oportet crescere me autem minui.*

Christos Karakolis

Baptism in the Fourth Gospel: A Synchronic Reading

The Gospel of John does not include any explicit references to baptism as a Christian rite.[1] However, it seems to contain several indirect references and allusions to it, some of which at least should be apparent to the mind of its contemporary early Christian readers, as opposed to their non-Christian counterparts.[2] The most apparent Johannine reference to Christian baptism, although not being unequivocal in exegesis,[3] is the one in verse 3:5. There, Jesus says to Nicodemus that unless someone is born by water and spirit, he or she will not enter the kingdom of God. This reference is parallel with Jesus'

---

[1] Therefore, some scholars have disputed that the evangelist has any sacramental theology. However, most exegetes agree that the Gospel of John includes some kind of sacramental theology, even if this theology is not at the center of the evangelist's theological thought, see the concise reviews of *Raymond E. Brown*, The Johannine Sacramentary Reconsidered, TS 23 (1962), 183–205, here: 184–188; *Robert D. Kysar*, The Framework of Johannine Theology, in: *idem*, Voyages with John: Charting the Fourth Gospel, Waco 2005, 119–141, here: 138–141; *Richard Bauckham*, Sacraments and the Gospel of John, in: *Hans Boersma / Matthew Levering* (eds.), The Oxford Handbook of Sacramental Theology, Oxford 2015, 83–96, here: 83–85.

[2] In my opinion, the use of *disciplina arcani* in the Fourth Gospel concerning both Baptism and Eucharist is one of the main arguments in favor of the position that the evangelist wrote it also having in mind a non-Christian readership, cf. 20:31 and its analysis by *Donald A. Carson*, The Purpose of the Fourth Gospel: John 20:31 Reconsidered, JBL 106 (1987), 639–651.

[3] See the relevant analysis by *Bauckham*, Sacraments, 85–89.

initial saying to Nicodemus in 3:3, according to which unless someone is born from above, she or he will not be able to see the kingdom of God.

In the following, I will attempt to comment on the Fourth Gospel's possible implicit information on baptism. However, this topic has many complex parameters and can certainly not be covered within the limits of the present paper.[4] Moreover, the often fragmentary, enigmatic, and symbolic data of the Johannine narrative creates some uncertainty as to the results of such an undertaking.[5] Therefore, my approach has a somewhat experimental character and does not, in any way, claim to supply definitive answers to the problems at hand.

Methodologically, I will make use of the synchronic approach based on historic-critical insights. This kind of approach does justice to the unity of the Fourth Gospel in its present form on the literary, aesthetic, narrative, symbolic, and theological level without, on the other hand, ignoring its historical background and references.[6] More concretely, I will use the categories of implied author and readers as opposed to the historical ones.[7] Differently from previous relevant analyses,[8] my aim is not to reveal the rationale of the gospel's historical au-

---

[4] See the detailed overview provided by *Jörg Frey*, Die Taufe im Johannesevangelium – Forschungsgeschichtliche Perspektiven, in his introductory contribution to the present volume.

[5] Cf. *Robert D. Kysar*, The Sacraments and Johannine Ambiguity, in: *idem*, Voyages with John: Charting the Fourth Gospel, Waco 2005, 247–250.

[6] This unity has been demonstrated by numerous scholarly contributions especially during the last three to four decades, cf. for instance *Eugen Ruckstuhl / Peter Dschulnigg*, Stilkritik und Verfasserfrage im Johannesevangelium: Die johanneischen Sprachmerkmale auf dem Hintergrund des Neuen Testaments und des zeitgenössischen hellenistischen Schrifttums, NTOA 17, Göttingen 1991.

[7] See on the concept of implied author and readers used here *James L. Resseguie*, Narrative Criticism of the New Testament: An Introduction, Grand Rapids 2005, 30–33.

[8] See the introductory contribution of Jörg Frey in the present volume.

thor[9] or the position and practice of baptism within the so-called Johannine community or school.[10] It is instead to explore how a supposed Christian reader of the Fourth Gospel near the time of its composition could understand its symbolic baptismal language, provided that he or she has knowledge and experience of the Christian baptismal rite, regardless of its various theological nuances.[11]

In the first part of the present paper, I will focus on the exegesis of 3:3–10 from a baptismal perspective. In the second part, I will explore the possible baptismal connotations and the symbolic value of the Johannine concepts of water and spirit. I will bring the paper to a close by formulating some conclusions.

---

[9] Thus, among others, *Bauckham*, Sacraments, 85–89; *Jörg Frey*, Baptism in the Fourth Gospel, and Jesus and John as Baptizers: Historical and Theological Reflections on John 3:22–30, in: *idem.* / *R. Alan Culpepper* (eds.), Expressions of the Johannine Kerygma in John 2:23–5:18: Historical, Literary, and Theological Readings from the Colloquium Ioanneum 2017 in Jerusalem, WUNT 423, Tübingen 2019, 87–115, here: 94–97.

[10] Thus, among others, *Udo Schnelle*, Antidoketische Christologie im Johannesevangelium. Eine Untersuchung zur Stellung des Johannesevangeliums in der johanneischen Schule, FRLANT 144, Göttingen 1987, 196–213. Even the concept of the existence of a Johannine community as the recipient of the Fourth Gospel is nowadays strongly questioned, cf. *David A. Lamb*, Text, Context and the Johannine Community: A Sociolinguistic Analysis of the Johannine Writings, London 2014.

[11] On an overall survey of baptism in the various New Testament writings see *George R. Beasley-Murray*, Baptism in the New Testament, Carlisle 1972; *Lars Hartman*, "Into the Name of the Lord Jesus:" Baptism in the Early Church, Edinburgh 1997; see also for a broader historical perspective of the development of Christian baptism *Everett Ferguson*, Baptism in the Early Church: History, Theology, and Liturgy in the First Five Centuries, Grand Rapids 2009.

1. Rebirth from Above

According to the above mentioned, the dialogue between Jesus and Nicodemus in John 3 could be considered as the Johannine locus classicus on baptism.[12] From our particular perspective, the implied readers are, in principle, qualified to understand the combination of water and spirit in 3:5 as a metaphorical reference to baptism.[13] There is, however, also an intratextual basis for such an understanding.

---

[12] Contra among others *Hartwig Thyen*, ὕδατος καί in Joh 3,5, in: *idem*, Studien zum Corpus Iohanneum, WUNT 214, Tübingen 2007, 462–466, here: 466; *Larry A. Tyler*, Born of Water and Spirit in John 3:5, Aletheias 4 (2019), 128–152, here: 149–150; *John F. McHugh*, A Critical and Exegetical Commentary on John 1–4, ICC, London 2009, 228, who do not accept any possible allusion of 3:5 to baptism whatsoever.

[13] Cf. among others *Oscar Cullmann*, Die Tauflehre des Neuen Testaments: Erwachsenen- und Kindertaufe, AThANT 12, Zürich 1948, 42; *idem*, Urchristentum und Gottesdienst, AThANT 4, Zürich ⁴1962, 74–76; *Charles H. Dodd*, The Interpretation of the Fourth Gospel, Cambridge 1953, 8.310; *Rudolf Schnackenburg*, The Gospel according to St John: Volume 1: Introduction and Commentary on Chapters 1–4, Wellwood 1968, 369; *Raymond E. Brown*, The Gospel according to John I–XII, AB 29, New Haven 1966, 141–144; *C. Kingsley Barrett*, The Gospel according to St. John, Philadelphia ²1978, 83.204; *Sandra M. Schneiders*, Born Anew, ThTo 44 (1987), 189–196, here: 193–194; *Beasley-Murray*, Baptism, 226–232; *Gary M. Burge*, The Anointed Community: The Holy Spirit in the Johannine Tradition, Grand Rapids 1987, 158–171; *Kilian McDonnell / George T. Montague*, Christian Initiation and Baptism in the Holy Spirit: Evidence from the First Eight Centuries, Collegeville ²1994, 68–71; *Hartman*, Name, 156–157; *John E. Morgan-Wynne*, References to Baptism in the Fourth Gospel, in: *Stanley E. Porter / Anthony R. Cross* (eds.), Baptism, the New Testament and the Church: Historical and Contemporary Studies in Honour of R.E.O. White, JSNTSup 171, Sheffield 1999, 116–135, here: 124–126; *Michael Theobald*, Das Evangelium nach Johannes: Kapitel 1–12, RNT, Regensburg 2009, 244; *Ferguson*, Baptism, 142–145; *Frey*, Baptism, 94–97; *Sebastian A. Carnazzo*, Seeing Blood and Water: A Narrative-Critical Study of John 19:34, Eugene 2012, 49; *Udo Schnelle*, Das Evangelium nach Johannes, THKNT 4, Leipzig ⁵2016, 102–105.

For one, already in 1:33, John the Baptist proclaims that Jesus will baptize in the Holy Spirit, a statement that our implied readers can interpret as combining water (ὁ βαπτίζων) and spirit (ἐν πνεύματι ἁγίῳ), thus confirming the connection of 3:5 with Christian baptism.[14] Furthermore, the gospel's prologue mentions two kinds of births: on the one hand, the physical one "of blood, of the will of flesh, and of the will of man" and, on the other hand, the spiritual one "of God" (1:13). In chapter 3, it is the latter that Jesus refers to when speaking with Nicodemus. It goes without saying that in 3:3, "from above" (ἄνωθεν) means "from heaven," which refers to God's dwelling place and signifies, therefore, a divine origin. Thus, ἄνωθεν is here semantically equivalent with ἐκ θεοῦ of 1:13.[15] It would seem that at this point, a double meaning is implied:[16] Baptism is indeed a

---

[14] Cf. *Craig Koester*, Symbolism in the Fourth Gospel: Meaning, Mystery, Community, Minneapolis ²2003, 183–186; *Ursula U. Kaiser*, Die Rede von "Wiedergeburt" im Neuen Testament: Ein metapherntheoretisch orientierter Neuansatz nach 100 Jahren Forschungsgeschichte, WUNT 413, Tübingen 2018, 263. Accordingly, the same implied readers would understand the reference of Jesus in 6:51–58 to eating his flesh and drinking his blood as a reference to the Eucharist.

[15] Compare the expressions: ἐκ θεοῦ ἐγεννήθησαν with ἐὰν μή τις γεννηθῇ ἄνωθεν, cf. *Turid K. Seim*, Motherhood and the Making of Fathers in Antiquity: Contextualizing Genetics in the Gospel of John, in: *Stephen P. Ahearne-Kroll / Paul A. Holloway / James A. Kelhoffer* (eds.), Women and Gender in Ancient Religions: Interdisciplinary Approaches, WUNT 263, Tübingen 2010, 99–123, here: 115–116; *Mark W.G. Stibbe*, John, Sheffield 1993, 56.

[16] Cf. *Francis J. Moloney*, The Gospel of John, SP 4, Collegeville 1998, 92; contra *Ben Witherington III*, The Waters of Birth: John 3:5 and 1 John 5:6–8, NTS 35 (1989), 155–160, here: 159, who sees in ἄνωθεν solely the meaning of again or anew. On the use of "double entendre" in the Gospel of John see *Jan G. van der Watt*, Double entendre in the Gospel according to John, in: *Gilbert van Belle / Jan G. van der Watt / Petrus J. Maritz* (eds.), Christology and Soteriology in the Fourth Gospel: Essays by the Members of the SNTS Johannine Writings Seminar, BETL 184, Leuven 2005, 463–481. On the double meaning of ἄνωθεν see *Morgan-Wynne*, References, 121; *Dorothy A. Lee*, The Symbolic Narratives of the Fourth Gospel: The

second spiritual birth or, in other words, a rebirth, while at the same time also being a birth from above, namely of God. Consequently, God himself is the father of those being spiritually reborn (cf. 20:17). Lastly, this kind of spiritual birth is not one that the said "ruler of the Jews"[17] knows anything about (3:4.9), although being "the teacher of Israel" (3:10). Jesus' sayings in 3:3.5, as well as Nicodemus response in 3:4, seem, then, to be demonstrating to our implied readers that the notion and baptismal practice of spiritual birth is an arcanum to non-Christians.[18]

In response to Nicodemus misunderstanding (3:4), in 3:5, Jesus explains his first saying (3:3) by replacing ἄνωθεν with ἐξ ὕδατος καὶ πνεύματος. Nicodemus is right in claiming that it is indeed not possible for anyone to enter the womb of his or her mother again and be reborn. Jesus responds, however, that human beings can be reborn in a symbolic and spiritual way, namely of water – as opposed to the physical birth of blood– and of spirit – as opposed to the will of the flesh– (cf. 1:13).[19] In 3:5, then, Jesus seems also to be indirectly responding to a possible question on the part of our implied readers arising from the gospel's prologue about what it means to be "born of God" (1:13). The answer given to them at this point is that being born of God means being born of water and spirit, i.e., being baptized.[20]

Interplay of Form and Meaning, JSNTSup 95, Sheffield 1994, 49–52.

[17] On Nicodemus as a narrative character see *Christos Karakolis*, The Unfinished Story of Nicodemus: A Reader–Centered Approach, in: *R. Alan Culpepper / Jörg Frey* (eds.), Expressions, 13–27.

[18] Cf. *Kaiser*, Rede, 275–276.

[19] The contrast between water and blood on the one hand and spirit and flesh on the other seems to be too elaborate to be considered coincidental, cf. the comparison between 1:12–13 and 3:3–5 in *Michael Theobald*, Die Fleischwerdung des Logos: Studien zum Verhältnis des Johannesprologs zum Corpus des Evangeliums und zu 1 Joh, NTAbh 20, Münster 1988, 241.342–343.

[20] Considering the term πνεῦμα as having an epexegetical relation to the term ὕδωρ in 3:5 (according among others to *Larry P. Jones*, The Symbol of Water in the Gospel of John, JSNTSup 145, Sheffield

Provided that our implied readers understand the notion of birth from above in 3:3 as a reference to baptism, seeing God's kingdom would be the baptism's result. In John, the act of seeing bears significant theological meaning. One can behold the divine glory of God, which is identical to Jesus' glory as revealed by his works (1:14; 2:11; 11:40; cf. also 5:36).[21] On the other hand, according to 1:18 and 3:13, no human being has ever seen God himself (cf. also 6:46). The eternal divine Logos (1:1) who "became flesh" (1:14) as the Son of Man (cf. 1:51) is the only one who has seen and can reveal God (1:18). Of course, on the narrative level, human beings can see Jesus and, through him, also God the Father, provided that they believe in him and are aware of his real identity (14:7.9). Human beings can even "see" life, i.e., eternal life, under the presupposition that they believe in Jesus Christ, while on the other hand, those who do not believe will not see life but will remain under the wrath of God (3:36). Human beings can also witness Jesus' signs through which God's and Jesus' shared glory is manifested. Finally, human beings can see not only the physical (11:9) but also the spiritual light, which is identified with Jesus and his gift of life (1:4; 9:5). In John, then, when seeing is used as a synonym for believing, it also entails the notions of perceiv-

---

1997, 74; *Xavier Léon-Dufour*, Towards a Symbolic Reading of the Fourth Gospel, NTS 27 [1981], 439–456, here: 450; *Tyler*, Born, 149–150) is too far-fetched and, in every case, not the obvious reading on the part of the implied readers. It would have been much more efficient for the implied author to avoid referring to the water altogether and focus on the spirit, as he does in the following verses. The fact that he includes a reference to water points the implied readers to the importance of this element as well, cf. *James D.G. Dunn*, Baptism in the Holy Spirit: A Re-examination of the New Testament Teaching on the Gift of the Spirit in relation to Pentecostalism today, Philadelphia 1970, 193; *Morgan-Wynne*, References, 121–126; *McDonnell / Montague*, Initiation, 70–71.

[21] 12:41 and 17:24 refer to the Logos' heavenly glory and fall, therefore, into a different category.

ing and partaking, at least to a certain degree.[22] Therefore, Jesus' reference to seeing the kingdom of God (3:3) should be understood as participating in this kingdom or, in other words, entering it (3:5),[23] in the same sense that seeing or not seeing life means participating or not participating in life (cf. 3:36; 5:24).

The implied author uses the notion of the kingdom of God exclusively at this point of the narrative,[24] while in all other cases, he prioritizes the term "life" or "eternal life" instead.[25] However, the imagery of God's kingdom is still significant for understanding John's Gospel as a whole, as Jesus accepts being a king, whose kingdom is not of this world (18:36). Furthermore, people who believe in him recognize him as the royal Messiah of Israel (1:41; 4:29; 11:27; 12:13; cf. 20:31), an identity that Jesus himself affirms (1:50; 4:26; 17:3).[26] Jan van der Watt has demonstrated that in the narrative substructure of John's gospel, there is a complex imagery-network that combines the family and the kingdom imageries.[27] According to this network, as the king of the heavenly kingdom, God sends his only-begotten son to the earthly world on a mission to save it (3:17). Those who believe in him will be reborn of God, thus becoming his children

---

[22] Cf. for instance 1:34; 3:11.32; 6:40, unless of course, seeing is limited exclusively to physical sight, cf. 6:36; 15:24.

[23] Cf. *Jones*, Symbol, 70; *Schnelle*, Evangelium, 102.

[24] Cf. also 18:36, in which, however, the word βασιλεία is not combined with τοῦ θεοῦ.

[25] John uses the word ζωή 36 times in total. On this basis, entering God's kingdom can be understood as a synonymous expression with acquiring eternal life, cf. *Hartman*, Name, 157–158; *Theobald*, Evangelium, 252.

[26] On the βασιλεία-allusions of the Fourth Gospel see *Jan G. van der Watt*, "No One Can See/Enter the Kingdom of God without Being Born from Above" (John 3:3, 5): On the King and Kingdom in John, in: *R. Alan Culpepper / Jörg Frey* (eds.), Expressions, 29–50, here: 34–50.

[27] See *Jan G. van der Watt*, Family of the King: Dynamics of Metaphor in the Gospel according to John, Leiden 2000, 161–393.

(1:12; cf. 20:17).[28] In this way, the faithful will be united with Jesus and through him with the Father (17:21–23). Consequently, from our implied readers' perspective, seeing and entering God's kingdom or, in other words, acquiring eternal life is only possible for those who have been reborn as children of God through water and spirit, namely those who have been baptized.[29]

Right after 3:3–5, Jesus explicates metaphorically what it means to be reborn of the spirit (γεγεννημένος ἐκ τοῦ πνεύματος) by using the image of the wind (3:6–8) according to the word's πνεῦμα original meaning.[30] Human beings cannot make out the wind's origin and destination. They can only hear its blowing (φωνή). In the same way, non-reborn human beings are not able to understand the origin of the reborn ones (3:8), while even the notion of rebirth is inconceivable to them (cf. 3:9). Since they are not reborn but are still "flesh" (3:6), they are also unable to correctly understand the notion of God's kingdom,[31] namely God's heavenly, spiritual reality.

As opposed to spiritual rebirth, natural birth is bound to the "earthly" world (3:12). Of course, natural birth is not to be negatively evaluated as such. In principle, being born into the world means receiving the light from the Logos (1:4.9), who is per se the light of the world (8:12; 9:5) and as such the one to give light and life to all human beings.[32] However, natural birth is not enough.

---

[28] Cf. *J. Ramsey Michaels*, Baptism and Conversion in John: A Particular Baptist Reading, in: *Stanley E. Porter / Anthony Cross* (eds.), Baptism, 136–156, here: 147 n. 25; *Adele Reinhartz*, "And the Word Was Begotten: Divine Epigenesis in the Gospel of John," Semeia 85 (1999), 83–103, here: 96; *Moloney*, Gospel, 92.

[29] Cf. *Schnelle*, Christologie, 204; *idem*, Johanneische Ekklesiologie, NTS 37 (1991), 37–50, here: 47; *idem*, Evangelium, 103.

[30] See article ἄνωθεν, BDAG, 92.

[31] Cf. Pilate's inability to understand the notion about Jesus' kingdom not being of this world in 18:33–38, cf. *Schnelle*, Evangelium, 103.

[32] On the synonymity of light and life in John see *Hartmut Gese*, Der Johannesprolog, in: *idem*, Zur biblischen Theologie: Alttestamentliche Vorträge, BEvT 78, München 1977, 152–201, here: 191.

Anybody who is only born of flesh remains fleshly (τὸ γεγεννημένον ἐκ τῆς σαρκὸς σάρξ ἐστιν), while the ones being also born of the spirit become spiritual (τὸ γεγεννημένον ἐκ τοῦ πνεύματος πνεῦμά ἐστιν). Furthermore, all those who are only born in the natural way and not reborn, remain in the darkness and are spiritually blind (cf. 3:20; 8:12; 12:35–36.46),[33] notwithstanding their ability to see the physical light. Therefore, they cannot "see the kingdom of God" (3:3). In other words, failing to actually see and understand Jesus Christ as who he really is, they will end up missing his gift of eternal life.

2. Water and Spirit

Looking for references to water in the Gospel of John, we stumble upon two parallel miracle-narratives connected with the two Jerusalem pools of Bethesda (5:1–18) and Siloam (9).[34]

In the second, more detailed narrative, the man born blind is cured right after he washes in the Siloam pool following Jesus' command (9:7). Interestingly, the implied author renders the pool's name "Siloam" as "the one who has been sent" (ἀπεσταλμένος). The prevailing interpretation of this rendering in exegesis is that it refers to Jesus Christ, the Son of God, who was sent to the world by his heavenly Father.[35] However, there is an alternate exegetical possibility here, as the implied author also refers to the Paraclete-Holy Spirit as being sent by both God (14:26) and Jesus (15:26) right after the latter's departure from the world (16:7). Thus, the name

---

[33] See the ensuing analysis of chapter 9.
[34] On the parallelism between the two stories see *Cullmann*, Urchristentum, 98; *Lee*, Narratives, 105–107.
[35] Cf. *Cullmann*, Urchristentum, 98–99; *Koester*, Symbolism, 200; *Theobald*, Evangelium, 640.

"Siloam" being translated as the "one having been sent" could apply to the Holy Spirit as well.

Furthermore, the implied author never identifies the Johannine Jesus with water, although he uses a great variety of other analogous images to define and describe his identity.[36] According to Rudolf Bultmann, in the Gospel of John, giver and gift are identical.[37] Although significant, this insight is not valid in all cases. Thus, Jesus gives the Holy Spirit (cf. 3:34; 15:26; 20:22) but is obviously not identified with it (cf. 14:17.26; 15:26; 16:13). Accordingly, Jesus also provides the living water (4:10.14), but in 7:39, the narrator clarifies that by the image of rivers of living water flowing out of those who believe in him (7:38), Jesus means the Holy Spirit. Clearly then, water, as such in John, cannot be understood as a symbol for Jesus but rather for the Holy Spirit being Jesus' gift to the faithful. Based on this line of thought, our implied readers could understand the reference to a pool full of water in 9:7 as an allusion to the Holy Spirit.[38]

The fact that a blind man has to wash himself to be able to see could have a profound symbolic meaning for the gospel's implied readers. Both the author of Hebrews and later church authors described baptism as enlightenment (φωτισμός), a tradition perhaps originating from the Fourth Gospel's ninth chapter.[39] On the other hand,

---

[36] Cf. *Koester*, Symbolism, 176.

[37] See *Rudolf Bultmann*, Theologie des Neuen Testaments, Tübingen ⁹1984, 412–422.

[38] The evangelist leaves perhaps here both options open. In case the implied readers understand the name of the pool as referring to Jesus, they can make the connection of Jesus with providing the spirit using the image of water, cf. *Theobald*, Evangelium, 640.

[39] Hebr 6:4; 10:32; *Justin*, Apol., 1,61; see for further evidence *Joseph Ysebaert*, Greek Baptismal Terminology: Its Origins and Early Development, Nijmegen 1962, 173–175; cf. also *Cullmann*, Urchristentum, 98; *Dodd*, Interpretation, 310; *Raymond E. Brown*, The Johannine Sacramentary, in: *idem*, New Testament Essays, Milwaukee 1965, 64–65; *Michaels*, Baptism, 143–

the Johannine Pharisees insist on their ability to know everything better (9:24.29.34) or, in other words, to be able to see (9:40–41).[40] They are not aware of being blind and, therefore, do not ask to be cured. Allegorically speaking, if they avoid being "baptized" in the pool of Siloam-ἀπεσταλμένος, they will remain spiritually blind and, therefore, their sin will remain too (9:41).

In the parallel narrative of 5:1–18, it is of particular interest that Jesus heals the lame man only by his word. Differently from the blind man, the lame man has repeatedly been trying to be the first one to enter the pool upon the water's stirring, but in vain. The 38 years of his sickness correspond to the period of Israel's wandering in the desert (Deut 2:14).[41] Based on this analogy, the implied readers could view his unsuccessful efforts as symbolizing Israel's incapacity to be healed and saved by water alone,[42] as he fails to benefit from the assumed miraculous properties of the pool water.[43]

144; *Barnabas Lindars*, The Gospel of John, NCB, London 1972, 340–341.

[40] See, however, on the Johannine Pharisees as an ambivalent narrative character *Christos Karakolis*, "Recurring Characters in John 1:19–2:11: A Narrative-Critical and Reader-Oriented Approach, in: *R. Alan Culpepper / Jörg Frey* (eds.), The Opening of John's Narrative: Historical, Literary, and Theological Readings from the Colloquium Ioanneum 2015 in Ephesus, WUNT 385, Tübingen 2017, 17–37, here: 31–33.

[41] Thus, *Alfred Loisy*, Le quatrième Évangile, Paris 1903, 389–390; *Rainer Metzner*, Der Geheilte von Johannes 5: Repräsentant des Unglaubens, ZNW 90 (1999), 181–190, here: 183–184; *Hartwig Thyen*, Das Johannesevangelium, Tübingen 2005, 297; *Johannes Beutler*, Das Johannesevangelium: Kommentar, Freiburg ²2016, 187; *Theobald*, Evangelium, 376–377; *Dorit Felsch*, Die Feste im Johannesevangelium: Jüdische Tradition und christologische Deutung, WUNT II/308, Tübingen 2011, 56–58; *Jean Zumstein*, Das Johannesevangelium, KEK 2, Göttingen 2016, 213.

[42] The lame man is still able to enter the water, and we can assume that he does so repeatedly but not on time and, therefore, to no avail. Furthermore, the implied author does not clarify whether indeed the pool's miracle used to take place occasionally or whether it was all in the mind of the sufferers nearby hoping to be cured. He just focuses

The two semeia-narratives mentioned above are complementary to one another also as to their symbolic function. In the case of the lame man's healing, the implied readers can understand water as a symbol of water purification rites that fail to give life and are only able to prepare Israel and through it, humanity as a whole for the salvific intervention of Jesus Christ. On the other hand, they can consider the healing of the blind man as an allusion to Christian baptism, because it combines water washing, a possible symbolic reference to the Holy Spirit, and the curing of blindness.

A further characteristic example of the symbolic connection of water with the Holy Spirit can be found in the story of Jesus' encounter with the Samaritan woman (4:4–42).[44] Characteristically, after Jesus' self-revelation (4:26), the Samaritan woman leaves her water jar and runs to the town nearby to proclaim him as the Messiah (4:28–29). From a narrative-critical point of view, leaving the water jar implies that she has already satisfied her thirst because she drank from the "living water" that Jesus had offered her (4:10–15).[45] However, Jesus had not provided her with any physical water but only with his words, which, in John's Gospel, are narrowly connected with the gift of the Holy Spirit (3:34; cf. 6:63).[46] From a historic-critical perspective, the story of the Samaritan woman contains post-Easter elements regarding not only the gift of the Holy Spirit as such but also the story's apparent missionary nuances (4:20–24.29–42). This historical inconsistency, however, presents no problem for our implied readers, who, regardless of historicity questions, can conclude that the gift of the Holy Spirit

---

on the fact that water alone is unable to restore the lame man's health and life.

[43] Cf. *Koester*, Symbolism, 192. Based on the above observations, the pericope's consideration as typologically pointing to Christian baptism is far–fetched, cf. *Theobald*, Evangelium, 363.

[44] *Dunn*, Baptism, 187.

[45] Cf. *Koester*, Symbolism, 190.

[46] *Cullmann*, Urchristentum, 81.

provided by Jesus Christ is a sine qua non condition for salvation. Although there is here no explicit reference to baptism as such, the implied readers can understand the reference to the living water as a symbolic allusion to the Holy Spirit, which is present in and through baptism.[47]

In 1:33, John the Baptist states that there are two kinds of baptism, the one in water (ἐν ὕδατι) and the one in the Holy Spirit (ἐν πνεύματι ἁγίῳ). Based on the preceding analysis, the implied readers could interpret this categorization as referring, on the one hand, to physical baptism in plain water and, on the other hand, to spiritual baptism in both water and spirit (cf. 3:5). The first category does not only concern typical Jewish water purification rites (cf. 2:6; 3:25) but also the baptismal practices enacted by John the Baptist himself, as well as by Jesus' disciples.[48]

The significance of John's "baptism in water" consists plainly in witnessing Jesus (1:31.33)[49] and is not a baptism of repentance (cf. Mt 3:11; Mk 1:4; Lk 3:3). John himself is never even characterized as a prophet (cf. Mt 11:9; Lk 1:76; 7:26) but just as a voice crying in the wilderness to prepare the way of the Lord (1:23), namely Jesus Christ. Therefore, his overall role, as well as the significance of his baptism, have to gradually diminish to make room for Jesus' presence and activity (3:28–30; cf. 1:26.31.33). It would seem, however, that some of John's disciples understand his baptism as a water purification rite (3:25) that is still valid and essential. On this basis, they are worried about Jesus' apparent appeal to the people, who now follow him rather than their master (3:26).

Nevertheless, on a symbolic level, the transformation of purification water into wine in the first Cana-narrative

---

[47] Cf. *Lindars*, Gospel, 183.
[48] Cf. *Schnackenburg*, Gospel 1, 411–412; *Barrett*, Gospel, 219; *McDonnell / Montague*, Initiation, 67.
[49] See *Theobald*, Evangelium, 170–171; *Zumstein*, Johannesevangelium, 75. Cf. also *Cullmann*, Urchristentum, 59–60.

(2:6) demonstrates that in the presence of Jesus, water purification rites have nothing more to offer.[50] It is also in this light that the implied readers can perceive the washing of the disciples' feet through Jesus (13:2–15). Jesus states that apart from Judas (13:11), the disciples are already clean and, therefore, only their feet need washing (13:10). In their case, then, water purification rites would not make any sense whatsoever.[51]

Furthermore, it is clear that "baptism in the Spirit" will be possible only after Jesus' "glorification" (7:39; 12:16; 13:32; 17:1.5), namely his death, resurrection, and exaltation to his heavenly Father.[52] John the Baptist's disciples, as well as the Pharisees, are under the false impression that Jesus is himself a baptizer (3:26; 4:1). The implied author corrects this misconception by clarifying that actually, it was Jesus' disciples who were baptizing and not Jesus himself (4:2).[53] The pre-Easter baptismal rite performed by the disciples is, then, clearly to be understood by the implied readers within the framework

---

[50] Cf. *Koester*, Symbolism, 181–182.

[51] It would be too far-fetched to interpret the washing of the disciples' feet (13:1–20) as a symbolical reference to baptism, at least compared to all other relevant references in the gospel, cf. *Beasley-Murray*, Baptism, 221–224; *Rudolf Schnackenburg*, The Gospel according to St John: Volume 3: Commentary on Chapters 13–21, Wellwood 1982, 19–22. The notion of rebirth, any hint to the Holy Spirit, and of course, a ritual immersion are absent. On the contrary, Jesus proclaims that all of his disciples are already clean, with the exception of Judas (13:10–11). At this point, the element of water per se is not necessarily enough for the implied readers to make such an association, cf. among others *R. Wade Paschal, Jr.*, Sacramental Symbolism and Physical Imagery in the Gospel of John, TynBul 32 (1981), 151–176, here: 170.

[52] Cf. *Dunn*, Baptism, 173–175; *Kaiser*, Rede, 263.

[53] Cf. *Craig S. Keener*, The Gospel of John: A Commentary: Volume 1, Grand Rapids 2003, 587–588. Although we cannot be sure about whether historically Jesus used to baptize or not, on the narrative level, it is clear that the implied author attributes Jesus' baptizing to rumors, which he himself rejects. See the historic-critical analysis of the problem by *Frey*, Baptism, 100–109; cf. also *Michaels*, Baptism, 136–156.

of Jewish piety and not to be connected with the gift of the Holy Spirit.

Lastly, the question arises about the meaning of the combined water and blood flowing out of Jesus' wound on the cross (19:34). According to traditional church-exegesis, this is a symbolic reference to the two main Christian rites, Baptism and Eucharist, demonstrating that both of them originate from the event of the cross.[54] Moreover, from a narrative-critical point of view, the water that flows out of Jesus' dead body is, in a sense, "living water"[55] (cf. 4:10–11). As such, it also reminds the implied readers of Jesus' saying about the rivers of living water, namely of the Holy Spirit, that will flow out of the believers' bellies (7:38–39).[56] From this perspective, the detail of 19:34 could be signifying that it is the Holy Spirit that flows to the world from the body of the crucified and glorified Jesus.[57] Jesus himself had already stated in the Farewell Discourse that he had to

---

[54] See *Cullmann*, Urchristentum, 110; *Herbert Klos*, Die Sakramente im Johannesevangelium, SBS 46, Stuttgart 1970, 75–76; *Schnelle*, Evangelium, 373; *Schnackenburg*, Gospel 1, 161; *Moloney*, Gospel, 506.

[55] As opposed to stagnant water, cf. Jesus' dialogue with the Samaritan woman in 4:10–14.

[56] Cf. *Dunn*, Baptism, 187–188; *J. Ramsey Michaels*, By Water and Blood: Sin and Purification in John and 1 John, in: *Stanley E. Porter / Anthony R. Cross* (eds.), Dimensions of Baptism: Biblical and Theological Studies, JSNTSup 234, Sheffield 2002, 149–162, here: 154; *Turid K. Seim*, Baptismal Reflections in the Fourth Gospel, in: *David Hellholm / Tor Vege / Øyvind Norderval / Christer Hellholm* (eds.), Ablution, Initiation, and Baptism: Late Antiquity, Early Judaism, and Early Christianity, BZNW 176/1, 717–734, here: 728–729; *Beutler*, Johannesevangelium, 509.

[57] Cf. *Cullmann*, Tauflehre, 17; *Klos*, Sakramente, 72; *Koester*, Symbolism, 202. *Cornelis Bennema*, The Giving of the Spirit in John's Gospel – A New Proposal?, EvQ 74 (2002), 195–213, here: 199–201, argues that the analogy between 19:34 and 7:38 is lacking and was not intended by the evangelist. However, from our implied readers' point of view, the element of water cannot but be symbolically reminiscent of other references to the water in the Fourth Gospel such as 4:10–14 and 7:38–39. An analogy does not have to be complete in order to be functional.

leave this world, namely to be glorified, for the Holy
Spirit to be sent to his disciples (16:7). Indeed, after his
resurrection, Jesus does breathe the Holy Spirit on his
disciples (20:22). Based on all the above-combined evidence, it would appear as a plausible conclusion to our
implied readers, that in 19:34 as well, the flowing of
water and its possible connotation with the Spirit also
symbolically refer to Christian baptism.[58]

3. Conclusions

In the above analysis, I have attempted a synchronic
reading of selected Johannine passages focusing on baptismal symbolism from the point of view of the Fourth
Gospel's implied author and readers. This approach
makes it possible to explore plausible readings of the
Gospel of John, regardless of the historical author's aims
and rationale.[59]

Since for the implied author, the *disciplina arcani* seems
to be essential,[60] the only way for him to refer to baptism, as well as to eucharist for that matter, is the symbolic one.[61] By using symbolically loaded images and
narrative details, the implied author attempts to demon-

---

[58] Cf. *Schnelle*, Evangelium, 198. Correspondingly, Jesus' flowing blood also refers to the blood that the believers should be drinking along with eating Jesus' body to reach eternal life (6:54). In this sense, the element of blood at this point can well be understood as a symbolic reference to the Eucharist, cf. *Eduard Schweizer*, Das johanneische Zeugnis vom Herrenmahl, EvT 12 (1952), 341–363, here: 348–353; *Carnazzo*, Blood, 76–80.

[59] As *Seim*, Reflections, 718, notes, "it is intrinsic to symbolism that it harbors a potential of polyvalence which cannot be limited by insisting on an original intention and/or a univocal meaning."

[60] See on the use of arcane discipline within the Early Church *Joachim Jeremias*, The Eucharistic Words of Jesus, London 1966, 130–137; contra *Schnackenburg*, Gospel 3, 43–44.

[61] This would be a response to *Jones*, Symbol, 231–238, who concludes that, had the evangelist meant to interpret water references as baptismal ones, he would have been more explicit about them.

strate the theological and soteriological importance of Christian baptism for all human beings.

The implied author connects baptism with both water and the Holy Spirit and regards it as a rebirth from above, namely of God. Through baptism, the believers are able to participate in the kingdom of God. Those who are reborn of God are incomprehensible to those who have only been born physically. The reason is that the latter lack the Holy Spirit. The implied author associates the Holy Spirit narrowly with the element of water by presenting the gift of the Holy Spirit as rivers of living water flowing out of the believers' existence. This metaphor enables the implied readers to associate the element of water with the presence of the Holy Spirit and, therefore, with the Christian baptismal rite, also in other occurrences within the Johannine narrative. Thus, the living water promised by Jesus to the Samaritan woman could be understood as an allusion to the Holy Spirit. The same also applies to the water flowing out of Jesus' wound on the cross.

Furthermore, the two semeia-narratives that include references to the Jerusalem pools of Bethesda and Siloam could also be read from a baptismal perspective. The man born blind is only cured after he washes in the Siloam pool, according to Jesus' command, namely in the pool of the "one having been sent." From the implied readers' point of view, this rendering could proleptically mean the Holy Spirit, which was sent to the believers after Jesus' glorification. Quite differently, the lame man is unable to be cured through immersing himself into the water of the Bethesda pool. This detail could be symbolically pointing our implied readers to the soteriological ineffectiveness of the Jewish purification rituals, as opposed to Christian baptism. Accordingly, John's baptism in water, as well as the baptism practiced by Jesus' disciples, are devoid of the Holy Spirit and, therefore, not equivalent to Christian baptism.

As can be generally deduced by the baptismal texts of the New Testament, baptism has functioned as an essential identity marker for early Christians. Therefore, I would propose that the above attempted synchronic view of the Fourth Gospel from a baptismal angle is not just a literary experiment but also a historically plausible reading. On this basis, some of the gospel's early historical readers could have found in it baptismal references that would have strengthened their Christian identity, stressed their differentiation from the non-baptized, established the baptismal rite on Jesus' activity and teaching,[62] and connected it even more closely with the gift of the Holy Spirit.[63]

Although a non-baptismal reading of the Fourth Gospel remains possible, it would be extremely difficult to assume that its early Christian readers would altogether fail to recognize a certain degree of baptismal symbolism in it, whether indeed the fourth evangelist had had such symbolism in mind or not.

---

[62] Cf. *Schnelle*, Christologie, 213; *idem*, Ekklesiologie, 48; *Léon-Dufour*, Reading, 451.
[63] Ibid., 450.

Christina Hoegen-Rohls

Was meint ‚Geisttaufe' im Johannesevangelium? Ein komparatistisch grundierter Antwortversuch

Innerhalb des Neuen Testaments ist in den vier Evangelien, in der Apostelgeschichte und im Ersten Korintherbrief die Rede von einer ‚Geisttaufe' belegt. Sie ist gebunden an das Verb βαπτίζειν/βαπτίζεσθαι und an das Syntagma πνεῦμα ἅγιον. Außer in 1Kor 12,13 steht der Rede von der ‚Geisttaufe' die Rede von einer ‚Wassertaufe' gegenüber, die mittels der Lexeme βαπτίζειν und ὕδωρ artikuliert wird. Diesem terminologischen Befund soll zunächst genauer nachgegangen werden (1.). Sodann ist die Rede von der ‚Geisttaufe' in den synoptischen Evangelien und in der lukanischen Apostelgeschichte vergleichend zu beleuchten, wobei der Blick auch auf die Rede von einer ‚Feuertaufe' zu richten ist (2.). Auf dem Hintergrund der terminologisch-semantischen Klärungen und deren theologischer Implikationen kann dann diskutiert werden, wie ‚Geisttaufe' im Johannesevangelium zu verstehen ist (3.).

1. ‚Wassertaufe' und ‚Geisttaufe': Der terminologische Befund im Neuen Testament

‚Wassertaufe' und ‚Geisttaufe' sind Nomina der wissenschaftlichen Beschreibungssprache, die kein direktes Äquivalent in der Quellensprache des Neuen Testaments haben: Ausdrücke, die analog zu der bei den Synoptikern und in der Apostelgeschichte belegten Rede von der

‚Johannestaufe' (τὸ βάπτισμα [τὸ] Ἰωάννου/τὸ Ἰωάννου βάπτισμα)[1] oder der ‚Bußtaufe' (βάπτισμα μετανοίας)[2] als nominale Genitivverbindungen gebildet ([τὸ] βάπτισμα ὕδατος/[τὸ] βάπτισμα πνεύματος) oder als nominale Präpositionalverbindungen der paulinischen Rede von der ‚Taufe in den Tod' (Röm 6,4: βάπτισμα εἰς τὸν θάνατον) vergleichbar wären (βάπτισμα εἰς τὸ ὕδωρ/ βάπτισμα εἰς τὸ πνεῦμα), kommen im Neuen Testament nicht vor. Quellensprachlich begegnen ‚Wassertaufe' und ‚Geisttaufe' vielmehr in Form von Verbalphrasen, die das Verb βαπτίζειν mit einer Dativkonstruktion verknüpfen.

Bevor auf die daraus resultierende Semantik eingegangen wird (1.3), seien Frequenz und Distribution von βάπτειν/βαπτίζειν (1.1) sowie Genera Verbi und Subjekte von βαπτίζειν/βαπτίζεσθαι (1.2) herausgearbeitet.[3]

1.1 Frequenz und Distribution von βάπτειν/βαπτίζειν

Das transitive Simplex βάπτειν (eintauchen) begegnet im Neuen Testament nur an drei Stellen. Verwendet wird es im Aktiv oder Passiv. In dem lukanischen Sondergutgleichnis vom reichen Mann und vom armen Lazarus (Lk 16,19–31) artikuliert es das durch den Reichen erbetene Eintauchen einer Fingerspitze des verstorbenen Lazarus in Wasser (Lk 16,24: ἵνα βάψῃ τὸ ἄκρον τοῦ δακτύλου αὐτοῦ ὕδατος); in der Szene des johanneischen Abschiedsmahls bezeichnet es das deiktische Eintauchen

---

[1] Vgl. Mk 11,30 par Mt 21,25; Lk 20,4; Lk 7,29; Apg 1,22; 18,25; 19,3.
[2] Vgl. Mk 1,4 par Lk 3,3; Apg 13,24; 19,4.
[3] Vgl. dazu auch *Albrecht Oepke*, βάπτω, βαπτίζω κτλ., ThWNT I (1933), 527–544; *Werner Bieder*, βαπτίζω, βάπτισμα κτλ., EWNT I (1992), 459–469; *ders.*, Die Verheißung der Taufe im Neuen Testament, Zürich 1966; *Oda Wischmeyer*, Hermeneutische Aspekte der Taufe im Neuen Testament, in: *David Hellholm / Tor Vegge / Øyvind Norderval / Christer Hellholm* (Hg.), Ablution, Initiation, and Baptism: Late Antiquity, Early Judaism, and Early Christianity, BZNW 176/1, Berlin / Boston 2011, 735–763.

des Bissens, den Jesus Judas Iskariot gibt, um diesen als seinen Verräter auszuweisen (Joh 13,26); im Rahmen der Vollendungsvisionen der Johannesapokalypse referiert es auf ein Eintauchen in Blut (βεβαμμένον αἵματι), welches das weiße Gewand des ‚Wort Gottes' genannten Reiters rot färbt (Apk 19,13). Diese Belege zeigen: Eingetaucht wird in Flüssigkeiten, genannt werden Wasser und Blut, diese werden an das aktivisch gebrauchte Verb im Genitiv angeschlossen (ὕδατος), an das passivisch gebrauchte Verb im Dativ (αἵματι). Der johanneische Beleg benennt nicht explizit, wohinein Jesus den für Judas bestimmten Bissen taucht.

Das ebenfalls transitiv gebrauchte Verb βαπτίζειν (eintauchen, untertauchen, ‚taufen'), Intensivum zu βάπτειν, erscheint an 77 Stellen des Neuen Testaments. Eine literaturgeschichtliche Sortierung der Stellen ergibt folgendes Profil: Die neutestamentliche Briefliteratur bietet das Verb ausschließlich in den Protopaulinen. Hier begegnet es noch nicht im ältesten Paulusbrief (1Thess), sondern erst in der korinthischen und nachkorinthischen Korrespondenz (1Kor; Gal; Röm: 13 Belege).[4] Die synoptische Tradition bietet insgesamt 30 (Mk: 12; Mt: 7; Lk: 10),[5] das lukanische Doppelwerk 31 Belege (Lk: 10; Apg: 21).[6] Innerhalb des Corpus Iohanneum (einschließlich der Johannesapokalypse) ist das Verb nur im Johannesevangelium belegt, hier häufiger als in jedem der synoptischen Evangelien (13 Belege).[7]

---

[4] 1Kor 1,13.14.15.16(bis).17; 10,2; 12,13; 15,29(bis); Gal 3,27; Röm 6,3(bis).
[5] Mk: 13 Belege lassen sich zählen, wenn der Beleg im sekundären Markusschluss mitgezählt wird: 1,4.5.8(bis).9; 6,14.24; 7,4; 10,38(bis). 39(bis); [16,16]. Das Vorkommen bei Mt: 3,6.11(bis). 13.14.16; 28,19. Das Vorkommen bei Lk: 3,7.12.16(bis).21(bis); 7,29.30; 11,38; 12,50.
[6] Zu den Belegen im Lukasevangelium vgl. Anm. 5. Die Belege in der Apostelgeschichte sind: Apg 1,5(bis); 2,38.41; 8,12.13.16.36.38; 9,18; 10,47.48; 11,16(bis); 16,15.33; 18,8; 19,3.4.5; 22,16.
[7] Joh 1,25.26.28.31.33(bis); 3,22.23(bis).26; 4,1.2; 10,40.

1.2 Genera verbi und Subjekte von βαπτίζειν

Zur grammatikalisch-syntaktischen Verwendung des Verbs lässt sich beobachten, dass es als Verbum finitum im Aktiv oder Passiv, aber auch in aktivischen oder passivischen AcI- und Partizipialkonstruktionen (Participium coniunctum, Genitivus absolutus) auftritt. Grammatikalisches Subjekt des aktivischen Ein-/Untertauchens/‚Taufens' ist in den literaturgeschichtlich frühesten neutestamentlichen Belegen, den Belegen des Ersten Korintherbriefs, Paulus selbst.[8] In der Erzähler- und Figurenrede der Evangelien sind es Johannes der Täufer und Jesus,[9] speziell im Matthäusevangelium auch die Jünger, die als Subjekte von βαπτίζειν auftreten.[10] In der Erzählerrede der Apostelgeschichte erscheinen als grammatikalische Subjekte des aktivisch gebrauchten Verbs Johannes der Täufer und Philippus, nicht aber Paulus.[11]

---

[8] Vgl. Paulus als handelndes Subjekt in 1Kor 1,14.16(bis): ἐβάπτισα; in 1Kor 1,17a in der AcI-Konstruktion: οὐ γὰρ ἀπέστειλέν με Χριστὸς βαπτίζειν.
[9] Johannes als handelndes Subjekt in der Erzählerrede: ὁ βαπτίζων (Mk 1,4; 6.14.24; das substantivierte Partizip fungiert im Markusevangelium als Beiname bzw. Titel des Täufers); ἦν βαπτίζων (Joh 3,23). Johannes als handelndes Subjekt in der Figurenrede des Johannes: ἐγὼ ἐβάπτισα (Mk 1,8); ἐγὼ βαπτίζω (Mt 3,11; Lk 3,16; Joh 1,26); in der Figurenrede der Pharisäer: τί οὖν βαπτίζεις (Joh 1,25). Jesus als handelndes Subjekt in der Erzählerrede: ἐβάπτιζεν (Joh 3,22). Jesus als handelndes Subjekt in der Figurenrede des Johannes: αὐτὸς βαπτίσει (Mk 1,8; Mt 3,11; Lk 3,16).
[10] Die Jünger als zur Handlung beauftragte Subjekte in der Figurenrede des Auferstandenen (im Rahmen des sog. Tauf- und Missionsbefehls): βαπτίζοντες (Mt 28,19).
[11] Johannes tritt in der Apostelgeschichte nicht als handelndes Subjekt in der Erzählerrede, sondern nur in der Figurenrede auf, und zwar in der direkten, auf die vorösterliche Zeit zurückblickenden Figurenrede des Auferstandenen (Apg 1,5: ἐβάπτισεν), in der von Petrus zitierten Rede des Auferstandenen (Apg 11,16: ἐβάπτισεν) sowie in der Figurenrede der ephesinischen Paulusjünger (Apg 19,4: ἐβάπτισεν). Philippus begegnet als handelndes Subjekt in der Erzählerrede: ἐβάπτισεν (Apg 8,38).

Wird βαπτίζειν passivisch gebraucht (βαπτίζεσθαι),[12] so stehen als Subjekte nicht diejenigen im Vordergrund, die das Ein- und Untertauchen/‚Taufen' vollziehen, sondern jene, die es ‚erleiden'.[13] In den Paulusbriefen sind es die angeschriebenen Gemeinden bzw. ihre brieflich angesprochenen Mitglieder, die als grammatikalische patientes des durchweg im Aorist verwendeten Verbs (βαπτισθῆναι) auftreten[14] und mit denen sich Paulus sowohl im Ersten Korintherbrief als auch im Römerbrief ausdrücklich zusammenschließt.[15]

Die Erzählerrede der Evangelien nennt generalisierend ‚das ganze Volk'[16] oder soziogeographisch differenzierend ‚das ganze Land Judäa' und ‚die/alle Jerusalemer',[17] ergänzt um ‚die Umgebung des Jordan',[18] als Subjekte/patientes des passivisch gebrauchten Verbs. Die einzige namentlich genannte Person, die dabei als Subjekt des Ein-/Untergetaucht-/‚Getauftwerdens' hervortritt, ist Jesus selbst.[19] In der Figurenrede der Evange-

---

[12] Die folgende Analyse berücksichtigt nicht βαπτίζεσθαι im Medium (sich eintauchen, sich waschen), wie es unter Bezug auf jüdische Reinigungsriten im Kontext des Essens in Mk 7,4; Lk 11,38 verwendet wird. Zu dieser Thematik vgl. *Christina Eschner*, Essen im antiken Judentum und Urchristentum. Diskurse zur sozialen Bedeutung von Tischgemeinschaft, Speiseverboten und Reinheitsvorschriften, AJEC 108, Leiden / Boston 2019.

[13] Vgl. zur Verwendung und Semantik des neutestamentlichen Passiv exemplarisch *Christiane Zimmermann*, Gottes rekreatorisches Handeln bei Paulus und Johannes I: Das „Lebendigmachen" und das „aus Gott/von oben Gezeugtwerden", in: *Veronika Burz-Tropper* (Hg.), Studien zum Gottesbild im Johannesevangelium, WUNT II/483, Tübingen 2019, 161–186: 162–164.

[14] ‚Ihr' als grammatikalisches Subjekt: ἐβαπτίσθητε (1Kor 1,13.15; Gal 3,27a).

[15] ‚Wir' als grammatikalisches Subjekt: ἐβαπτίσθημεν (1Kor 12,13; Röm 6,3[bis]).

[16] So in Lk 3,21: ἐγένετο δὲ ἐν τῷ βαπτισθῆναι ἅπαντα τὸν λαόν.

[17] So in Mk 1,5: πᾶσα ἡ Ἰουδαία χώρα καὶ οἱ Ἱεροσολυμῖται πάντες [...] ἐβαπτίζοντο.

[18] So in Mt 3,5–6: Ἱεροσόλυμα καὶ πᾶσα ἡ Ἰουδαία καὶ πᾶσα ἡ περίχωρος τοῦ Ἰορδάνου [...] ἐβαπτίζοντο.

[19] Vgl. Mk 1,9: ἐβαπτίσθη; Mt 3,5–6: τοῦ βαπτισθῆναι; Mt 3,16: βαπτισθείς; Lk 3,21: Ἰησοῦ βαπτισθέντος.

lien sind es Jesus und Johannes, die von sich selbst als Subjekte/patientes des βαπτίζεσθαι bzw. βαπτισθῆναι sprechen.[20] Hierbei fällt die als Figura etymologica gebildete Wendung βάπτισμα βαπτισθῆναι auf ('in eine Eintauchung getaucht werden'/‚mit einer Taufe getauft werden'), die mit der metaphorisch auf den Tod Jesu anspielenden Wendung πιεῖν τὸ ποτήριον (‚Trinken des Bechers') parallelisiert wird (Mk 10,38f).[21]
Entsprechend ihrem dem Auferstandenen in den Mund gelegten Programm, die Ausbreitung des Evangeliums geographisch und ethnisch universal zur Geltung zu bringen (vgl. Apg 1,8), weist die Apostelgeschichte in Erzähler- und Figurenrede als Subjekte/patientes von βαπτίζεσθαι zunächst die im Anschluss an die Pfingstpredigt des Petrus zum Glauben gekommenen Jerusalemer aus,[22] sodann Männer und Frauen aus Samarien,[23] darunter namentlich Simon Magus,[24] dann, auf dem Weg von Jerusalem nach Gaza, einen äthiopischen Staatsbeamten[25] und, auf dem Weg von Jerusalem nach Damaskus, Paulus.[26] Mit dem in Cäsarea Maritima verorteten heidnischen Hauptmann Kornelius, der gemeinsam mit

---

[20] Jesus: ἐγὼ βαπτίζομαι (Mk 10,38.39); Johannes: ἐγὼ χρείαν ἔχω βαπτισθῆναι (Mt 3,14).
[21] Siehe dazu genauer im vorliegenden Beitrag den Abschnitt 1.2.1; vgl. auch *Wischmeyer*, Taufe, 746f; *Ferdinand Hahn*, Theologie des Neuen Testaments, Bd. II: Die Einheit des Neuen Testaments. Thematische Darstellung, Tübingen 2002, 508.
[22] Figurenrede des Petrus, gerichtet an die Jerusalemer: βαπτισθήτω (Apg 2,38); Erzählerrede: ἐβαπτίσθησαν (Apg 2,41). Vgl. dazu genauer *Friedrich Avemarie*, Die Tauferzählungen der Apostelgeschichte. Theologie und Geschichte, WUNT 139, Tübingen 2002, 177–213.
[23] Erzählerrede: ἐβαπτίζοντο ἄνδρες τε καὶ γυναῖκες (Apg 8,12); βεβαπτισμένοι (Apg 8,16). Vgl. dazu *Avemarie*, Tauferzählungen, 214–266.
[24] Erzählerrede: βαπτισθεὶς ἦν (Apg 8,13). Vgl. dazu *Avemarie*, Tauferzählungen, 243–254.
[25] Figurenrede des äthiopischen Staatsbeamten: με βαπτισθῆναι (Apg 8,36). Vgl. dazu *Avemarie*, Tauferzählungen, 267–294.
[26] Erzählerrede: ἐβαπτίσθη (Apg 9,18); Aufforderung an Paulus in der Figurenrede des Hananias: βάπτισαι (Apg 22,16). Vgl. dazu *Avemarie*, Tauferzählungen, 295–339.

seinem ganzen οἶκος als Subjekt/patiens von βαπτισθῆναι auftritt,[27] erreicht die über die jüdische Diaspora hinaus bezeugte Botschaft von der Auferstehung Jesu endgültig die heidnische Völkerwelt,[28] zu der im weiteren Erzählverlauf als Subjekte/patientes des Ein-/Untergetaucht/ ‚Getauftwerdens' auch die dem Judentum religiös nahestehende Heidin Lydia samt ihrem Haus im mazedonischen Philippi sowie der Kerkermeister des dortigen Gefängnisses und sein Anhang gehören.[29] Als Subjekte/patientes von βαπτίζεσθαι treten schließlich jene zwölf Johannesjünger in Erscheinung, die in Ephesus auf Nachfrage des Paulus[30] angeben, auf die ‚Johannestaufe' getauft zu sein,[31] und daraufhin von Paulus eine ‚Nachtaufe'[32] empfangen, indem sie ‚auf den Namen des Herrn Jesus getauft werden'.[33]

1.3 Die Semantik von βαπτίζειν/βαπτίζεσθαι

Die Semantik von βαπτίζειν/βαπτίζεσθαι[34] erschließt sich zum einen aus den Kasus-/Objektverbindungen und aus den präpositionalen Verbindungen, die das Verb syntaktisch eingeht, zum anderen aus seinem absoluten Gebrauch. Dieser absolute Gebrauch, der eine Flüssigkeit, in die hineingetaucht oder untergetaucht wird, nicht ex-

---

[27] Erzählerrede, bezogen auf die Anweisung des Petrus: αὐτοὺς βαπτισθῆναι (Apg 10,48). Vgl. dazu *Avemarie*, Tauferzählungen, 340–398.
[28] Vgl. *Avemarie*, Tauferzählungen, 340.
[29] Erzählerrede über Lydia im Rahmen des ersten ‚Wir'-Berichts der Apostelgeschichte (Apg 16,10–18): ἐβαπτίσθη καὶ ὁ οἶκος αὐτῆς (Apg 16,15). Erzählerrede über den Kerkermeister und seinen Anhang: ἐβαπτίσθη αὐτὸς καὶ οἱ αὐτοῦ πάντες (Apg 16,33). Vgl. dazu *Avemarie*, Tauferzählungen, 399–412.
[30] Figurenrede: εἰς τί οὖν ἐβαπτίσθητε; (Apg 19,3).
[31] Figurenrede: εἰς τὸ Ἰωάννου βάπτισμα [sc. ἐβαπτίσθημεν] (Apg 19,3).
[32] So *Avemarie*, Tauferzählungen, 413–440.
[33] Erzählerrede: ἐβαπτίσθησαν εἰς τὸ ὄνομα τοῦ κυρίου Ἰησοῦ (Apg 19,5).
[34] Vgl. dazu auch *Wischmeyer*, Taufe.

plizit nennt, wirft die Frage auf, ob sich βαπτίζειν als Intensivum zu βάπτειν von der konkret-anschaulichen Semantik des Ein- und Untertauchens löst oder im Gegenteil diese Semantik so sicher voraussetzt und konnotativ einspielt, dass eine Materie nicht eigens erwähnt werden muss.[35]
Eben die Materie spielt jedoch bei der traditionsgeschichtlich vermutlich ältesten Verwendung des Verbs, wie sie sich in der Logienquelle findet (Q 3,16),[36] eine besondere Rolle: Das entsprechende Logion beschreibt die Tätigkeit des βαπτίζειν in einer Weise, die zwischen der Tätigkeit des Johannes (ἐγὼ μὲν ὕδατι βαπτίζω ὑμᾶς) und der Tätigkeit Jesu (αὐτὸς ὑμᾶς βαπτίσει ἐν πυρί) einen Unterschied betont, der umso schärfer hervortritt als dieselben Adressaten im Blick sind (vgl. das Akkusativobjekt ‚ihr'). Die Tätigkeit des einen steht im Zusammenhang mit Wasser (ὕδωρ), die des anderen mit Feuer (πῦρ). Auch das Markusevangelium und die Apostelgeschichte sind an einer Gegenüberstellung der Materie interessiert: Mk 1,8 und Apg 1,5; 11,16 unterscheiden zwischen βαπτίζειν ὕδατι (Johannes) und βαπτίζειν/ βαπτίζεσθαι ἐν πνεύματι ἁγίῳ (Jesus/Gott), so dass sich hier ‚Wassertaufe' und ‚Geisttaufe' am deutlichsten gegenüberstehen. Matthäus und Lukas verbinden die Angaben der Logienquelle und die des Markus: Hinsichtlich der Materie ergibt sich der Unterschied zwischen ὕδωρ und πνεῦμα ἅγιον καὶ πῦρ (vgl. Lk 3,16; Mt 3,11), es stehen sich hier also ‚Wassertaufe' auf der einen, ‚Geist- und Feuertaufe' auf der anderen Seite gegenüber.

---

[35] Vgl. zu dieser letztgenannten Möglichkeit *Oepke*, βάπτω, 537: „βαπτίζειν heißt technisch verstanden in Wasser tauchen. Die Angabe eines Mediums ist daher an sich nicht erforderlich."
[36] Zur Rekonstruktion des Logions auf der Basis der Zwei-Quellen-Theorie vgl. den synoptischen Vergleich zwischen Mk 1,8 und Lk 3,16 par Mt 3,11. Vgl. dazu auch *Michael Wolter*, Das Lukasevangelium, HNT 5, Tübingen 2008, 164f; *Ulrich Luz*, Das Evangelium nach Matthäus (Mt 1–7), EKK I/1, Neukirchen-Vluyn ⁵2002, 201.205–207; *Wischmeyer*, Taufe, 747.754f.

Sprachlich fällt dabei auf, dass ‚Wasser' durch bloßen Dativ an βαπτίζειν angebunden ist (ὕδατι), das Syntagma ‚heiliger Geist' bzw. ‚heiliger Geist und Feuer' hingegen durch Dativ mit Präposition (ἐν πνεύματι ἁγίῳ/ἐν πνεύματι ἁγίῳ καὶ πυρί). Grammatikalisch gilt, dass sowohl bloßer Dativ als auch Dativ mit ἐν instrumental oder lokal verstanden werden können.[37] Welches Verständnis liegt hier vor?[38] Wird die Materie Wasser als Mittel (dativus instrumentalis) oder als Ort (dativus loci) des Eintauchens gedacht? Beides muss sich nicht ausschließen, sondern kann, zumal im narrativen Kontext der Synoptiker, konnotativ kombiniert sein: Johannes wird mit seiner Tätigkeit des Ein- und Untertauchens/‚Taufens' am fließenden Wasser des Jordan in Szene gesetzt, womit visuell Ort und Mittel seines βαπτίζειν aufgerufen sind. Doch wie verhält es sich im Falle von ‚heiliger Geist'/‚heiliger Geist und Feuer'? Werden sie als materielle Mittel vorgestellt, die sich analog zu ‚Wasser' visualisieren lassen? In welchem Sinne sind sie ‚Orte'/‚Sachbereiche' des βαπτίζειν/βαπτισθῆναι?

---

[37] Den bloßen Dativ durch Dativ mit ἐν oder einer anderen Präposition zu ersetzen, ist eine Tendenz der Koine, die der Verdeutlichung dient. Vgl. dazu BDR §187 –202; *Norbert Baumert*, Der Dativ bei Paulus. Eine syntaktische Studie mit neuen Interpretationen, EFN 7, Cordoba 2005, 82.

[38] BDR, §195.7 stellen diese Frage nicht, sondern übersetzen eindimensional ‚taufen mit'. Die semantischen Nuancen des Dativs werden dabei nach meiner Einschätzung nicht ausgeschöpft.

2. ‚Geisttaufe' in den synoptischen Evangelien und in der Apostelgeschichte unter Berücksichtigung der Rede von einer ‚Feuertaufe'

Die soeben gestellten Fragen weisen darauf hin, dass die Verwendung des mit ἐν verknüpften Dativ in der lukanisch-matthäischen Wendung ἐν πνεύματι ἁγίῳ καὶ πυρί sowie in der bei Markus und in der Apostelgeschichte begegnenden Wendung ἐν πνεύματι ἁγίῳ einer weiteren Überprüfung bedarf, bevor nach der johanneischen Bedeutung eben dieser Wendung (ἐν πνεύματι ἁγίῳ) gefragt werden kann.

2.1 ‚Feuertaufe' in der Logienquelle (Q 3,16)

‚Feuer' referiert im Sprachgebrauch der Synoptiker, die außer der Johannesapokalypse die meisten neutestamentlichen Belege von πῦρ bieten, auf ein materielles Mittel, mit dessen Hilfe verbrannt und gereinigt wird. Der aus dem Bereich der Landwirtschaft stammende Sinnzusammenhang kann bekanntlich auf die eschatologische Vorstellung vom Gericht Gottes bezogen werden, in dem sich Vernichtungs- und Läuterungsprozesse vollziehen.[39] In eben diesem Sinne ist das aus der Spruchquelle stammende Logion zu verstehen, das sich an Q 3,16 unmittelbar anschließt. Johannes kündigt darin an, dass jener Stärkere, der künftig ‚mit Feuer taufen'/‚in Feuer eintauchen' werde, die Spreu (ἄλων) vom Weizen (σῖτος) trennen und das zurückbleibende Stroh (ἄχυρον) durch unauslöschliches Feuer verbrennen werde (Q 3,17).[40]

---

[39] Vgl. dazu exemplarisch *Michael Wolter*, „Gericht" und „Heil" bei Jesus von Nazareth und Johannes dem Täufer. Semantische und pragmatische Beobachtungen, in: *Jens Schröter / Ralph Brucker* (Hg.), Der historische Jesus. Tendenzen und Perspektiven der gegenwärtigen Forschung, BZNW 114, Berlin 2002, 355–392.
[40] Zur Rekonstruktion des Logions auf der Basis der Zwei-Quellen-Theorie vgl. Lk 3,17 par Mt 3,12. Zu Abfolge und Logik der einzelnen ins Bild gesetzten bäuerlichen Arbeitsgänge vgl. *Wolter*, Lukasevangelium, 165f.

Dieses Bildwort zeigt, dass ‚Taufen mit Feuer' und somit auch der dativus instrumentalis in einem übertragenen Sinn zu verstehen sind. Vergleichbares lässt sich zum dativus loci sagen: ‚Feuer' ist nicht sensu stricto der Ort, in den die Tätigkeit des βαπτίζειν eintaucht, sondern sensu translato der ‚Sachbereich', in den hinein das ‚Ein-/Untertauchen' führt.[41] ‚Taufen/Tauchen in Feuer' lässt sich somit von der Logienquelle her in übertragenem Sinn als ‚in den Bereich endgültigen, eschatologischen Verderbens führen' begreifen.

Zu fragen ist nun weiter, ob und inwiefern eine solche übertragene Redeweise auch für die Rede von der ‚Geisttaufe' gilt. Um diese Frage zu beantworten, muss – nicht zuletzt im Blick auf die Profilierung der johanneischen ‚Geisttaufe' – geklärt werden, in welcher Weise Markus die Wendung βαπτίζειν ἐν πνεύματι ἁγίῳ versteht und welche Vorstellung Lukas und Matthäus erzeugen, wenn sie Q und Markus kombinieren: Stellen sie Geist und Feuer als zwei unterschiedliche Mittel und Orte/Sachbereiche dar oder beziehen sie die zweigliedrige Formulierung βαπτίζειν ἐν πνεύματι ἁγίῳ καὶ πυρί auf einen einzigen Sachverhalt? Welches Verständnis von ‚Geisttaufe' vermittelt die Apostelgeschichte?

2.2 ‚Geisttaufe' im Markusevangelium

Die innerhalb des Markusevangeliums singuläre Erwähnung einer ‚Geisttaufe' durch Jesus (Mk 1,8b)[42] begegnet in der Figurenrede des Johannes,[43] der zuvor in

---

[41] Zur Differenzierung des Gebrauchs des lokativischen Dativ mit ἐν *sensu stricto, sensu lato* und *sensu translato* vgl. *Baumert*, Dativ, 64–80.
[42] Der Text von Mk 1,8 lautet:
Mk 1,8a   ἐγὼ ἐβάπτισα ὑμᾶς ὕδατι,
Mk 1,8b   αὐτὸς δὲ βαπτίσει ὑμᾶς ἐν πνεύματι ἁγίῳ.
[43] Diese Figurenrede ist, zählt man die Rede des Boten in Mk 1,2b–3 aus Gründen ihres Auftretens innerhalb des Mischzitats nicht mit, überhaupt die erste Figurenrede im Markusevangelium; vgl. *Gudrun*

Mk 1,4 als ‚untertauchend'/‚taufend' bzw. als ‚der Untertauchende'/‚der Täufer' (Ἰωάννης [ὁ] βαπτίζων) vorgestellt[44] und durch diese Tätigkeit, die zugleich Inhalt seiner Verkündigung ist (κηρύσσων βάπτισμα), charakterisiert worden war.[45] Dass Markus nach der Überschrift in Mk 1,1 (‚Anfang des Evangeliums Jesu Christi[, des Sohnes Gottes]') und dem als Gottesrede inszenierten Mischzitat aus Ex 23,20; Mal 3,1; Jes 40,3LXX in Mk 1,2b–3 sein Evangelium direkt mit Johannes dem Täufer beginnen lässt (Mk 1,4–8),[46] verdient im Hinblick auf die Frage nach der ‚Geisttaufe' Jesu und deren Relation zur ‚Wassertaufe' des Johannes Beachtung: Wenn Johannes durch den hermeneutischen Impuls, den das Mischzitat intendiert, als von Gott gesandter Bote präsentiert werden soll, in dessen Wirken eschatischer göttlicher Heilswille zur Umsetzung strebt, dann liegt der Beginn eben dieses Wirkens in jenem βαπτίζειν/ βάπτισμα, das am Wasser des durch die judäische Wüste fließenden Jordan verortet wird.[47] Johannes ist, wie Ernst

---

Guttenberger, Das Evangelium nach Markus, ZBK NT 2, Zürich 2017, 35.

[44] Je nachdem, ob die Wendung Ἰωάννης [ὁ] βαπτίζων textkritisch mit oder ohne Artikel gelesen wird, kann die Aussagefunktion des Partizips eher im Sinne der Handlung (ohne Artikel) oder im Sinne eines Namens/Titels (mit Artikel) gedeutet werden; vgl. *Guttenberger*, Markus, 33.

[45] Zum textkritischen Befund der beiden Partizipien βαπτίζων und κηρύσσων, der spiegelt, „dass der Satz für die Rezipierenden bereits in der Antike missverständlich war", vgl. *Gudrun Guttenberger*, Die Gottesvorstellung im Markusevangelium, BZNW 123, Berlin / New York 2004, 57f.

[46] Vgl. dazu *Christina Hoegen-Rohls,* The Beginnings of Mark and John: What Exactly Should Be Compared? Some Hermeneutical Questions and Observations, in: *Eve-Marie Becker / Helen K. Bond / Catrin H. Williams* (Hg.), John's Transformation of Mark, London / New York 2021, 101–119.

[47] Realienkundlich hält *Gustaf Dalman*, Orte und Wege Jesu, Gütersloh ⁴1924, 89, fest: „Der Jordan ist nicht die große Grundwasserader Palästinas, sondern vor allem der Abflußgraben für das vom Hermon und vom Ostjordanland herabkommende Wasser. […] Im Süden

Lohmeyer es formuliert hat, der „eschatologische Beginner des Taufens".[48] Verkündigung und Vollzug jenes Aktes, dessen Wesen und Funktion nicht nur durch einen artikellosen Genitiv[49] (βάπτισμα μετανοίας), sondern auch – verdeutlichend und interpretierend[50] – durch eine Präpositionalwendung (εἰς ἄφεσιν ἁμαρτιῶν) bestimmt, in Mk 11,30 dann abbreviativ als ‚Johannestaufe' tituliert und als vom Himmel ermächtigt ausgewiesen wird (ἐξ οὐρανοῦ), dienen der gottgewollten Umkehr des Menschen und der darin verbürgten Vergebung seiner Sünden. Dass diese von Gott autorisierte ‚Buß- und Sündenvergebungstaufe' ‚in der Wüste' geschieht (ἐγένετο ἐν τῇ ἐρήμῳ), macht nicht nur realienkundlich, sondern auch im spezifischen Kontext des Mischzitats Sinn: Die judäische Wüste am westlichen Unterlauf des Jordan wird zur Konkretion jener Wüste, in der nach Jes 40,3LXX die Stimme des verheißenen Rufers erschallt. Hier findet diese Stimme ihren eschatologischen Resonanzraum.

Liest man den Passus im synoptischen Vergleich,[51] so wird deutlich, dass Markus markanter als Matthäus und Lukas die beiden adversativen Hauptsätze der Figurenrede des Johannes direkt nebeneinanderstellt, ohne sie

---

veranlaßt die Höhe des Berglandes auf seiner Westseite einen solchen Mangel an Niederschlägen und die Wärme seines Klimas eine so starke Verdunstung, daß es als Wüste bezeichnet werden muß […]. Trotzdem darf man sich das Jordantal nicht als pflanzenlos vorstellen."

[48] *Ernst Lohmeyer*, Das Evangelium des Markus, KEK 2, Göttingen 1963, 18.

[49] Vgl. dazu *Lohmeyer*, Markus, 14.

[50] Die Präpositionalwendung εἰς ἄφεσιν ἁμαρτιῶν als ein Interpretament des artikellosen Genitivs μετανοίας zu verstehen (vgl. so außer Mk 1,4 auch Lk 24,47), legt sich im Vergleich mit Apg 5,31 nahe: Hier sind beide Aspekte nicht präpositional miteinander verschränkt, sondern durch ‚und' miteinander verbunden.

[51] Dieser ist (einschließlich Joh 1,26–27.33) in Spalten übersichtlich dargestellt bei *Joel Marcus*, Mark 1–8. A New Translation with Introduction and Commentary, AB 27, New York 1999, 153.

durch das Wort vom ‚Stärkeren'/‚Mächtigeren' zu unterbrechen (Mt 3,12; Lk 3,16). Bei Matthäus und Lukas folgt dieses Wort unmittelbar auf die Charakterisierung der Taufweise des Täufers, die durch ‚ich zwar' eingeleitet wird. Die Korrelation der Redefigur ‚zwar – aber' wird bei den beiden Seitenreferenten also nicht durch die Taufweise Jesu, sondern durch das Wort vom Kommen des ‚Stärkeren' hergestellt (Mt 3,11: ὁ δὲ ὀπίσω μου ἐρχόμενος ἰσχυρότερός μού ἐστιν; Lk 3,16: ἔρχεται δὲ ὁ ἰσχυρότερός μου). Die demgegenüber nachgestellte Taufweise Jesu erläutert das Tun des explizit ‚Stärkeren' und grenzt dieses vom Tun des implizit ‚Schwächeren' ab. Bei Markus hingegen steht das Wort vom Kommen des Stärkeren der Aussage über die beiden differenten Weisen des ‚Taufens'/‚Eintauchens' als eigene Aussage voran (Mk 1,7). Zwei Beobachtungen und Fragen lassen sich an diesen Befund anschließen: (a) Ein korrelierendes ‚zwar', das dem ‚aber' in Mk 1,8b korreliert, fehlt in Mk 1,8a. Ist der Gegensatz zwischen den beiden Taufweisen dadurch weniger scharf konturiert als bei den beiden Seitenreferenten? (b) Mittel und Ort/Sachbereich beider Taufweisen und die Zeiten, für die sie gelten, sind zwar zweifellos einander gegenübergestellt. Aber lässt sich nicht am Gebrauch der Tempora (Aorist/Futur) auch der Gedanke der Kontinuität ablesen? Wenn in Mk 1,8a der Aorist steht, verknüpft mit dem hervorgehobenen ‚Ich' (ἐγὼ ἐβάπτισα), so lässt sich erwägen, diesen ingressiv zu deuten – im Sinne von: „Ich bin es, der begonnen hat, einzutauchen in Wasser/zu taufen mit Wasser (um durch dieses mein Wirken göttlichen Willens umzusetzen)." Dementsprechend könnte Mk 1,8b den Sinn annehmen: „Er aber wird (meinen Beginn durch sein Wirken fortsetzend) in den heiligen Geist eintauchen/mit dem heiligen Geist taufen."

Wird der Gedanke der Kontinuität vorausgesetzt, muss weitergefragt werden, wann sich die mit dem Futur βαπτίσει anvisierte Zukunft ereignet. Zu beobachten ist, dass von einer ‚Geisttaufe' im Markusevangelium nirgends ausdrücklich erzählt wird.[52] Unter narratologischen Gesichtspunkten wurde daher von der Forschung erwogen, ob der Vorverweis auf eine ‚Geisttaufe' im Sinne einer „‚extradiegetische[n]' Ankündigung"[53] über die Erzählung hinausweise, ‚Geisttaufe' sich im Sinne des Markus also erst nachösterlich realisiere, jenseits des in Mk 1,1–16,8 Erzählten.[54] Gefragt wird auch, ob die narrative Auslassung der durch Johannes angekündigten ‚Geisttaufe' diesen etwa als „unglaubwürdige[n] Bote[n]" kennzeichnen solle.[55] Die Antworten[56] weisen

---

[52] Vgl. etwa *Wischmeyer*, Taufe, 747: „Das Markusevangelium kommt nirgends auf diese Prophezeiung einer Geisttaufe zurück."; *Udo Schnelle*, Theologie des Neuen Testaments, UTB 2917, Göttingen ³2016, 407, Anm. 137: „Es fällt auf, dass Markus kein Taufhandeln Jesu im Evangelium erzählt und damit die Ankündigung in 1,8 vordergründig nicht einlöst." Dass von einer Taufhandlung nicht erzählt wird, bedeutet für *Schnelle* jedoch nicht, dass Markus Jesus nicht als Taufenden verstanden habe.
[53] So *Hans-Josef Klauck*, Vorspiel im Himmel? Erzähltechnik und Theologie im Markusprolog, BThSt 32, Neukirchen-Vluyn 1997, 88.
[54] In diese Richtung geht (wenn auch nicht unter narratologischer, sondern ekklesiologischer und missionstheologischer Perspektive) die Vermutung von *Schnelle,* Theologie, 407, Anm. 137: „Wahrscheinlich versteht er (sc. Markus) die [gemeint ist wohl: nachösterliche Gemeinde-] Mission als anhaltende Folge des Taufhandelns Jesu, das so grundsätzlich als unabgeschlossen zu gelten hat." *Schnelle,* Theologie, 407f postuliert: „[D]er in Mk 1,8 angekündigten Geisttaufe verdankt sie (sc. die mk. Gemeinde) ihre Gründung und dem andauernden Wirken des Geistes ihre gegenwärtige Existenz."
[55] So *Christian Rose*, Theologie als Erzählung im Markusevangelium. Eine narratologisch-rezeptionsästhetische Untersuchung zu Mk 1,1–15, WUNT II/236, Tübingen 2007, 136.
[56] Vgl. *Klauck*, Vorspiel, 89 (unter Verweis auf *J. E. Yates*, The Spirit and the Kingdom, London 1963, 44f; *E. Manicordi*, Il cammino die Gesù nel Vangelo di Marco. Schema narrativo e tema christologica, AnBib 96, Rom 1981, 196f; *Robert H. Gundry*, Mark. A Commentary on His apology for the Cross, Grand Rapids MI 1993, 38f): „Es bietet sich eine andere Möglichkeit an, nämlich die Taufe mit Geist rein metaphorisch aufzufassen und durch das Wirken Jesu generell realisiert sein zu lassen. Im Prolog beginnt die ‚Geisttaufe'

indes in eine andere, christologische Richtung: ‚Geisttaufe' erfüllt sich in Jesu Wirken als Ganzem und meint nicht eine einzeln identifizierbare, der Wassertaufe des Johannes vergleichbare rituelle Handlung.

‚Eintauchen'/‚Taufen' gewinnt somit im Kontext des markinischen Evangelienanfangs die konnotative Bedeutung von ‚Wirken im Dienst des eschatischen Heilswillens Gottes'. Dem ‚eschatologischen Beginner' Johannes folgt der eschatologische ‚Fortsetzer' und Vollender Jesus. Beide sind „von dem gleichen eschatologischen Geschehen umfangen"[57], beide sind eschatologische Gestalten und beider Wirken wird als ein Hineinführen in die eschatische Wirklichkeit Gottes aufgefasst.[58] Bei Johannes konzentriert sich dieses Wirken auf den Wasserritus und dessen Erklärung als eines Geschehens der Umkehr des Menschen zu Gott; bei Jesus manifestiert es sich als ‚Geistritus', den sein gesamtes Wirken in Wort und Tat darstellt. Jesu Wirken ist ‚Geisttaufe' – oder anders gesagt: ‚Geisttaufe' im Sinne des Markusevangeliums ist Jesu irdische Verkündigung des Reiches Gottes, die programmatisch und in nuce mit Mk 1,14f beginnt, in den Gleichnissen facettenreich bebildert und in den Wundertaten proleptisch-exemplarisch umgesetzt wird.

---

bereits mit dem ersten Predigtsummarium in V. 15. Sie setzt sich fort in allen, was Jesus sagt und tut, nicht zuletzt in seinen Wundertaten." Daran anschließend *Rose*, Theologie, 136: „Bedenkenwert ist die These, daß die Geisttaufe generell durch das Wirken Jesu realisiert wird."

[57] *Lohmeyer*, Markus, 18, der allerdings betont, dass trotz dieses gemeinsamen Umfangenseins „Beide [sic] unendlich voneinander geschieden [seien]; denn jener ist göttlicher Herr, dieser prophetischer Mensch und darum nichtiger als ein Sklave, ‚hingebeugt' vor seiner heiligen Majestät."

[58] Insofern sollte nach meiner Einschätzung die markinische „Distanzierung von der Wassertaufe" und deren „mindere und nur vorläufige Bedeutung", wie sie *Wischmeyer*, Taufe, 748 hervorhebt, nicht überbewertet werden.

2.3 Geist- und Feuertaufe im Matthäusevangelium und im lukanischen Doppelwerk

In kombinierter Aufnahme der Rede von einer ‚Feuertaufe' in der Logienquelle (Q 3,16) und der Rede von einer ‚Geisttaufe' im Markusevangelium (Mk 1,8) lassen Matthäus und Lukas die Figurenrede des Johannes eine ‚Geist- und Feuertaufe' Jesu ankündigen, mit der dieser sich als der Stärkere/Mächtigere ausweist.[59] Die parallel notierten Belegstellen Lk 3,16a/Mt 3,11a und Lk 3,16b/ Mt 3,11b zeigen deutlich das oben besprochene, von Mk 1,8a.b abweichende ‚zwar-aber'-Gefälle der Argumentation, das die Wassertaufe des Johannes direkt dem Kommen des Stärkeren, nicht dessen Taufweise gegenüberstellt. Der Vergleich zwischen Mk 1,4.8a, Lk 3,16a und Mt 3,11a lässt erkennen, dass alle drei Referenten ein betontes Personalpronomen (‚ich') an den Satzanfang stellen, das finite Verb aber bei Matthäus und Lukas, anders als bei Markus, nicht im (ingressiven) Aorist, sondern im Präsens steht. Das die Adressaten des Ein- bzw. Untertauchens/‚Taufens' bezeichnende Akkusativobjekt ‚euch' schließt Lukas genau wie Markus direkt an das finite Verb an, während Matthäus es vor das Verb stellt. Den artikellosen Dativ ὕδατι bietet Lukas analog zu Markus ohne Präposition, allerdings anders als Markus vor dem Verb; Matthäus hingegen bietet den (ebenfalls artikellosen) Dativ mit Präposition (ἐν ὕδατι), nach dem Verb und mit der Ergänzung ‚zur Umkehr/Buße'.

---

[59] Der Text Lk 3,16/Mt 3,11 lautet:
Lk 3,16a ἐγὼ μὲν ὕδατι βαπτίζω ὑμᾶς·
Mt 3,11a Ἐγὼ μὲν ὑμᾶς βαπτίζω ἐν ὕδατι εἰς μετάνοιαν,
Lk 3,16b ἔρχεται δὲ ὁ ἰσχυρότερός μου, [sc. Lk 3,16c]
Mt 3,11b ὁ δὲ ὀπίσω μου ἐρχόμενος ἰσχυρότερός μού ἐστιν, [sc. 3,11c]
Lk 3,16d αὐτὸς ὑμᾶς βαπτίσει ἐν πνεύματι ἁγίῳ καὶ πυρί·
Mt 3,11d αὐτὸς ὑμᾶς βαπτίσει ἐν πνεύματι ἁγίῳ καὶ πυρί.

2.3.1 Geist- und Feuertaufe bei Matthäus

Zunächst ist der Blick auf die matthäische Version des Taufwortes zu richten. Die übertragende Redeweise, die sich in der Logienquelle mit der ‚Feuertaufe' verbindet, wird von Matthäus beibehalten.[60] Das ist zunächst daran erkennbar, dass im Umkreis des Taufwortes keine erzählte Handlung vollzogen wird, die schildert, dass ein Mensch in Feuer ‚eingetaucht'/verbrannt werde. Anders als das Wasser, das in der erzählten Welt aller vier Evangelien realiter im Jordan fließt und materialiter am Menschen beim Ein- bzw. Untertauchen/‚Taufen' zum Einsatz kommt,[61] bleibt ‚Feuer' ohne realen Bezug zum Ein- bzw. Untergetaucht-/‚Getauftwerden'.[62] Die übertragende Redeweise von ‚Feuer' wird im Matthäusevangelium insgesamt nicht auf der Ebene der erzählten Handlung, sondern auf der Ebene erzählter Rede und Reflexion angesiedelt. Das zeigt sich nicht nur in dem unmittelbar an das Taufwort Mt 3,11 angeschlossenen Gerichtswort (Mt 3,12/Q 3,17), sondern auch durchgängig in der eschatologischen Gerichtspredigt des matthäischen Jesus:[63] etwa in Mt 7,19 im Rahmen der Bergpredigt („Jeder Baum, der keine brauchbare Frucht bringt,

---

[60] Zum Verhältnis zwischen Mt und Q vgl. *Ulrich Luz*, Das Evangelium nach Matthäus, EKK I/3, Zürich 1997, 545–547.
[61] Auf das „fließende Wasser" als Besonderheit der Taufe des Johannes verweist ausdrücklich *Ferdinand Hahn*, Theologie des Neuen Testaments, Bd. I: Die Vielfalt des Neuen Testaments. Theologiegeschichte des Urchristentums, Tübingen ²2005, 48.
[62] ‚Feuer' im Zusammenhang mit ‚eintauchen in eine Flüssigkeit' kann nur schwer konzeptualisiert werden: Wird Feuer als liquide gedacht? Vgl. aber das in Joel 3,12, bei Paulus und eben auch in den Aussagen zur Geisttaufe der Evangelien erkennbare Konzept des ‚flüssigen' Gottesgeistes, der ‚ausgegossen' bzw. in den hinein die Täuflinge ‚eingetaucht' werden. Vgl. dazu auch *Marcus*, Mark, 152 („immersion in the Spirit, conceived as a liquidlike, supranatural substance").
[63] Zum Gerichtsverständnis des Matthäusevangeliums vgl. exemplarisch *Luz*, Matthäus EKK I/3, 544–551.

wird abgeschlagen und ins Feuer geworfen") und in Mt 13,40 im Rahmen der Gleichnisrede („Wie nun der Taumellolch gesammelt und im Feuer verbrannt wird, so wird es am Ende der Zeit sein"); oder in dem Gerichtsbild vom ‚Feuerofen' (Mt 13,42.50; vgl. 18,9) und in dem „Urteilsspruch"[64] aus dem Gleichnis vom universalen Weltgericht am Ende der eschatologischen Rede Mt 25, mit dem sich der wiedergekommene, Gericht haltende Menschensohn an die Verurteilten wendet (Mt 25,41: „Geht weg von mir, ihr Verfluchten, in das ewige Feuer, das bereitet ist dem Teufel und seinen Engeln"). Deutlich wird an diesen Belegen: Die Ankündigung einer ‚Feuertaufe' bezieht sich bei Matthäus nicht auf das irdische Kommen und Wirken Jesu, sondern auf dessen himmlisch-eschatologische Richterfunktion. Pointiert gesagt: Der matthäische Jesus „ist der kommende Feuerrichter."[65]

Entsprechend der oben dargelegten Auffassung, dass sich die ‚Geisttaufe' des markinischen Jesus in dessen Reich-Gottes-Verkündigung vollziehe, ist zu erwägen, eben die Gerichtspredigt des matthäischen Jesus als proleptischen Vollzug der ‚Feuertaufe' zu verstehen. Semantisch jedenfalls lässt sich auf dem skizzierten Hintergrund ‚Eintauchen in Feuer' bei Matthäus (unter der Annahme eines sensu translato gebrauchten lokativischen Dativ) als ‚in den Wirkungsbereich des gerichtlich handelnden Gottes hineinführen' begreifen. Die aus Q 3,16f übernommenen Logien wären somit dezidiert als Aussagen über eine göttliche ‚Gerichtstaufe' rezipiert worden.

Ist demgegenüber mit der ‚Geisttaufe' bei Matthäus eine ‚Heilstaufe' gemeint? Oder referiert der Doppelausdruck ‚eintauchen/taufen in/mit heiligen/m Geist und Feuer' auf einen einzigen Sachverhalt, so dass ‚Feuer' und

---

[64] *Matthias Konradt*, Das Evangelium nach Matthäus, NTD 1, Göttingen 2015, 392.
[65] *Luz*, Matthäus EKK I/3, 209.

‚Geist' gleichzusetzen wären[66] oder ‚Feuer' durch ‚Geist' eine semantische Verstärkung erführe? Wäre als Konnotation von ‚Geist' dann ‚Wind/Sturm' anzunehmen? Eine Gleichsetzung von Feuer und heiligem Geist bzw. von Feuer und Wind/Sturm, wie sie der lukanischen Auffassung von Pfingsten zu entnehmen ist (vgl. Apg 2,1–11), ist jedoch kein typischer Zug matthäischer Gerichts-Eschatologie (geschweige denn Pneumatologie[67]). Der Aspekt der ‚Geisttaufe' scheint daher gegenüber dem im Kontext des Gerichtsgedankens profilierten Motiv der ‚Feuertaufe' von untergeordneter Bedeutung zu sein. Genau wie für Mk 1,8b scheint auch für Mt 3,11d festgehalten werden zu können, dass es sich bei der Ankündigung einer ‚Geisttaufe' des ‚Stärkeren' um die singuläre Verheißungsaussage im Rahmen der Figurenrede des Johannes handelt, die auf der Ebene der Erzählerrede nicht umgesetzt wird.

Anders als im Markusevangelium findet sich jedoch am Ende des Matthäusevangeliums der prominente Taufbefehl in der Figurenrede des Auferstandenen (Mt 28,18–20). Gibt dieser herausragende „Kulminationspunkt des ganzen Evangeliums"[68], der mit seiner Rede von πνεῦμα einen großen Bogen zu den ersten πνεῦμα-Belegen in Mt 1,18–20 schlägt und somit einen ‚pneumatologischen Rahmen' um die matthäische Jesusgeschichte legt, einen

---

[66] Eine sehr knappe auslegungsgeschichtliche Skizze zu dieser Frage bietet *Luz*, Matthäus EKK I/3, 207.
[67] Eine matthäische Pneumatologie lässt sich, ähnlich wie es auch für Markus gilt, nur schwer eigens profilieren; vgl. exemplarisch *Hahn*, Theologie I, §29–30; *Schnelle*, Theologie, 406f.429. Die im vorliegenden Beitrag gesammelten konzeptionellen Beobachtungen zur matthäischen ‚Geisttaufe' stellen jedoch einen wichtigen pneumatologischen Baustein dar, der möglicherweise zu weiteren Überlegungen hinsichtlich einer Pneumatologie des Matthäusevangeliums Anstoß geben kann.
[68] *Konradt*, Matthäus, 459.

Anhaltspunkt dafür, wie Matthäus ‚Geisttaufe' versteht?[69]
Im Taufbefehl des Auferstandenen an seine Jünger ist zwar nicht davon die Rede, dass er selbst in heiligen Geist eintauchen/mit heiligem Geist taufen werde, sondern dass es die zu den Völkern gesandten Jünger sind, die ‚taufen auf den/im Namen des heiligen Geistes'.[70] Doch wird diesen qua ‚Befehl' – im Sinne eines vollmächtigen Sprechaktes – eben dazu die Bevollmächtigung erteilt. Der Auferstandene gibt seinen Jüngern somit Anteil an genau jener Vollmacht, die er in der dem

---

[69] Die folgenden Ausführungen wollen die so bündig und überzeugend, aber doch auch sehr knapp wirkende Einschätzung von *Konradt*, Matthäus, 50f, durch weitere Überlegungen ausdifferenzieren und ergänzen. Bei *Konradt* heißt es: „Man wird [...] zwei ‚Taufen' zu unterscheiden haben: zum einen die Taufe mit Geist (= die christliche Taufe; vgl. die triadische Tauformel in 28,19), zum anderen die Feuertaufe als Metapher für das Gericht."
[70] Mt 28,19b: βαπτίζοντες αὐτοὺς εἰς τὸ ὄνομα [...] τοῦ ἁγίου πνεύματος. Dabei bezieht sich die präpositionale Wendung ‚taufen auf den/im Namen' nicht isoliert auf den Geist, sondern auch auf den Vater (εἰς τὸ ὄνομα τοῦ πατρὸς) und den Sohn/Jesus (καὶ τοῦ υἱοῦ). Zur Diskussion der präpositionalen Tauformulierungen, die in religionsgeschichtlichem Interesse von Adolf Deissmann und vor allem Wilhelm Heitmüller mit Blick auf die Septuaginta und die Profangräzität angestoßen, von Paul Billerbeck und Hans Bietenhard unter Berücksichtigung des semitisch geprägten Griechisch in anderer Richtung fortgeführt, durch Gerhard Delling auf die innerneutestamentliche Semantik konzentriert und schließlich durch Lars Hartmann umfassend hinsichtlich der pagan-hellenistischen Verwendung einerseits, der hebräischen Bedeutungsbreite andererseits und der Verwendung im Neuen Testament gesichtet wurde, vgl. ausführlich *Jens Schröter*, Die Taufe in der Apostelgeschichte, in: *David Hellholm / Tor Vegge / Øyvind Norderval / Christer Hellholm* (Hg.), Ablution, Initiation, and Baptism: Late Antiquity, Early Judaism, and Early Christianity, BZNW 176/1, Berlin / Boston 2011, 557–586: 563–567; *Lars Hartmann*, Usages – some Notes on the Baptismal Name-Formulae, in: ibid., 397–413. Analog zu der im vorliegenden Beitrag erarbeiteten, *sensu translato* gebrauchten Verwendung der lokativischen Präposition ‚in' und des damit verbundenen Dativs lässt sich auch die Wendung ‚auf den/im Namen [...] taufen' konnotativ verstehen als ‚einfügen/einführen in den Wirkungsbereich von'.

Missions- und Taufbefehl vorangestellten Grundsatzerklärung artikuliert (Mt 28,18: ‚Mir ist gegeben alle Vollmacht im Himmel und auf Erden'). Die in Mt 3,11d angekündigte ‚Geisttaufe' erschließt sich somit von Mt 28,18–20 aus als ein vermitteltes Taufen, das sich durch die Jünger vollzieht, bevollmächtigt durch den Auferstandenen.

Wird nun die Frage wiederaufgenommen, ob in Mt 3,11 die in Verbindung mit der ‚Feuertaufe' erwähnte ‚Geisttaufe' als eine ‚Heilstaufe' gemeint sei, so lässt sich antworten: Der gemeinsame Sachbereich, in den hinein Feuer und Geist ‚eintauchen'/einführen, ist zweifellos das eschatische Gerichts- und Heilshandeln Gottes. Isoliert betrachtet, bleibt ‚Geisttaufe' der im Gerichtsgedanken verankerten ‚Feuertaufe' in Mt 3,11d untergeordnet und als eigenständiger Topos unterbelichtet. In den weiteren Rahmen der Geistaussagen von Mt 1,18–20; 3,16–17 und Mt 28,19 gestellt, gewinnt ‚Geisttaufe' bei Matthäus jedoch ihre Bedeutung auf christologischer und ekklesiologischer Ebene, wobei beide Dimensionen miteinander verschränkt sind. Christologisch: Jesus tauft mit Geist/fügt ein in den Wirkungsbereich des Geistes, indem er als der durch den Geist Gezeugte und durch den Geist als Sohn Gottes Bestätigte die ihm Nachfolgenden instruiert und in Stand setzt, mit Geist zu taufen. Ekklesiologisch: Durch seine Jünger wird der Auferstandene mit Geist taufen. Er selbst ist der kommende ‚Feuertäufer', die Jünger hingegen halten nicht Gericht; sie sind vielmehr die den Heilswillen des ‚Feuertäufers' umsetzenden ‚Geisttäufer'. Mit ihrem universal auf alle Völker ausgerichteten Wirken werden sie Menschen in den Wirkungsbereich des Geistes einführen, der zugleich der Wirkungsbereich des Vaters und des Sohnes ist, insofern der Sohn vom Geist des Vaters gezeugt ist (Mt 1,20) und bei seiner Taufe durch eben diesen Geist als Sohn bestätigt wird (Mt 1,16).

Im Anschluss an die von Kirsten Marie Hartvigsen angestellten Erwägungen zu der Frage, in welcher Weise der Taufbefehl auf die das Evangelium rezipierenden Getauften wirke,[71] kann der ekklesiologische Aspekt noch vertieft werden: Die (außertextlichen) getauften Rezipientinnen und Rezipienten des Taufbefehls lernen sich selbst als Geistgetaufte zu verstehen und fühlen sich aufgefordert und ermächtigt, ihrerseits ‚Geisttaufe' durchzuführen.

2.3.2 Geist- und Feuertaufe bei Lukas

Anders als Markus und Matthäus bietet Lukas in seinem Doppelwerk ausdrücklich die erzählte Umsetzung der Verheißung einer Geist- und Feuertaufe Jesu aus der Figurenrede des Johannes (Lk 3,16d), und zwar in fünf Schritten: zunächst in Lk 24,49, dann in Apg 1,4–5.8, weiter in Apg 2,2–4 und Apg 2,16–17.33 und schließlich in Apg 10,44f; 11,15–17.

---

[71] Vgl. dazu *Kirsten Marie Hartvigsen*, Matthew 28:9–20 and Mark 16:9–20. Different Ways of Relating Baptism to the Joint Mission of God, John the Baptist, Jesus, and their Adherents, in: *David Hellholm / Tor Vegge / Øyvind Norderval / Christer Hellholm* (Hg.), Ablution, Initiation, and Baptism: Late Antiquity, Early Judaism, and Early Christianity, BZNW 176/1, Berlin / Boston 2011, 655–715: 688f: „After they have been baptized, audience members will take part in the joint project of God, John the Baptist, Jesus, and their adherents, and through their baptism these audience members will be empowered by the Holy Spirit in order to continue their mission (Matthew 3:11; 3:16; 10:20)."

a) Lk 24,49:[72] ‚Geisttaufe' als Sendung der ‚Verheißung des Vaters' und als Bekleidetwerden mit Kraft aus der Höhe

In der formgeschichtlich als Erscheinungserzählung einzuordnenden Passage Lk 24,36–49, in der die Jünger über die plötzliche Erscheinung des leibhaftig Auferstandenen derart erschrecken, dass sie ihn – ein lukanisches Wortspiel?[73] – für ein πνεῦμα (einen Geist im Sinne von Gespenst) halten, kündigt der auferstandene lukanische Jesus mittels der beiden Wendungen ‚ich sende die Verheißung meines Vaters auf euch' (Lk 24,49b) und ‚ihr werdet bekleidet werden mit Kraft aus (der) Höhe/(dem) Himmel' (Lk 24,49d) auf metonymische[74] Weise an, dass er den Jüngern den Geist senden werde. Das Verb ‚senden' steht im Präsens (Lk 24,49b), gewinnt aber durch das vorausgehende, prophetisch geprägte Aufmerksamkeitssignal ‚siehe!' (Lk 24,49a) den Klang der Verheißung von Künftigem, was sich sachlich in dem Ausdruck ἐπαγγελία (Lk 24,49b) und in dem Futur ἐνδύσησθε spiegelt (Lk 24,29d).

Bewertet man die Verwendung der Verben ‚senden' und ‚bekleidet werden' aus mikrokontextuellen Gründen als semantisch kohärent und versteht man sie darüber hinaus aus makrokontextuellen/intratextuellen Gründen als semantisch kohärent zu dem hier fehlenden Stichwort βαπτίζειν, dann ergibt sich: Der in Lk 3,16d durch Jo-

---

[72] Der Text Lk 24,49 lautet:
49a καὶ [ἰδοὺ]
49b ἐγὼ ἀποστέλλω τὴν ἐπαγγελίαν τοῦ πατρός μου ἐφ' ὑμᾶς·
49c ὑμεῖς δὲ καθίσατε ἐν τῇ πόλει
49d ἕως οὗ ἐνδύσησθε ἐξ ὕψους δύναμιν.

[73] Lukas hätte auch φάντασμα verwenden können; so die textkritische Variante zu πνεῦμα im Textzeugen D zu Lk 24,37. Das Nomen φάντασμα erscheint im Neuen Testament allerdings insgesamt nur an zwei Stellen: in Mt 14,26; Mk 6,49 (im Kontext von Jesu Seewandel).

[74] Vgl. *Wolter*, Lukasevangelium, 794; *Schröter*, Taufe, 560.

hannes angekündigte Akteur einer ‚Geisttaufe' kündigt sich in Lk 24,49 nun selbst als Geisttäufer an. Hergestellt wird dadurch auf der Erzählebene die Identität von ‚er selbst' (Lk 3,16d) und ‚ich' (Lk 24,49b). Von einer ‚Feuertaufe' (Lk 3,16d) ist allerdings nicht die Rede.

b) Apg 1,4–5.8:[75] ‚Geisttaufe' als Empfang der Kraft des heiligen Geistes, die zur weltweiten Zeugenschaft ermächtigt

Die an den Prolog der Apostelgeschichte (Apg 1,1–3) sich anschließende erste Erzählszene zeigt den auferstandenen Jesus beim Mahl und im Gespräch mit seinen Jüngern (Apg 1,4–8). Jesu Weisung an die Jünger, Jerusalem nicht zu verlassen, ‚sondern die Verheißung des Vaters zu erwarten' (Apg 1,4a), greift auf Lk 24,49b.c zurück, was eigens durch den Relativsatz ausgewiesen wird, durch den die Erzählerrede in Figurenrede übergeht (Apg 1,4b).[76] Anders als in Lk 24,49 wird nun aber ἐπαγγελία τοῦ πατρός nicht metonymisch verwendet,[77] sondern inhaltlich gefüllt, indem Lk 3,16b.d und somit auch das in Lk 24,49 fehlende Stichwort βαπτίζειν auf-

---

[75] Der Text Apg 1,4–5.8 lautet:
4a [...] ἀλλὰ περιμένειν τὴν ἐπαγγελίαν τοῦ πατρὸς
4b ἣν ἠκούσατέ μου,
5a ὅτι Ἰωάννης μὲν ἐβάπτισεν ὕδατι,
5b ὑμεῖς δὲ ἐν πνεύματι βαπτισθήσεσθε ἁγίῳ
οὐ μετὰ πολλὰς ταύτας ἡμέρας.
[...]
8a ἀλλὰ λήμψεσθε δύναμιν
ἐπελθόντος τοῦ ἁγίου πνεύματος ἐφ' ὑμᾶς
8b καὶ ἔσεσθέ μου μάρτυρες ἔν τε Ἰερουσαλὴμ
καὶ [ἐν] πάσῃ τῇ Ἰουδαίᾳ
καὶ Σαμαρείᾳ
καὶ ἕως ἐσχάτου τῆς γῆς.
[76] Vgl. *Daniel Marguerat*, Die Apostelgeschichte, KEK 3, Göttingen 2022, 62.
[77] Anders *Schröter*, Taufe, 560.

gegriffen werden: Der Auferstandene berichtet, eingeleitet durch explikatives ὅτι (Apg 1,5a), von der ‚Wassertaufe' des Johannes und kündigt für die nahe Zukunft eine ‚Geisttaufe' an, deren handelndes Subjekt sich hinter einem Passivum divinum verbirgt (Apg 1,5b).
Wie in Lk 24,49b wird also auch in Apg 1,5b aus dem angekündigten Geisttäufer derjenige, der selbst die ‚Geisttaufe' verheißt. Auch hier wird allerdings, trotz des direkten Rückgriffs auf Lk 3,16d, keine ‚Feuertaufe' verheißen. Vielmehr wird, adressiert an die Jünger,[78] das Motiv der Geisttaufe noch verstärkt, indem genauer ausgeführt wird, wie diese sich vollzieht (Apg 1,8a: ‚ihr werdet eine/[die] Kraft des über euch kommenden heiligen Geistes empfangen'), was sie bewirkt (Apg 1,8b: ‚ihr werdet meine Zeugen sein ...') und auf welche Reichweite sie sich erstreckt (Apg 1,8b: ‚... in ganz Judäa, Samaria und bis an das Äußerste der Erde'). ‚Geisttaufe' wird auf diese Weise bei Lukas zum entscheidenden Begründungsmotiv einer ‚geographischen Eschatologie'[79].

---

[78] Adressat der Figurenrede des Johannes in Lk 3,16 ist hingegen das Volk.
[79] So der Ausdruck bei *Marguerat*, Apostelgeschichte, 65.

c) Apg 2,2–4:[80] ‚Geisttaufe' als audiovisuelle ‚Pneumaphanie'

Die in Lk 3,16d grundgelegte Verheißung einer Geisttaufe findet eine weitere, höchst anschauliche narrative Umsetzung in der Pfingsterzählung, in der, anders als in Lk 24,49 und Apg 1,4–8, nun auch, zumindest andeutungsweise, die angekündigte ‚Feuertaufe' ihre erzählerische Einlösung erfährt.
Die sprachliche Variationsbreite, die das lukanische Doppelwerk zur Artikulation des Gedankens einer ‚Geisttaufe' bereithält, wird dabei signifikant erweitert: Zu den Verben ‚eintauchen'/‚taufen'/‚getauft werden' (Lk 3,16b.d; Apg 1,5a.b), ‚senden' (Lk 24,49b) und ‚bekleidet werden' (Lk 24,49d) treten ‚erfüllt werden' (Apg 2,4a) und ‚(ein)geben' (Apg 2,4c) hinzu; die Kennzeichnung des Geschehens als eines ‚aus der Höhe' kommenden (Lk 24,49d) wird durch die Herkunftsangabe ‚aus dem Himmel' variiert und durch den Aspekt der Plötzlichkeit ergänzt (Apg 2,2a); das Geschehen selbst wird in zahlreichen Vergleichen akustisch (‚ein Geräusch wie von daherbrausendem heftigem Wind': Apg 2,2a) und optisch (‚sich teilende Zungen wie von Feuer': Apg 2,3a) umschrieben – ‚Geisttaufe' wird dadurch „als ein audiovisuelles Phänomen"[81] veran-

---

[80] Der Text Apg 2,2–4 lautet:
2a καὶ ἐγένετο ἄφνω ἐκ τοῦ οὐρανοῦ ἦχος
ὥσπερ φερομένης πνοῆς βιαίας
2b καὶ ἐπλήρωσεν ὅλον τὸν οἶκον
2c οὗ ἦσαν καθήμενοι
3a καὶ ὤφθησαν αὐτοῖς διαμεριζόμεναι γλῶσσαι
ὡσεὶ πυρὸς
3b καὶ ἐκάθισεν ἐφ' ἕνα ἕκαστον αὐτῶν,
4a καὶ ἐπλήσθησαν πάντες πνεύματος ἁγίου
4b καὶ ἤρξαντο λαλεῖν ἑτέραις γλώσσαις
4c καθὼς τὸ πνεῦμα ἐδίδου ἀποφθέγγεσθαι αὐτοῖς.
[81] Vgl. *Marguerat*, Apostelgeschichte, 95.

schaulicht, das seinerseits zu hörbarer Wirkung führt: Die vom heiligen Geist Erfüllten beginnen ‚in anderen Sprachen' zu sprechen, sie ‚klingen nach Geist' (Apg 2,4c). Deutlich wird dabei, dass ‚Geisttaufe' und ‚Feuertaufe' nicht auf zwei unterschiedliche Phänomene referieren, sondern ein einziges, in sich vielfältiges Ereignis bezeichnen, das als ‚Pneumaphanie' apostrophiert werden kann. ‚Feuer' dient als Vergleich für den visuell wahrnehmbaren Anteil dieser Geisterscheinung. Es rekurriert in Apg 2,2–4 zwar nicht explizit auf das endzeitliche Gerichtsgeschehen, das im Matthäusevangelium den zentralen Bezugsrahmen der ‚Feuertaufe' bildet. Doch wird dieser Bezug in der sich an Apg 2,1–13 anschließenden Erzählszene (Apg 2,14–47) durch das Zitat von Joel 3,1–5LXX, wenn auch kaum fokussiert, hergestellt.

d) Apg 2,16–17.33:[82] ‚Geisttaufe' als Realisierung der durch den Propheten Joel verheißenen Ausgießung des Geistes

Was es mit dem theatralisch in Apg 2,1–4 geschilderten Geschehen auf sich hat, erschließt Lukas durch die sog. Pfingstpredigt des Petrus in Apg 2,14–40, in der (modifiziert und verkürzt) Joel 3,1–5LXX zitiert wird:[83] Das aufgrund der intratextuellen Bezüge zu Lk 3,16; 24,49; Apg 1,1–8 als ‚Geisttaufe' zu verstehende Pfingstereignis ist das für die ‚letzten Tage' von Gott angekündigte ‚Ausgießen' des Geistes, zu dessen prophetisch

---

[82] Der Text von Apg 2,16–17.33 lautet:
16 ἀλλὰ τοῦτό ἐστιν τὸ εἰρημένον διὰ τοῦ προφήτου Ἰωήλ·
17a *καὶ ἔσται ἐν ταῖς ἐσχάταις ἡμέραις,*
17b λέγει ὁ θεός,
17c *ἐκχεῶ ἀπὸ τοῦ πνεύματός μου ἐπὶ πᾶσαν σάρκα,* [...].
33a τῇ δεξιᾷ οὖν τοῦ θεοῦ ὑψωθείς, τήν τε ἐπαγγελίαν τοῦ πνεύματος τοῦ ἁγίου λαβὼν παρὰ τοῦ πατρός, ἐξέχεεν τοῦτο
33b ὃ ὑμεῖς [καὶ] βλέπετε καὶ ἀκούετε.
[83] Vgl. dazu *Marguerat*, Apostelgeschichte, 111–114.

verheißenen Begleiterscheinungen neben ‚Blut' und ‚Rauchsäulen'/‚Rauchdampf' auch ‚Feuer' gehört (Joel 3,3; Apg 2,19). Jene ‚letzten Tage', in denen dies geschehen soll und nun tatsächlich geschieht, bereiten den ‚großen und herrlichen Tag des Herrn' vor, an dem ‚gerettet' wird, wer den Namen des Herrn anruft (Joel 3,5; Apg 2,21). Indem Lukas das Stichwort σωθήσεται aus der prophetischen Verheißung explizit aufgreift und es von hier aus in Verbindung mit weiteren Lexemen desselben Wortstamms[84] zu einem soteriologischen Leitmotiv des zweiten Teils seines Doppelwerkes ausbaut,[85] gewinnt ‚Geisttaufe' die Konnotation von ‚Rettungstaufe' bzw. ‚Heilstaufe'. Akteur dieser Heilstaufe ist, wie Apg 2,33 ausdrücklich festhält, der nach seiner Auferweckung durch Gott erhöhte Christus, der als Erhöhter von Gott den heiligen Geist empfangen und diesen sichtbar und hörbar ‚ausgegossen' hat. Das in Apg 1,5b hinter dem Passivum divinum ‚ihr werdet in heiligen Geist getaucht/durch heiligen getauft werden' stehende Agens wird auf diese Weise geklärt und vereindeutigt: Nicht etwa der Auferstandene vollzieht ‚Geisttaufe', während er den Jüngern vor seiner Himmelfahrt auf Erden begegnet; sondern der durch Gott Erhöhte ist es, der ‚Geisttaufe' vom Himmel aus an ihnen wirkt.

---

[84] Weitere Belege des Verbs finden sich in Apg 2,40.47; 4,9.12; 11,14; 14,9; 15,1.11; 16,30.31; 27,20.31. Weitere Lexeme desselben Wortstamms sind σωτήρ: Apg 5,31; 13,23; σωτηρία: Apg 4,12; 7,25; 13,26.47; 16,17; 27,34; σωτήριον: Apg 28,28.
[85] Vgl. dazu *Marguerat*, Apostelgeschichte, 114, sowie grundlegend *Torsten Jantsch*, Jesus der Retter. Die Soteriologie des lukanischen Doppelwerks, WUNT 381, Tübingen 2017.

e) Apg 10,44f;[86] 11,15–18:[87] ‚Geisttaufe' als Geistausgießung und Umkehr zum Leben – auch für Heiden

In der ausführlich erzählten Begegnung zwischen Petrus und dem Hauptmann Kornelius (Apg 10,1–11,18)[88] erfolgt die narrative Umsetzung der in Lk 3,16d angekündigten ‚Geisttaufe' in enger Rückbindung an die Pfingsterzählung und ihre Deutung durch die Pfingstpredigt des Petrus: Cäsarea wird zum Ort einer ‚pfingstlichen' Ausgießung des Geistes über die Heiden[89] (Apg 10,44–46) und Jerusalem wiederum zum Ort der Verkündigung und Deutung eben dieses Geschehens durch Petrus (Apg 11,15–17).

Dasselbe Verb, mit dem in Apg 2,7.12 das Entsetzen (ἐξίσταντο) darüber artikuliert wird, dass in Jerusalem

---

[86] Der Text von Apg 10,44f lautet:
44   Ἔτι λαλοῦντος τοῦ Πέτρου τὰ ῥήματα ταῦτα
     ἐπέπεσεν τὸ πνεῦμα τὸ ἅγιον
     ἐπὶ πάντας τοὺς ἀκούοντας τὸν λόγον.
45a καὶ ἐξέστησαν οἱ ἐκ περιτομῆς πιστοὶ
45b ὅσοι συνῆλθαν τῷ Πέτρῳ,
45c ὅτι καὶ ἐπὶ τὰ ἔθνη ἡ δωρεὰ τοῦ ἁγίου πνεύματος ἐκκέχυται.

[87] Der Text von Apg 11,15–18 lautet (gekürzt):
15a ἐν δὲ τῷ ἄρξασθαί με λαλεῖν
     ἐπέπεσεν τὸ πνεῦμα τὸ ἅγιον ἐπ᾽ αὐτοὺς
15b ὥσπερ καὶ ἐφ᾽ ἡμᾶς ἐν ἀρχῇ.
16a ἐμνήσθην δὲ τοῦ ῥήματος τοῦ κυρίου
16b ὡς ἔλεγεν·
16c Ἰωάννης μὲν ἐβάπτισεν ὕδατι,
16d ὑμεῖς δὲ βαπτισθήσεσθε ἐν πνεύματι ἁγίῳ.
17a εἰ οὖν τὴν ἴσην δωρεὰν ἔδωκεν αὐτοῖς ὁ θεὸς
     ὡς καὶ ἡμῖν πιστεύσασιν ἐπὶ τὸν κύριον Ἰησοῦν Χριστόν,
17b ἐγὼ τίς ἤμην δυνατὸς κωλῦσαι τὸν θεόν;
18b ἄρα καὶ τοῖς ἔθνεσιν ὁ θεὸς τὴν μετάνοιαν εἰς ζωὴν ἔδωκεν.

[88] Zum filmreifen Aufbau der Erzählung vgl. *Marguerat*, Apostelgeschichte, 401–402.

[89] *Marguerat*, Apostelgeschichte, 434, spricht im Anschluss an *Jacques Dupont*, Études sur les Actes des Apôtres, LeDiv 45, Paris 1967, ausdrücklich „von einem ‚Pfingsten der Heiden'".

plötzlich jede und jeder der ‚aus allen Völkern unter dem Himmel' zusammengesetzten Menge die vom Geist erfüllten Apostel in der eigenen Sprache sprechen hört, findet in der Erzählerrede jetzt Verwendung für das Entsetzen (Apg 10,45a: ἐξέστησαν) der zum Glauben an Christus gekommenen Juden darüber, dass in Cäsarea ‚auch über die Völker/Heiden die Gabe des heiligen Geistes ausgegossen worden ist'; das Verb ‚ausgießen' wird dabei aus der Pfingstpredigt des Petrus aufgenommen (Apg 2,17).
Ausdrücklich stellt sodann die Figurenrede des Petrus den Bezug zum pfingstlichen Geschehen in Jerusalem her, indem das ‚Fallen des Geistes auf sie [sc. die Menschen im Haus des Kornelius]' (Apg 11,15) verglichen wird mit der als ‚Anfang' bezeichneten Pneumaphanie an Pfingsten (Apg 11,15b: ‚wie am Anfang auf uns').[90]
Was in Jerusalem unter den Aposteln seinen Ausgangspunkt nahm, findet in Cäsarea unter den Heiden seine Fortsetzung: die eschatische, Heil heraufführende universale Geistausgießung.[91]
Die Figurenrede des Petrus in Apg 11,16 nimmt schließlich die Unterscheidung zwischen ‚Wassertaufe' und ‚Geisttaufe' auf, die in Lk 3,16 Johannes, in Apg 1,5 dem Auferstandenen in den Mund gelegt worden war. Petrus erinnert sich an die Worte des Auferstandenen und zitiert diese – in geringfügig umgestellter Wortfolge und ohne die Zeitangabe ‚nach nicht vielen Tagen', aber unter Beibehaltung des Passivum divinum ‚ihr werdet getauft werden' (Apg 11,16d). Daran wird zweierlei deutlich: Auch das pfingstliche Geschehen in Cäsarea,

---

[90] Mit dem Verb ‚fallen auf' wird dabei das Vokabular, das Lukas für die sprachliche Umschreibung des Gedankens einer ‚Geisttaufe' verwendet, erneut erweitert.
[91] Vgl. *Marguerat*, Apostelgeschichte, 440: „Die theologische Argumentation des Petrus hat ihr Ziel erreicht: Durch die Parallelisierung der Ausgießung zu Beginn und der Ausgießung in Cäsarea werden Juden und Nichtjuden einander gleichgestellt."

zeitlich wesentlich weiter entfernt als das Jerusalemer Pfingsten, gehört zu dem, was der Auferstandene seinen Jüngern vor seiner Himmelfahrt mit der Aussage ‚ihr werdet in heiligen Geist eingetaucht/mit heiligem Geist getauft werden' verheißen hat. Und: Lukas misst dem Passivum divinum, das er in Apg 2,33 auf den Erhöhten bezog, noch einmal eigens Bedeutung bei und bezieht es nun auf Gott selbst (Apg 11,17a). Das aber heißt: Gott und der Erhöhte wirken nach lukanischer Auffassung die Geistausgießung im Sinne einer eschatologisch-ekklesiologischen ‚Geisttaufe'.

3. ‚Geisttaufe' im Johannesevangelium

Auf dem Hintergrund der terminologisch-semantischen Erwägungen zur Verwendung des Verbs βαπτίζειν/ βαπτίζεσθαι in Verknüpfung mit der Präposition ἐν und/oder in Verbindung mit dem Dativ πνεύματι ἁγίῳ sowie unter Rücksicht auf die theologischen Implikationen, die mit der Rede von einer ‚Geisttaufe' in den synoptischen Evangelien und in der Apostelgeschichte einhergehen, kann die Frage „Was meint ‚Geisttaufe' im Johannesevangelium?" nun präziser gestellt werden: Welche Verbformen und Tempora werden in Joh 1,31.33 verwendet, um ‚Wassertaufe' und ‚Geisttaufe' voneinander abzugrenzen bzw. Johannes als ‚Wassertäufer', Jesus als ‚Geisttäufer' zu konturieren? Lässt sich erkennen, ob und in welcher Weise die Aspekte Materialität, Medialität und Lokalität für die Aussage über eine ‚Geisttaufe' in Joh 1,33 relevant sind? Welches theologische Profil von ‚Geisttaufe' wird im Johannesevangelium auf dem Hintergrund der komparatistischen Beobachtungen zu den Synoptikern und zum lukanischen Doppelwerk erkennbar?

3.1 Das philologisch-semantische Profil von ‚Geisttaufe' in Joh 1,33

Im Vergleich mit den Synoptikern fällt auf, dass das vierte Evangelium die Rede von der ‚Geisttaufe' in Joh 1,33 nicht in eine finite futurische Verbform fasst.[92] Während die Figurenrede des markinischen, lukanischen und matthäischen Wassertäufers Johannes das finite Verb βαπτίσει (Futur) bietet, um von Jesu ‚Geisttaufe' zu sprechen (Mk 1,8b; Lk 3,16d; Mt 3,11d), wird dem johanneischen Wassertäufer das substantivierte Partizip ὁ βαπτίζων (Präsens) in den Mund gelegt (Joh 1,33d). Wie lässt sich dieser Vergleichsbefund semantisch auswerten?

Eine Antwort ergibt sich aus der Beachtung des Kontextes, in den die johanneische Rede von der ‚Geisttaufe' eingebettet ist. Es ist dies die Erzählung vom ‚Taufzeugnis' des Johannes (Joh 1,29–34), die markant von der synoptischen Erzählung der Taufe Jesu abweicht, insofern sie Johannes nicht als den Täufer Jesu, sondern als dessen Zeugen zeichnet.[93] Damit schließt sie kohärent an das schon im Evangelienprolog (Joh 1,1–18) und in der ersten dialogischen Erzählszene (Joh 1,19–28) grundlegend mit der Figur des Johannes verknüpfte Motiv des Zeugnisablegens an. Im Prolog war Johannes als der Zeuge des im Logos erscheinenden Lichts vorgestellt worden (Joh 1,7f), dem auch das Zeugnis für die Präexistenz des Logos obliegt (Joh 1,15); in der ersten dialogischen Erzählszene war dann dieses Zeugnis dadurch konturiert worden, dass Johannes, befragt von Jerusalemer Priestern und Leviten, wer er sei, von sich sagt, er

---

[92] Der Text Joh 1,33 lautet:
33a κἀγὼ οὐκ ᾔδειν αὐτόν,
33b ἀλλ' ὁ πέμψας με βαπτίζειν ἐν ὕδατι ἐκεῖνός μοι εἶπεν·
33c ἐφ' ὃν ἂν ἴδῃς τὸ πνεῦμα καταβαῖνον καὶ μένον ἐπ' αὐτόν,
33d οὗτός ἐστιν ὁ βαπτίζων ἐν πνεύματι ἁγίῳ.

[93] Vgl. dazu im vorliegenden Band den Beitrag von *Carsten Claußen*, Johannes der Zeuge im Johannesevangelium für die Leserschaft des Markusevangeliums.

sei weder der Christus noch der Elia redivivus oder der Mose redivivus,[94] sondern die Stimme eines Rufenden in der Wüste (Joh 1,23), der mit Wasser taufe (Joh 1,26). Findet sich in dieser ersten Erzählszene keine direkte Gegenüberstellung von ‚Wassertaufe' und ‚Geisttaufe', so holt dies die Erzählung vom ‚Taufzeugnis' des Johannes nach (Joh 1,29–34): Johannes begründet seinen ihm von Gott erteilten Auftrag, mit Wasser zu taufen, damit, den Präexistenten gegenüber Israel offenbar zu machen (Joh 1,31.33). Eben diese an das Wasser des Jordan gebundene Tauftätigkeit bildet den Rahmen, innerhalb dessen Johannes das ihm von Gott gegebene Erkennungszeichen – dass der, auf den er den Geist herabkommen und auf dem er den Geist bleiben sehe, der sei, der mit heiligem Geist taufe – verifizieren kann (Joh 1,33).[95] Gerade in der präsentischen Verifikation, nicht in der futurischen Verheißung liegt somit die Pointe der Figurenrede des johanneischen Johannes. Das fehlende finite Verb im Futur (βαπτίσει) ist dem Zeugnisablegen des Johannes und seiner Kontur als Zeuge geschuldet. Der Zeuge verheißt nicht, sondern er bezeugt Verheißenes und verleiht dem Bezeugten Gültigkeit durch die zeitunabhängige Sprachform des Partizips (ὁ βαπτίζων). Der mit heiligem Geist Taufende/in heiligen Geist Tauchende ist genau der, der der Wassertäufer Johannes selbst nicht ist: der Christus, der wiederkommende Elias, der wiederkommende Mose (Joh 1,20f); jener Kommende, der vor ihm war, weshalb er, Johannes, nicht würdig ist, ihm die Schuhriemen zu lösen (Joh 1,27); das Lamm Gottes, das die Sünde der Welt wegträgt (Joh 1,29); der Sohn Gottes (Joh 1,34).

Wird die Erzählung Joh 1,29–34 dergestalt auf das christologische Zeugnis des Johannes zugespitzt, so tritt in ihr nach meiner Einschätzung die Frage nach der Relevanz

---

[94] Vgl. dazu *Jean Zumstein*, Das Johannesevangelium, KEK 2, Göttingen 2016, 94.
[95] Vgl. dazu *Rudolf Bultmann*, Das Evangelium des Johannes, KEK 2, Göttingen ²¹1986, 62f; *Zumstein*, Johannesevangelium, 101.

der Materie Wasser in den Hintergrund. Auch wenn vom vierten Evangelium fraglos vorausgesetzt wird, dass Johannes am Wasser des Jordan tauft und die lokale Angabe „in Änon, nahe bei Salim" (Joh 3,23) dabei eine geographische Lokalisierung vornimmt, die sich in den synoptischen Evangelien nicht findet,[96] legt sich, anders als für die Logienquelle und für die Synoptiker, die Frage, ob Wasser als Mittel (dativus instrumentalis) oder als Ort (dativus loci) des Eintauchens zu denken sei, für die johanneische Figur des Johannes nicht nahe. Das Motiv des Eintauchens/Taufens und die damit zusammenhängenden Aspekte der Materialität, Medialität und Lokalität treten vielmehr völlig hinter seiner Charakterisierung als Christuszeugen zurück.

Gilt die Einschätzung, dass die Frage nach dem Mittel (dativus instrumentalis) oder Ort (dativus loci) der ‚Materie' keine eigene Bedeutung hat, auch für das Eintauchen in/Taufen mit heiligem Geist, das der Bezeugte vollzieht? Aus der isolierten Betrachtung von Joh 1,33d lässt sich auf diese Frage zwar keine eindeutige Antwort geben. Die ausgeprägte Pneumatologie des Johannesevangeliums gibt jedoch Anlass, anzunehmen, dass mit dem rekurrenten Signalwort πνεῦμα, das in den beiden Versen Joh 1,32f dreimal auftritt, eine Sinnkonstitution intendiert ist, zu der auch die Wendung ὁ βαπτίζων ἐν πνεύματι ἁγίῳ signifikant beiträgt.[97] Auf dem Hintergrund des an den Synoptikern und dem lukanischen Doppelwerk Erarbeiteten, dass ‚Geisttaufe' sowohl hinsichtlich des dativus instrumentalis als auch hinsichtlich des dativus loci in übertragenem Sinn zu verstehen ist, muss die an die philologisch-semantischen Fragen sich anschließende theologische Frage daher lauten: Welche Dimension des Handelns des johanneischen Jesus/Logos kann aus guten Gründen als ‚Eintauchen/Einführen in den Sachbereich des Geistes' gekennzeichnet werden?

---

[96] Zur Diskussion um diese Angabe vgl. *Bultmann*, Johannes, 124; *Zumstein*, Johannesevangelium, 155f.
[97] Anders *Bultmann*, Johannes, 63, Anm. 6.

Und was ist unter diesem ‚Sachbereich des Geistes' zu verstehen? Diese Fragen sollen im Zusammenhang mit der Frage nach dem methodischen Zugang zur johanneischen ‚Geisttaufe' ventiliert werden.

3.2 Ein komparatistisch reflektierter Zugang zum theologischen Verständnis von ‚Geisttaufe' im vierten Evangelium

Die Erschließung der Themenfrage des vorliegenden Beitrags – Was meint ‚Geisttaufe' im Johannesevangelium? – muss sich vor dem Hintergrund der angestellten komparatistischen Erwägungen zu den Synoptikern und zur Apostelgeschichte darüber im Klaren sein, dass die explizite Rede von ‚Geisttaufe' im Johannesevangelium (Joh 1,33) so singulär ist wie im Markus- und im Matthäusevangelium. Wenn die Markusforschung angesichts der Singularität der Aussage Mk 1,8b vorschlägt, „die Taufe mit Geist rein metaphorisch aufzufassen und durch das Wirken Jesu generell realisiert sein zu lassen"[98] und der vorliegende Beitrag in Aufnahme dieses Gedankens formuliert, ‚Geisttaufe' im Sinne des Markusevangeliums sei Jesu irdische Verkündigung des Reiches Gottes und deren proleptisch-exemplarische Umsetzung in Jesu Wundertaten, so muss auch angesichts der nur einmal explizit erwähnten ‚Geisttaufe' im Johannesevangelium erwogen werden, methodisch so vorzugehen, dass aus der Nicht-Erwähnung weiterer expliziter Aussagen geschlossen wird, ‚Geisttaufe' auf Jesu Wirken insgesamt zu beziehen.

Wenn der vorliegende Beitrag bei dem Versuch der inhaltlichen Bestimmung von ‚Geisttaufe' im Matthäusevangelium nach weiteren Geistaussagen fragt, die in Beziehung zu der einzigen expliziten Rede von ‚Geisttaufe' in Mt 3,11d stehen könnten, und dabei den Missions- und Taufbefehl des Auferstandenen in Mt 28,18–20 als Bezugsaussage identifiziert, so muss auch bei der

---

[98] *Klauck*, Vorspiel, 89 (vgl. im vorliegenden Aufsatz Anm. 56).

Erarbeitung der johanneischen ‚Geisttaufe' darüber nachgedacht werden, ob und wenn ja welche Geistaussagen des vierten Evangeliums die Rede von der ‚Geisttaufe' erläutern könnten. Wenn der vorliegende Beitrag herausarbeiten konnte, dass das lukanische Doppelwerk die Verheißung einer ‚Geisttaufe' (Lk 3,16d) in mehreren Schritten narrativ entfaltet und dabei das Vokabelspektrum für die Rede von ‚Geisttaufe' durch die Syntagmen ‚Verheißung des Vaters', ‚Kraft aus (der) Höhe/(dem) Himmel', ‚Kraft des über euch kommenden heiligen Geistes' und durch die Verben ‚senden', ‚bekleidet werden', ‚empfangen', ‚erfüllt werden', ‚(ein)geben' und ‚fallen auf' erweitert, dann ist auch das Johannesevangelium daraufhin zu prüfen, welcher über die Verbalphrase ‚Eintauchen in/Taufen mit heiligem Geist' hinausgehende Wortschatz das Konzept ‚Geisttaufe' sprachlich zum Ausdruck bringt.

3.2.1 Die ‚Geisttaufe' des johanneischen Jesus als Exegese des unsichtbaren Gottes

Die Nicht-Erwähnung weiterer expliziter Aussagen zur ‚Geisttaufe' Jesu dergestalt auszuwerten, dass das Wirken des johanneischen Jesus als Ganzes ‚Geisttaufe' sei, führt zu der Frage: Wie ist dieses Wirken im Vergleich zum markinischen Jesus und dessen Reich-Gottes-Kerygma in Wort und Tat zu kennzeichnen?
Orientiert an der offenbarungstheologischen Spitze des Prologs lautet die Antwort: Das Wirken des johanneischen Jesus ist die ‚Exegese' des unsichtbaren Gottes (Joh 1,18).[99] Diese Exegese vollzieht sich in allem, was der Logos als fleischgewordenes Wort Gottes, als ‚Wort-Paraklet erster Ordnung', spricht, und in allem, wovon der von Gott und dem postexistenten Logos gesandte Geist-Paraklet als ‚Wort-Paraklet zweiter Ordnung' kün-

---

[99] Vgl. dazu auch *Zumstein*, Johannesevangelium, 87.

det.[100] Denn Gott selbst hat dem Logos als seinem Sohn und Gesandten gesagt, was zu sagen ist (Joh 12,49), und verewigt das durch den Sohn Gesagte im erinnernden Wirken des Geistes (Joh 14,26).
Methodisch bezogen auf Jesu Wirken als Ganzes gewinnt ‚Geisttaufe' im Johannesevangelium die grundlegende Konnotation ‚Gottesauslegung'. Diese Konnotation ist inhaltlich zu nuancieren durch all jene Aussagen, die das vierte Evangelium über Gott macht: ‚Geisttaufe' ist Auslegung Gottes als des Vaters, der den Sohn schon vor Grundlegung der Welt geliebt hat (Joh 17,24); der die Welt liebt und eben deshalb den Sohn in die Welt gesandt hat, damit diese nicht verlorengehe, sondern gerettet werde (Joh 3,16f);[101] der gemeinsam mit dem Sohn den Geist-Parakleten sendet, auf dass auch nach vollendeter Sendung des Sohnes dieser – und mit ihm er selbst – in den Glaubenden und in der Welt liebend präsent bleibe (vgl. etwa Joh 14,23; 17,26). Sprachlich und gedanklich verdichtet bringt das Johannesevangelium Gott in der Wendung ‚Gott ist Geist' zur Geltung, dem eine Anbetung ‚in Geist und Wahrheit' gebührt (Joh 4,24). Daran zeigt sich: ‚Geisttaufe' ist Gottesauslegung in dem Sinne, dass Gott durch seine beiden ‚Wort-Parakleten' als jener erschlossen wird, der durch seinen Geist in der Welt präsent ist und zu dem durch eben diesen Geist Menschen in adäquate Beziehung treten können.[102]

---

[100] Vgl. dazu *Christina Hoegen-Rohls*, Ein Gott, der sich mitteilt. Das Ethos des Logos im Johannesevangelium, in: *Jörg Frey / Nadine Ueberschaer* (Hg.), Johannes lesen und verstehen. Im Gespräch mit Jean Zumstein, BThSt 186, Göttingen 2021, 21–54.
[101] Vgl. dazu *Christina Hoegen-Rohls,* Das theologische Gewicht der Rede von σωτηρία und σώζειν im Johannesevangelium, in: *David S. du Toit / Christine Gerber / Christiane Zimmermann* (Hg.), Soteria: Salvation in Early Christianity and Antiquity. Festschrift in Honour of Cilliers Breytenbach on the Occasion of his 65th Birthday, StNT 175, Leiden / Boston 2019, 246–272.
[102] Den relationalen Charakter der Aussage ‚Gott ist Geist' hebt auch *Zumstein*, Johannesevangelium, 184 hervor.

Zurückgebunden an die Frage nach der philologisch-semantischen Bestimmung von ‚Geisttaufe' lässt sich nun sagen: Es ist Gott als Geist, der sensu translatu den ‚Sachbereich' des Eintauchens/Taufens darstellt. Mit βαπτίζειν ἐν πνεύματι ἁγίῳ ist jenes Handeln des johanneischen Jesus zu assoziieren, das ihn als Logos ausweist: sein Gott offenbarendes, auslegendes Sprechen.

3.2.2 ‚Geisttaufe' als Gabe des Geistes durch den Auferstandenen, als Sendung des Geist-Parakleten durch den Erhöhten und als Gezeugtwerden aus Geist

Weitere Facetten des johanneischen Verständnisses von ‚Geisttaufe' treten hervor, wenn – anschließend an das methodische Vorgehen, das im vorliegenden Beitrag zur Erschließung der matthäischen ‚Geisttaufe' genutzt wurde – nach Geistaussagen gesucht wird, die in Relation zu Joh 1,33 stehen. Mit Joh 4,24 wurde unter 3.2.1 bereits ein für das johanneische Verständnis von ‚Geisttaufe' herausragender Beleg benannt. Aber auch die erwähnte Sendung des Parakleten, von Vater und erhöhtem Sohn bzw. postexistentem Logos gemeinsam verantwortet, ist – wie das Gott offenbarende Sprechen des inkarnierten Logos – als ein Handeln zu verstehen, das im Sinne des Johannesevangeliums zur Erläuterung von ‚Geisttaufe' dient. Den Geist-Parakleten zu senden, bedeutet insofern das ‚Einführen in den Sachbereich des Geistes/in den Sachbereich Gottes als Geist', als diese Sendung auf die Verherrlichung des Sohnes zielt, in der sich zugleich die Verherrlichung Gottes des Vaters vollzieht (Joh 16,14; 13,31; 17,1). Auch der deklarative Sprechakt ‚Empfangt heiligen Geist!' (Joh 20,22), den der Auferstandene in der Begegnung mit den Jüngern als einen Akt der Neuschöpfung vollzieht, um ihnen die Vollmacht über die sonst Gott allein vorbehaltene Sündenvergebung zu verleihen, kann als ein ‚Einführen in den Sachbereich des Geistes/in den Sachbereich Gottes als Geist' verstanden werden, insofern die Jünger damit in den Bereich des elenchtisch wirkenden, das heißt Sünde aufdeckenden Geist-Parakleten integriert werden (Joh 16,8–11). Als Erläuterung von ‚Geisttaufe' und somit als ‚Einführen in den Sachbereich des Geistes/in den Sachbereich Gottes als Geist' lässt sich schließlich das Gezeugtwerden aus Geist interpretieren (Joh 3,5–8).[103] Denn dieses ist zugleich ein Gezeugtwerden ‚von oben' (Joh 3,3), das heißt: aus Gott (vgl. Joh 1,13), das die Glaubenden zu Kindern Gottes macht und ihnen an Gott als Geist Anteil gibt.[104] Mit dem Gedanken der „Partizipation am Göttlichen"[105] aber ist die soteriologische Pointe des βαπτίζειν ἐν πνεύματι ἁγίῳ im Sinne des Johannesevangeliums formuliert: Der johanneische Jesus vollzieht ‚Geisttaufe', indem er durch sein Gott offenbarendes, Menschen zum Glauben und zur Gotteskindschaft führendes Handeln in der Welt Heil schafft.

3.2.3 Der johanneische Wortschatz für die Rede von ‚Geisttaufe'

Auch wenn das Johannesevangelium nicht in gleicher Weise wie das lukanische Doppelwerk die Verheißung einer ‚Geisttaufe' narrativ entfaltet, so gibt der komparatistisch geschärfte Blick doch zu erkennen, dass auch die johanneische Sprache – zieht man methodisch die Geistaussagen aus Joh 3, Joh 4 und den Abschiedsreden zur semantischen und konzeptionellen Erschließung der Partizipialaussage ὁ βαπτίζων ἐν πνεύματι ἁγίῳ heran – das Vokabular für die Rede von ‚Geisttaufe' signifikant erweitert. Wie in der lukanischen Sprache sind die auf

---

[103] In der Tat erscheint mir aus der Perspektive des vorliegenden Beitrags Joh 3,3–8 deutlicher auf das Konzept der ‚Geisttaufe' als auf das Konzept der rituellen christlichen Wassertaufe anzuspielen. Dass ‚Wasser' mit ‚Geist' gemeinsam das ‚Gezeugtwerden' bedingt, kann meines Erachtens von Joh 4 aus plausibilisiert werden: Hier wird Jesus implizit – wenn auch ohne explizites entsprechendes Ich-bin-Wort – als ‚lebendiges Wasser' vorgestellt.
[104] Vgl. dazu *Zimmermann*, Gottes rekreatorisches Handeln.
[105] *Zimmermann*, Gottes rekreatorisches Handeln, 183.

den Geist bezogenen Verben ‚senden', ‚geben' und ‚empfangen' in johanneischer Diktion zu verzeichnen; der lukanischen ‚Kraft aus (der) Höhe/(dem) Himmel', mit der die Glaubenden ‚bekleidet werden', korreliert das johanneische ‚Gezeugtwerden von oben', wobei lukanische Gewandmetaphorik und johanneische Zeugungsmetaphorik je eigene Akzente setzen. Der ‚Kraft des über euch kommenden heiligen Geistes' bei Lukas korrespondiert der in den Abschiedsreden verheißene ‚kommende Geist-Paraklet' (Joh 16,7f). Einzigartig aber bleibt die in der Worttheologie gründende spezifisch johanneische Semantik, in der ‚Geisttaufe' das Gott offenbarende Sprechen des Logos konnotiert.

4. Fazit

Das johanneische Konzept der ‚Geisttaufe' zeichnet sich durch einen mehrperspektivischen theologischen Gehalt aus. ‚Geisttaufe' ist zunächst ein Motiv ‚hoher Pneumatologie', innerhalb derer der Geist als Merkmal Gottes fungiert. Zugleich wird durch dieses Motiv die johanneische Theologie als solche pneumatologisch akzentuiert: Einzuführen in die Wirklichkeit Gottes meint im johanneischen Denken, den Wirkungsbereich des Geistes zu beschreiben. Insofern es kein anderer als der inkarnierte und der durch den Geist-Parakleten auf ewig vertretene postexistente Logos ist, der das Agens eines solchen Einführens in die Wirklichkeit Gottes darstellt (Joh 1,18), bildet ‚Geisttaufe' grundsätzlich auch ein Motiv der pneumatologisch grundierten johanneischen Christologie.[106] Eingedenk der Zielperspektive jenes Handelns, das in Übereinstimmung mit den Synoptikern und dem lukanischen Doppelwerk durch die Kernformulierung βαπτίζειν ἐν πνεύματι ἁγίῳ zum Ausdruck ge-

---

[106] Vgl. dazu *Christina Hoegen-Rohls*, Der nachösterliche Johannes. Die Abschiedsreden als hermeneutischer Schlüssel zum vierten Evangelium, WUNT II/84, Tübingen 1996.

bracht wird, erschließt sich die Gotteskindschaft und Teilhabe am Göttlichen vermittelnde ‚Geisttaufe' schließlich als Motiv einer pneumatologisch pointierten Soteriologie und Eschatologie:[107] Gott, der aus Liebe zu der durch den göttlichen Logos erschaffenen Welt seinen diesen Logos verkörpernden Sohn sendet, damit die Menschen zum Glauben an Vater und Sohn und zur Erkenntnis von Vater und Sohn gelangen, da solcher Glaube und solches Erkennen den Inbegriff des Heils: nämlich ‚ewiges Leben' bedeuten[108] – eben dieser Gott lässt sich im Wirken des Geistes erfahren, der in und bei und mit den Glaubenden ist in Ewigkeit (Joh 14,16f).

---

[107] Zur johanneischen Soteriologie vgl. *Christina Hoegen-Rohls,* Das theologische Gewicht der Rede von σωτηρία und σώζειν im Johannesevangelium, in: *David S. du Toit / Christine Gerber / Christiane Zimmermann* (Hg.), Soteria: Salvation in Early Christianity and Antiquity. Festschrift in Honour of Cilliers Breytenbach on the Occasion of his 65th Birthday, StNT 175, Leiden / Boston 2019, 246–272; *Jan G. van der Watt,* Salvation in John?, in: *du Toit / Gerber / Zimmermann* (Hg.), Soteria, 227–245. Zur Eschatologie des vierten Evangeliums vgl. grundlegend *Jörg Frey,* Die johanneische Eschatologie, Bd. 1: Ihre Probleme im Spiegel der Forschung seit Reimarus, WUNT 96, Tübingen 1997; Bd. 2: Das johanneische Zeitverständnis, WUNT 110, Tübingen 1998; Bd. 3: Die eschatologische Verkündigung in den johanneischen Texten, WUNT 117, Tübingen 2000; *ders.,* Eschatology in the Johannine Circle, in: *Gilbert van Belle / Jan G. van der Watt / Petrus Maritz* (Hg.), Theology in the Fourth Gospel: Essays by the Members of the SNTS Johannine Writings Seminar, BETL 184, Leuven 2005, 47–82; *Jan G. van der Watt,* Eschatology in John – A Continuous Process of Realizing Events, in: *ders.* (Hg.), Eschatology of the New Testament and Some Related Documents, WUNT II/315, Tübingen 2011, 109–140.

[108] Vgl. dazu *Christina Hoegen-Rohls,* Ewigkeit und Leben. Der biblische Vorstellungskreis III: Johannes, in: *Stephan Schaede / Petra Bahr* (Hg.), Das Leben. Historisch-systematische Studien zur Geschichte eines Begriffs, Bd. 1, Tübingen 2009, 129–152; *dies.,* Gottes rekreatorisches Handeln bei Paulus und Johannes II: ‚neue Schöpfung' und ‚ewiges Leben', in: *Veronika Burz-Tropper* (Hg.), Studien zum Gottesbild im Johannesevangelium, WUNT II/483, Tübingen 2019, 187–225: 214–224.

Anni Hentschel

„Ihr seid schon rein!" (Joh 13,10)
Die Fußwaschung Jesu – keine Frage der Reinheit?

1. Reinigung, Sündenvergebung oder Taufe in Joh 13,1–20

Wenn man nach Reinigung, Sündenvergebung oder Taufe im Johannesevangelium fragt, steht die Fußwaschungserzählung (Joh 13,1–20) im Zentrum der Aufmerksamkeit.[1] Sie steht an der Stelle, an der Jesus in den Synoptikern im Rahmen seines letzten Mahles mit den Jüngern Brot und Wein mit Blick auf seinen Tod deutet und die sogenannten Einsetzungsworte spricht (Mt 26,26–29; Mk 14,22–25; Lk 22,15–20). Joh 13,1–20 rückt jedoch nicht das Mahl in den Fokus, sondern erzählt detailliert von einer Waschung. In der Forschung wurde dies häufig zum Anlass genommen, einen Bezug zur Taufe herzustellen.[2] In Joh 13,10 wird nicht mehr nur

---

[1] Vgl. zur Forschungsgeschichte *Georg Richter*, Die Fußwaschung im Johannesevangelium. Geschichte ihrer Deutung, BU 1, Regensburg 1967 sowie die forschungsgeschichtlichen Abschnitte in den Kommentaren und den einschlägigen Monographien *John Chr. Thomas*, The Footwashing in John 13 and the Johannine Community, JSNT.S 61, Sheffield 1991; *Christoph Niemand*, Die Fußwaschungserzählung des Johannesevangeliums. Untersuchungen zu ihrer Entstehung und Überlieferung im Urchristentum, STAns 114, Rom 1993; *Bincy Mathew*, The Johannine Footwashing as the Sign of Perfect Love. An Exegetical Study of John 13:1–20, WUNT II 464, Tübingen 2018.
[2] Die Fußwaschung wird oft als Symbol für die Taufe verstanden, z.B. von *Hans von Campenhausen*, Zur Auslegung von Joh 13,6–10,

vom Waschen (νίπτω), sondern sogar vom Baden (λούω) gesprochen, sodass auch hier das „Bad der Taufe" assoziiert werden kann. Zugleich spricht Jesus den Seinen die völlige Reinheit zu. Es ist eines der großen Rätsel der Johannesexegese, wie Fußwaschung, Vollbad und Reinheit zusammenhängen. Die Handschriften zur Stelle bieten zwei verschiedene jeweils sehr gut bezeugte Lesarten mit unterschiedlichen Zuordnungen. Je nachdem, welche Textfassung als ursprünglich angenommen wird, ergeben sich zahlreiche Interpretationsmöglichkeiten im Hinblick auf Reinigung und Sündenvergebung sowie mögliche Bezüge zur Taufe. Wirklich überzeugend sind diese Deutungen jedoch nicht, weshalb die Frage diskutiert werden muss, ob die Fußwaschung Jesu im Johannesevangelium überhaupt der Reinigung dient.

Der „Gebadete" (ὁ λελουμένος), der sich nur noch die Füße waschen muss (Joh 13,10), – wenn man textkritisch den Langtext zugrunde legt – wird häufig als der „Getaufte" angesehen. Bei dieser Interpretation erhält man zwar in Joh 13,10 einen Bezug auf die Taufe, der sich jedoch gerade nicht auf die Fußwaschung bezieht, sondern auf ein vorausgehendes Ereignis. In diesem Fall kann die Fußwaschung als eine ergänzende Reinigung, etwa als ein zusätzliches Bußritual interpretiert werden, das die postbaptismalen Sünden tilgt.[3] Damit bietet der Langtext die Möglichkeit, die Fußwaschung neben Taufe und Abendmahl als eine dritte sakramentale Handlung im Johannesevangelium zu deuten.[4] Erklärungsbedürftig

---

ZNW 13 (1934), 259–271, 260; weitere Vertreter bei *Richter*, Fußwaschung, 256f; als „eine Art ‚kleine Taufe'", einen Initiationsritus für Gläubige, die bereits mit der Johannestaufe getauft worden waren, versteht Niemand die Fußwaschung; vgl. *Niemand*, Fußwaschungserzählung, 385.

[3] So z.B. *Albrecht Oepke*, Art. λούω κτλ, ThWNT IV, 297–309, hier: 307f; *Thomas*, Footwashing, 19–25; vgl. auch *Richter*, Fußwaschung, 252f; zur Wortverwendung von νίπτω vgl. *Friedrich Hauck*, Art. νίπτω, ἄνιπτος, ThWNT IV, 945–947.

[4] Eine sakramentale Deutung ist seit dem Mittelalter verstärkt belegt, in der evangelischen Exegese oft als Sinnbild für die Taufe, in der katholischen Exegese überwiegend im Sinne eines Bußsakraments,

bleibt jedoch, warum die in 13,4–8 in ihrer Heilsbedeutung so exponiert dargestellte Fußwaschung jetzt nur noch als zweitrangige Reinigungshandlung nach einem Vollbad erscheint. Ganz abgesehen davon widerspricht die Forderung einer zusätzlichen Fußwaschung auch der umfänglichen Reinheit, die in 13,10 als Konsequenz eines Vollbades explizit festgehalten wird und die Jesus den Seinen im Anschluss zusagt. So überrascht es nicht, dass trotz der breiten handschriftlichen Bezeugung der Langtext in der Exegese umstritten bleibt.

Eine kleine Zahl an Handschriften, zu denen immerhin der Sinaiticus gehört, überliefert die Antwort Jesu in einer kürzeren Fassung: „Der Gebadete hat nicht nötig, sich zu waschen, sondern ist ganz rein." Bei dieser inhaltlich zunächst widerspruchsfreien und kohärent erscheinenden Lesart wird jedoch nur noch von einem Bad und nicht mehr von einer Fußwaschung gesprochen. Die entscheidende Frage nach dem Bezug zur vorangehenden Handlung Jesu bleibt damit der Interpretation durch die Leserinnen und Leser überlassen.

Beide Lesarten lassen Fragen offen. Pier F. Beatrice kommt zu dem Ergebnis, dass beide Lesarten als „lectiones absurdae" anzusehen sind, und entscheidet sich textkritisch für die singuläre Lesart der mittelalterlichen Minuskel 579, die als Antwort auf die Bitte des Petrus nach einer Kopf-, Hand- und Fußwaschung schlicht und einfach festhält: „Der Gebadete hat keinen (weiteren) Bedarf, sondern er ist ganz rein."[5] Allerdings kann diese kürzeste Lesart aufgrund der schwachen Bezeugung nicht mit den anderen beiden konkurrieren. Welche dieser beiden als lectio facilior oder als lectio difficilior gelten kann, ist zwar schwer zu beantworten, aber aus-

---

z.T. jedoch auch als Sinnbild für das Abendmahl oder als sonstige sakramentale Handlung, vgl. *Richter*, Fußwaschung, 253–258.

[5] *Pier F. Beatrice*, John 13,1–10 and Romans 13,1–7 in Irenaeus of Lyon. Two Test Cases for New Testament Textual Criticism, in: *Christian-Bernard Amphoux / J. Keith Elliott*, The New Testament Text in Early Christianity, Lausanne 2003, 369–386, hier: 375.

schlaggebend für das Verständnis der Fußwaschungserzählung mit Blick auf deren Reinigungswirkung.
Um zu untersuchen, ob die Fußwaschungserzählung in Joh 13,1–20 auf die Taufe zielt und inwiefern es um Reinigung geht, ist folglich zunächst das textkritische Problem in Joh 13,10 zu klären. Die Berücksichtigung verschiedener Anlässe und Bedeutungszuschreibungen für Fußwaschungen in der Antike helfen, die Sinnhaftigkeit der verschiedenen Lesarten neu zu beurteilen. In einem zweiten Schritt werden wichtige Interpretationsmodelle von Joh 13,10 im Anschluss an den Lang- und Kurztext skizziert und die zentralen Argumente für die jeweilige Deutung dargestellt. Eine Auswertung der Ergebnisse zur Textkritik und den Interpretationsmodellen wird zeigen, dass die Fußwaschung Jesu in Joh 13 zwar eine Waschung darstellt, die jedoch im vorliegenden Fall nicht der Reinigung dient. Im Kontext von vertrauten Beziehungen kann eine Fußwaschung in der Antike Ausdruck von Liebe oder Verehrung sein. Dies gilt für Kinder und Eltern, für Paare und auch für Schüler und Lehrer. Indem Jesus den Seinen die Füße wäscht, lässt er sie teilhaben an der Liebe Gottes, die er im Namen Gottes vermittelt, und er nimmt sie zugleich hinein in die Rolle von Gesandten, die nach Jesu Abschied selbst die Liebe Gottes in der Welt repräsentieren.

2. Das textkritische Problem in Joh 13,10 und seine Bedeutung für die Interpretation der Fußwaschungserzählung

Eine Interpretation der Fußwaschungserzählung im Johannesevangelium ist stets verbunden mit der Analyse des textkritischen Problems in Joh 13,10 und einer Entscheidung für eine der überlieferten Varianten.
Die Langfassung, welche auch im kritischen Text des Nestle-Aland 28 steht, besagt, dass ein Gebadeter keinen Bedarf mehr hat, sich zu waschen, abgesehen von den Füßen (ὁ λελουμένος οὐκ ἔχει χρείαν εἰ μὴ τοὺς πόδας

νίψασθαι).⁶ Diesen Text bietet zwar die Mehrzahl der Handschriften, allerdings nicht in einer einheitlichen Lesart, sondern zum Teil mit weiteren kleineren Abweichungen.⁷
Die Kurzfassung lässt die Einschränkung „außer die Füße" (εἰ μὴ τοὺς πόδας) weg und wird bezeugt vom Sinaiticus, von der Itala, der Stuttgarter Vulgata-Fassung, vom Kommentartext des Origenes und in Zitaten der ältesten lateinischen Kirchenväter wie Tertullian, Optatus von Mileve, Ambrosius, Hieronymus und Augustin.⁸
Es gibt außerdem noch eine lectio brevissima, die nur besagt: „Der Gebadete bedarf nichts (ὁ λελουμένος οὐ χρείαν ἔχει)", bezeugt in der Minuskel 579 aus dem 13. Jh., die von Marie-Émile Boismard und Pier Beatrice als ursprünglich angesehen wird.⁹
Die äußere Bezeugung ergibt kein eindeutiges Bild, sondern lässt sowohl die kurze als auch die lange Lesart möglich erscheinen, während die dritte Lesart aufgrund ihrer singulären und späten Bezeugung kaum Anspruch auf Ursprünglichkeit erheben kann.
Für die Beurteilung der Qualität einer Lesart nach den Regeln der inneren Textkritik ist entscheidend, wie leicht oder schwierig eine Lesart zu verstehen ist und ob sie sich mehr oder weniger gut in ihren Kontext einfügt.

---

⁶ Zur Textkritik vgl. ausführlich *Rudolf Bultmann*, Das Evangelium des Johannes, KEK, Göttingen ²¹1986, 357f., Anm.; *Marie-Émile Boismard / Arnaud Lamouille*, L'Evangile de Jean, Paris 1977, 330; *Niemand*, Fußwaschungserzählung, 196–198.252–256; Mathew, Footwashing, 41–68.
⁷ Die Lesart εἰ μὴ τοὺς πόδας νίψασθαι bieten B C* (K) L W Ψ f^{13} 892 it vg^{cl} sy^h; Or^{txt}. Mit weiteren Abweichungen wird diese Lesart auch bezeugt von 𝔓⁶⁶ Θ sy$^{s.p}$ (ει μη τους ποδας μονον νιψασθαι) und von 𝔓⁷⁵ A C³ Γ Δ f^1 700. 1241. 1424. ℓ 844 𝔐 (η τους ποδας νιψασθαι; (+ μονον 1424). Eine längere, noch ausführlichere Lesart bietet auch D mit: την κεφαλην νιψασθαι ει μη τους ποδας μονον.
⁸ Nestle Aland 28 gibt ℵ aur c vgst; Or^{com} als Zeugen für die Lesart νίψασθαι an.
⁹ *Marie-Émile, Boismard*, Le Lavement des Pieds, RB 71 (1964), 5–24, hier: 10–13; *Beatrice*, John 13,1–10, 375f.

In der Exegese wird in Joh 13,10 oft eine besondere Verständnisschwierigkeit darin gesehen, dass die umfassende Reinigungswirkung eines Vollbades, die in 13,10b sogar explizit als „ganz rein" festgehalten wird, mit Blick auf ein Fußbad eingeschränkt sein soll.[10] Dies führt häufig dazu, dass die Langfassung als lectio difficilior betrachtet wird. Wenn man antike Reinigungsgewohnheiten berücksichtigt, die sich sowohl mit Blick auf die alltägliche Körperhygiene als auch bezüglich ritueller Waschungen beobachten lassen, zeigt sich jedoch, dass die Bevorzugung der Kurzfassung oft auf der Grundlage heutiger Hygienevorstellungen der Exegetinnen und Exegeten geschieht. Nicht nur die Hände, sondern auch die Füße und der Kopf mussten zur Zeit Jesu als unbedeckte Körperteile häufiger gewaschen werden als der ganze Körper, von daher war es nicht ungewöhnlich, dass man diese Körperteile auch unabhängig von einem Vollbad bzw. teilweise sogar unmittelbar danach wieder reinigen wollte oder musste.[11] Auch bei rituellen Reinigungen sind Waschungen des ganzen Körpers verbunden mit besonderen Teilwaschungen von Kopf, Händen und Füßen überliefert.[12] Wie weit welche Waschungen im Kontext von Mahlzeiten und Gastmählern praktiziert und von wem sie durchgeführt wurden, lässt sich den literarischen Quellen oft nicht eindeutig entnehmen, da alltägliche Gewohnheiten als Selbstverständlichkeiten vorausgesetzt wurden und deshalb als solche eher selten Aufnahme in die Literatur gefunden haben. Exempla-

---

[10] Vgl. so z.B. *Bultmann*, Evangelium, 357, Anm.; *Beatrice*, Problèmes, 374; *Otfried Hofius*, Die Erzählung von der Fußwaschung Jesu. Joh 13,1–11 als narratives Christuszeugnis, ZThK 106 (2009), 156–176, hier: 168.
[11] Vgl. *Rolf Hurschmann*, Körperpflege und Hygiene, DNP 6 (1999), 627–629; *Bernhard Kötting*, Fußwaschung, RAC VIII, 743–777, v.a.: 743.750.753f; *Inge Nielsen*, Bäder, DNP 2 (1997), 397–400; *dies.*, Thermen, DNP 12 (2002), 414–427. S. auch *Giorgio Giurisato*, John 13:10: An Archaeological Solution of a Textcritical Problem, Liber Annuus 58 (2008), 73–80.
[12] Vgl. *Kötting*, Fußwaschung, 748f; 752.754f.

risch kann hier auf die ausführlichen Beschreibungen der Gelehrtengastmähler von Athenaios verwiesen werden, der nur einmal beiläufig erwähnt, dass das schmutzige Wasser vom Waschen der Hände und Füße als ἀπόνιπτρον bezeichnet wird.[13] Sowohl das Waschen der Füße als auch das Waschen der Hände wird zur Vorbereitung auf eine Mahlzeit erwähnt. Einzelne Belege zeigen, dass es im Rahmen von Gastmählern durchaus vorstellbar war, dass den Gästen auch nach einem vorausgehenden (Voll-)Bad unmittelbar vor dem Mahl erneut Wasser zum Waschen bzw. Übergießen der Hände gereicht wurde (vgl. z.B. Hom. Od. 4,48–54).[14] Wiederholt wird die Fußwaschung zwar im Kontext der Gastfreundschaft genannt, doch sie ist offensichtlich nicht zwingend erforderlich und eine gastfreundliche Aufnahme zu einer Mahlzeit kann auch nur das Waschen bzw. Übergießen der Hände beinhalten (vgl. etwa Hom. Od. 1,144–147; 7,133–177).[15] Auch in Lk 7,36–50 hat der Gastgeber Jesus offensichtlich kein Wasser zum

---

[13] Vgl. Athenaios Deipn. 9.408f; vgl. *Athenaios*, Das Gelehrtenmahl, eingeleitet und übers. von *Claus Friedrich*. Kommentiert von *Thomas Nothers*, Bibliothek der griechischen Literatur 47–54, Stuttgart 1998–2001.
[14] Athenaios zitiert und beschreibt unterschiedliche Situationen, in denen vor und nach dem Mahl Hände gewaschen werden; vgl. Athenaios Deipn. 11,76–80. Ein vergleichbarer Ablauf findet sich auch in Homer Od. 8,416–468; vgl. Homer, Odyssee. Griechisch-deutsch, hg. u. übersetzt von *Anton Weiher*, Sammlung Tusculum, Düsseldorf [12]2003. Bei der Aufnahme des als Bettler verkleideten Odysseus in sein eigenes Haus werden weder ein Bad noch eine Waschung erwähnt (Hom. Od. 17,328–359), allerdings kann man aus der fehlenden expliziten Erwähnung nicht sicher schließen, dass der ungebetene Gast nicht doch eine Möglichkeit bekam, sich Füße und/oder Hände zu waschen. Ein Vollbad hat ein Gast nicht immer im Haus des Gastgebers erhalten, z.T. fand es auch im Badhaus statt bzw. die Gäste haben gebadet, bevor sie ihrer Einladung gefolgt sind; vgl. *Nielsen*, Bäder, 397–400.
[15] Vgl. *Kötting*, Fußwaschung, 754; *Otto Hiltbrunner*, Gastfreundschaft, RAC VIII, 1061–1123, hier: 1082. Vgl. auch den Vorwurf der Pharisäer, dass die Jünger Jesu mit ungewaschenen Händen essen würden (Mk 7,3; Mt 15,2; Lk 11,38).

Waschen der Füße bereitgestellt. Dies wird jedoch erst als Problem thematisiert, nachdem der Hausherr Jesus kritisiert, dass er sich von einer Frau die Füße waschen, abtrocknen, salben und liebkosen lässt.

Wenn man die Vielfalt an Anlässen und Gepflogenheiten für Voll- und Teilwaschungen in der Antike wahrnimmt, sind folgende Feststellungen zum Thema Reinigung und Reinheit für die Interpretation von Joh 13,10 relevant:

1. Mit Blick auf die Körperpflege in der Antike ist es nicht ungewöhnlich, dass unmittelbar nach einem Vollbad noch eine Teilwaschung der Hände oder auch der Füße durchgeführt wird.[16]

2. Es gehört offensichtlich zum guten Ton, dass die Teilnehmer einer Mahlzeit gewaschen zum Essen erscheinen. Zum Teil wird in Texten erwähnt, dass unmittelbar vor dem Mahl auch eine Möglichkeit zum Baden angeboten wird, sei es in einem Badhaus oder auch im Haus des Gastgebers bzw. der Gastgeberin.

3. Beim Betreten des Hauses bzw. vor dem Beginn des Mahls konnte den Gästen eine Möglichkeit zum Füßewaschen angeboten werden. Dieses Angebot ist aber offensichtlich nicht bei jeder Mahlsituation oder gastfreundlichen Aufnahme zwingend erforderlich. Möglicherweise ergibt sich der Bedarf zur Fußwaschung aus der konkreten Situation, je nachdem, ob bereits ein Vollbad oder Waschmöglichkeiten nach dem Betreten des Hauses vorausgegangen sind und ob man zu Tische liegt oder sitzt.

4. Sowohl Überlieferungen aus dem griechischen, dem hellenistisch-römischen als auch aus dem jüdischen bzw. neutestamentlichen Kontext legen nahe, dass vor der Mahlzeit vor allem die Hände eigens gewaschen wurden. Angesichts dieser Beobachtungen kann für das Verständnis von Joh 13,1–20 davon ausgegangen werden, dass Jesus und die Seinen sich im Vorfeld des gemeinsamen Essens ausreichend gereinigt haben, möglicher-

---

[16] Vgl. auch die Auswertung der archäologischen Befunde bei *Giurisato*, John 13:10, 74–78.

weise in Form eines Vollbades. Da Jesus und die Jünger offensichtlich zu Tische liegen, ist des Weiteren anzunehmen, dass auch ihre Füße gereinigt sind, als die Mahlzeit beginnt. Dass Jesus während der Mahlzeit aufsteht und den Jüngern die Füße wäscht, ist mit Blick auf eine Waschung zu Reinigungszwecken folglich ungewöhnlich, als Vorbereitung auf das Mahl sogar unsinnig. Sowohl aufgrund der im Johannesevangelium beschriebenen Situation als auch vor dem Hintergrund von Waschungen im Kontext von Gastfreundschaft und vor Mahlzeiten handelt es sich folglich in Joh 13 nicht einfach um eine Fußwaschung, die zur Begrüßung bei der Aufnahme in ein Haus stattfindet oder als Reinigung auf das gemeinsame Mahl vorbereitet. Inwieweit die Aspekte der Reinigung oder auch der gastfreundlichen Aufnahme im übertragenen Sinn eine Rolle spielen, muss davon unabhängig am Text geprüft werden, sie legen sich aber aufgrund der beschriebenen Situation textpragmatisch nicht selbstverständlich nahe.

Ausgehend von diesem Befund ist nun zu prüfen, ob sich eine der Lesarten in Joh 13,10 als lectio difficilior erweist. Der Kurztext in Joh 13,10, der festhält, dass ein Gebadeter ganz rein sei, ist unmittelbar als eine sinnvolle Lesart zu erkennen. Für den Langtext wird die Plausibilität der Aussage häufig angezweifelt, was zur Beurteilung des Langtextes als lectio difficilior führt.[17] Berücksichtigt man jedoch antike Reinigungsgewohnheiten mit Blick auf die klimatischen Bedingungen und Bekleidungsgewohnheiten im Mittelmeerraum und fragt nach der möglichen Verbindung von Vollbad und sich anschließenden Teilwaschungen, ergibt sich ein differenziertes Bild. Wenn beim Langtext in Joh 13,10 die Reinheit eines Gebadeten grundlegend festgehalten und zugleich durch eine Teilwaschung der Füße ergänzt wird, ist dies für die zeitgenössischen Leserinnen und Leser eine durchaus plausible und aufgrund ihrer Alltagserfahrung nachvollziehbare Einschränkung. Die er-

---

[17] So z.B. *Hofius*, Erzählung, 167; *Mathew*, Footwashing, 46–48.68.

gänzend zum Vollbad noch erforderliche Fußwaschung muss die behauptete völlige Reinheit nicht unbedingt in Frage stellen. Deshalb ergibt auch die längere Textfassung in Joh 13,10 – hier noch ohne Berücksichtigung des Kontextes – eine sinnvolle Lesart. Fragt man nach der Plausibilität der beiden Lesarten in Joh 13,10 lässt sich folglich weder der Kurztext noch der Langtext als lectio difficilior charakterisieren, lediglich die Unterscheidung von lectio brevior und lectio longior kann hier festgehalten werden.

Problematisch wird die im Langtext enthaltene Einschränkung jedoch, wenn man die Bitte des Petrus in Joh 13,9 als Ausgangspunkt für die Aussage Jesu in 13,10 berücksichtigt: Petrus fordert von Jesus zusätzlich zur Fußwaschung auch die Waschung von Händen und Füßen. Es geht Petrus folglich genau um die Körperteile, die unabhängig von einem Vollbad regelmäßig gereinigt werden mussten.[18] Textpragmatisch ist die Leseerwartung berechtigt, dass die Fußwaschung, deren singuläre Bedeutung in 13,7f erläutert wurde, nicht durch eine Waschung von Händen und Kopf ergänzt werden muss. Genau dies kann die Aussage des Langtextes in 13,10 jedoch nicht überzeugend leisten: Einerseits ist es für die zeitgenössischen Leserinnen und Leser nicht nachvollziehbar, weder aufgrund der Alltagserfahrung noch aufgrund der vorliegenden Mahlsituation, warum ein Gebadeter zwar Füße waschen muss, um ganz rein zu sein, nicht jedoch auch die Hände. Antike Texte belegen, dass im Anschluss an ein Vollbad sowohl das ergänzende Waschen der Hände als auch der Füße vorstellbar ist. In Joh 13,10 wäre deshalb beim Langtext eine weitergehende Begründung Jesu nötig, warum nun zwar die Füße gewaschen werden müssen, aber nicht die Hände. Eine – das vorausgesetzte Vollbad ergänzende – Fußwaschung

---

[18] Mit dieser Frage des Petrus wird das Thema der physischen Reinigung ins Spiel gebracht, das vorher weder durch die Situation noch durch den Gesprächsgang explizit mit der Fußwaschung Jesu verbunden war.

ist nicht selbstverständlicher mit einer Mahlsituation verbunden als ein Waschen der Hände. Andererseits kommt für das Verständnis von Joh 13,9f erschwerend hinzu, dass angesichts des im Johannesevangelium dargestellten Verlaufs der Mahlzeit, bei der Jesus mit seinen Jüngern bereits gegessen hat, bevor er zur Fußwaschung aufsteht, sowohl das Waschen der Hände als auch das Waschen der Füße zu Reinigungszwecken sinnlos erscheinen müssen. Als Ergebnis ist festzuhalten, dass Jesus mit dem Verweis auf ein vorausgehendes Vollbad, an das sich nur und ausschließlich die Fußwaschung anschließen müsse, die Bitte des Petrus, auch Hände und Kopf zu waschen, nicht überzeugend ablehnen kann. Auch wenn der Langtext in Joh 13,10 für sich genommen eine aufgrund der antiken Reinigungsvorstellungen plausible Lesart darstellt, fügt sich dieser doch nicht sinnvoll in den Handlungsverlauf von 13,1–10 ein.

Außerdem hat der Langtext Auswirkungen auf die Bedeutung der vorausgehenden Fußwaschung, die Jesus im Gespräch mit Petrus herausarbeitet. Rudolf Bultmann hat die Konsequenzen des Langtextes für das Verständnis der Fußwaschung präzise dargestellt: Setzt man die Ergänzung ‚außer die Füße' als ursprünglich voraus,

„so redet V. 10 von zwei Waschungen, einer vorausgehenden, umfassenden, dem Vollbad, und einer folgenden, partiellen, der Fußwaschung. Die erste wäre die entscheidende, die zweite, wenngleich noch notwendig, so doch zweiten Ranges. Das entspricht nicht dem Pathos von V. 8f, wonach die Fußwaschung als das schlechthin Entscheidende erscheint. Und was wäre mit den beiden Waschungen gemeint? Nach der zumeist vertretenen Auslegung [zur Zeit Bultmanns] geht das λούεσθαι auf die Taufe als ‚Generalreinigung', die Fußwaschung auf das Herrenmahl, das die unvermeidlichen neuen Sünden vergibt."[19]

Der Langtext ermöglicht also die Interpretation des (Voll-) Bades als eine – der Fußwaschung vorausgehen-

---

[19] *Bultmann*, Evangelium, 357, Anm.

de – grundlegende Reinigung der Jünger, die sich je nach Verständnis der Soteriologie im Johannesevangelium unterschiedlich deuten lässt, z.B. als bildliche Umschreibung für die Taufe oder als eine Reinigung durch das Wort Jesu (vgl. Joh 15,3) oder auch als Vermittlung des von Jesus – durch sein Kommen oder durch seinen Tod – ermöglichten Heils für die Seinen. Die Fußwaschung Jesu kann entsprechend als eine sich an das Vollbad anschließende Teilwaschung verstanden werden, die im übertragenen Sinn interpretiert werden kann, etwa als Symbolhandlung mit Bezug auf die Taufe oder auf das Abendmahl, als zusätzliches Bußritual zur Vergebung der postbaptismalen Sünden oder auch als ein anderes eigenes Ritual. Die größte Schwäche der Langfassung besteht darin, dass die (Heils-)Bedeutung der Fußwaschung, welche in 13,7f so eindrucksvoll hervorgehoben wurde, nun durch ein vorausgehendes reinigendes Vollbad relativiert wird. Die Fußwaschung erscheint im Langtext als ein Heilsereignis zweiter Ordnung. Die längere Lesart steht also auch mit Blick auf die Bedeutung der Fußwaschung in einer deutlichen inhaltlichen Spannung zum Kontext (v.a. Joh 13,8).

Der Kurztext ergibt dagegen eine sinnvolle, wenn auch überraschende Argumentation in dem vorliegenden Kontext: Die uneingeschränkte Feststellung der Reinheit eines Gebadeten fügt sich sowohl als ablehnende Antwort auf den Einwand des Petrus in 13,9 als auch mit Blick auf 13,10b problemlos in den Zusammenhang ein. Insbesondere der Übergang von 13,9 zur kurzen Fassung von 13,10 ist kohärenter als bei der Langfassung: Jesus lehnt die Bitte des Petrus ab, auch eine Reinigung von Händen und Kopf durchzuführen, indem er auf die umfassende Reinheit eines Gebadeten hinweist. Wenn Jesus die Reinheit des Gebadeten mit Blick auf die Füße wieder einschränkt, so wäre ebenso auch eine Waschung von Händen und Kopf naheliegend und die weitergehen-

de Forderung des Petrus gerade nicht entkräftet.[20] Die kurze Variante mündet außerdem stringent in die sich anschließende Feststellung Jesu, dass der Gebadete ganz rein (καθαρὸς ὅλος) sei und auch die Angesprochenen rein seien (καθαροί ἐστε). Aus all diesen Argumenten ergibt sich in Übereinstimmung mit Bultmann, dass die Formulierung εἰ μὴ τοὺς πόδας „ein schlechter Zusatz" ist.[21]
Als Ergebnis lässt sich festhalten, dass der Langtext im vorliegenden Kontext zwar gravierende Verständnisschwierigkeiten mit Blick auf die Stringenz der Argumentation bietet, aber dennoch textkritisch nicht als lectio difficilior angesehen werden kann. Die durch ein Bad gegebene grundsätzliche Reinheit eines Gewaschenen konnte in der Antike durchaus mit Ausnahme der Füße vorgestellt werden, sodass eine Streichung von εἰ μὴ τοὺς πόδας nicht erforderlich ist, um in 13,10a eine sinnvolle Aussage zu erhalten. Textkritisch kann folglich eine spätere Kürzung des Textes um ausgerechnet die Ergänzung, die den expliziten Bezug von 13,10 zur vorangegangen Fußwaschung Jesu herstellt, aufgrund der dargestellten Argumente nicht wahrscheinlich gemacht werden.
Der Kurztext als lectio brevior erfüllt sowohl das Kriterium der lectio difficilior als auch das der besseren Kohärenz mit dem Kontext. Angesichts der inhaltlichen Kohärenz in der Argumentation könnte der Kurztext durchaus auch als lectio facilior betrachtet werden. Diffizil wird das Verständnis von Joh 13,10f mit der kurzen Lesart jedoch dadurch, dass die Fußwaschung in der

---

[20] Diese Problematik wird offensichtlich von der Lesart in D aufgegriffen, in der die von Petrus geforderte Kopfwaschung abgelehnt, die Fußwaschung jedoch als nötig hervorgehoben wird, denn wenn man sich zu Tische legt, ist genau in dieser Situation eine weitere Waschung der Füße durchaus nachvollziehbar. Das Waschen der Hände wird wohl wissend verschwiegen, da im Mahlkontext gerade auch das Waschen der Hände unmittelbar vor der Mahlzeit und explizit im Anschluss an ein Bad in antiken Quellen bezeugt ist.
[21] So *Bultmann*, Evangelium, 358, Anm.

Antwort Jesu keine explizite Rolle mehr spielt, obwohl ihre Durchführung und Bedeutung in den vorausgehenden Versen so eindrücklich geschildert und erläutert wird.[22] In der kurzen Lesart von 13,10 spricht Jesus nur noch von einem Vollbad, das als Grundlage völliger Reinheit genüge und eine sich anschließende Teilwaschung überflüssig mache. Diese Feststellung soll die Forderung des Petrus nach einer über die Fußwaschung hinausgehenden Waschung entkräften, scheint aber zugleich auch die Fußwaschung selbst überflüssig zu machen. Der abrupte Bild- oder sogar Themenwechsel von der in 13,4f minutiös beschriebenen und in 13,8 als absolut heilsrelevant ausgezeichneten Fußwaschung hin zu einem Vollbad, das vollständig reinigt, macht die Kurzfassung zur lectio difficilior, welche die Lesenden irritiert, ja sogar ratlos zurücklässt. Selbst „ein schlechter Zusatz", der in irgendeiner Form die Fußwaschung in den neuen thematischen Zusammenhang eines Vollbades einträgt und wenn auch nur als ergänzende Notwendigkeit, scheint einfacher verständlich als die mit einem Vollbad begründete Feststellung der umfassenden Reinheit der Jünger ohne Erwähnung der Fußwaschung.

Legt man den Kurztext als vermutete ältere Textfassung zugrunde, lässt sich die Entstehung des Langtextes mit seinen unterschiedlichen Varianten problemlos erklären. Die Erwähnung eines Vollbades, das vollständig reinigt, lässt die (Heils-)Notwendigkeit der vorausgehenden Fußwaschung obsolet erscheinen, zumindest unter dem Gesichtspunkt der Reinigung. Bultmann vermutet außerdem, dass das Verb λούεσθαι, welches bereits in den

---

[22] Zum Teil werden λούω und νίπτω als Synonyma verstanden; vgl. *Arland J. Hultgren*, The Johannine Footwashing (13,1–11) as Symbol of Eschatological Hospitality, NTS 28 (1982), 539–546, hier: 543; *Hartwig Thyen*, Das Johannesevangelium, HNT 6, Tübingen 2005, 589. Eine synonyme Wortverwendung legt sich jedoch weder von der Semantik der beiden Verben noch vom Kontext in Joh 13 her nahe; vgl. *Henry G. Liddel / Robert Scott* (Hg.), A Greek-English Lexikon with a Supplement, Oxford 1968, siehe verbum; ausführlich *Mathew*, Footwashing, 48–56.

neutestamentlichen Überlieferungen zur Umschreibung der Taufe verwendet werden konnte (1Kor 6,11; Eph 5,26; Tit 3,5; Apg 22,16; Hebr 10,22), von den Abschreibern mit Bezug auf die Taufe verstanden wurde, sodass sie sich von daher genötigt sahen, den Hinweis auf die Notwendigkeit der Fußwaschung zusätzlich in den Text einzutragen.[23] Doch dieses spezifische Verständnis von λούεσθαι muss, wie bereits dargestellt, nicht einmal zur Erklärung herangezogen oder vorausgesetzt werden, um die Ergänzung von εἰ μὴ τοὺς πόδας zu begründen. Der Langtext kann problemlos auf die Glosse eines Abschreibers zurückgeführt werden, der angesichts des Bild- bzw. Themenwechsels von der Fußwaschung, die absolut heilsnotwendig ist (13,8), zum (Voll-)Bad, das vollständig rein macht (13,10), einen expliziten Bezug auf die vorangegangene Fußwaschung Jesu ergänzen wollte.[24] Von daher legt es sich nahe, den Kurztext als die wahrscheinlich ältere Textfassung zu betrachten und der weiteren Analyse zugrunde zu legen.

3. Zentrale Interpretationsmodelle der Fußwaschungserzählung mit Bezug auf Joh 13,10

Auch wenn man sich textkritisch für den Kurztext entschieden hat, ist die Interpretation des Vollbades in Bezug zur Fußwaschung alles andere als eindeutig. Ein knapper Blick auf zentrale Auslegungsmodelle soll die Vielfalt der Deutungsmöglichkeiten der Fußwaschungserzählung mit Blick auf enthaltene Reinigungsvorstellungen oder einen möglichen Hinweis auf die Taufe illustrieren. Für die Interpretation von Joh 13,10 ist ergänzend zur textkritischen Entscheidung relevant, wie Entstehung und Theologie des Johannesevangeliums insgesamt beurteilt werden, sodass sich die Forschungslage komplex darstellt und bei den Interpretationen un-

---

[23] *Bultmann*, Evangelium, 358, Anm.
[24] Vgl. *Bultmann*, Evangelium, 358; *Richter*, Fußwaschung, 37f.293.

terschiedliche Deutungsaspekte nebeneinander vorkommen. Das Verständnis des in Joh 13,10 angesprochenen vollständig reinigenden Bades hängt entscheidend davon ab, wie die Fußwaschung Jesu insgesamt als Heilsereignis im Johannesevangelium gesehen wird. Dies wird in der Forschung jedoch kontrovers diskutiert.

3.1 Interpretationsmodelle unter Voraussetzung des Langtextes

Unter Voraussetzung des Langtextes wird die Fußwaschung in Joh 13,10 als Symbol für die Taufe, für ein sich an die Taufe anschließendes Bußritual, für die sündenvergebende Wirkung des Kreuzestodes oder für ein weiteres reinigendes oder vorbereitendes Ritual, auch als Abbild oder Deutung des Abendmahls verstanden. Die im Folgenden dargestellten Beispiele für den jeweiligen Auslegungstyp zeigen sowohl die vielfältigen Möglichkeiten zur Rekonstruktion der Textgeschichte von Joh 13 als auch die im Detail sehr unterschiedlichen Interpretationsmöglichkeiten der Fußwaschung Jesu.

Christoph Niemand verortet die von ihm literarkritisch rekonstruierte älteste Fußwaschungserzählung als Beschreibung einer Taufhandlung im Zusammenhang der Aufnahme von Täuferjüngern in die Gemeinde: der Gebadete aus Joh 13,10 sei ein nur mit der Johannestaufe getaufter Gläubiger, der durch die Fußwaschung als „eine Art ‚kleine Taufe'" in die Gemeinde integriert werde.[25] Niemand rekonstruiert in einer aufwändigen literarkritischen Studie eine Urfassung von Joh 13,4–10 und sieht in den verschiedenen Waschungen, die im Langtext von Joh 13,10 erwähnt werden, Anklänge an ein Reinheitsitinerar: Auf eine Vollwaschung erfolge eine Teilwaschung, welche schließlich zur völligen Reinheit führen würde.[26] Die älteste Fußwaschungserzählung hinter Joh 13 sei als Kultätiologie für ein eigenständiges Integ-

---

[25] *Niemand*, Fußwaschungserzählung, 383.
[26] A.a.O., 261. 318f.

rationsritual zu verstehen, das für die Anhänger Johannes des Täufers bei der Aufnahme in die Gemeinde relevant war. Als diese historische Situation ihre Bedeutung verloren habe, sei die Fußwaschungserzählung als Symbolhandlung für die Liebe des Erlösers verstanden worden, der die Seinen in die Gemeinschaft mit dem Vater aufnehme.[27] Die Fußwaschung Jesu sei auf der Ebene des Endtextes des Johannesevangeliums eine Handlung, die Liebe und gastfreundliche Aufnahme signalisiere und sinnfällig illustriere, wie Jesus seine Jünger in die eschatologische Gemeinschaft mit Gott integriere.[28]

John Christopher Thomas setzt in Joh 13,10 ebenfalls den Langtext als ursprünglich voraus und bezieht das Vollbad auf die Taufe, während die Fußwaschung der Reinigung von postbaptismalen Sünden diene.[29] Bei der Interpretation unterscheidet Thomas zwischen der Situation der Jünger und der Situation der späteren Gemeinde: Die Jünger Jesu hätten kurz vor seinem Tod aufgrund ihres unvollkommenen Glaubens eine weitere Reinigung zur Sündenvergebung nötig gehabt.[30] Jesus habe sie in Joh 13,6–11 durch die Fußwaschung auf seinen Abschied und ihre zukünftige Missionstätigkeit vorbereitet.[31] Joh 13,14–17 beziehe sich auf die Gemeindepraxis im Sinne einer konkreten Nachahmung der Fußwaschung: In der johanneischen Gemeinde gab es seiner Meinung nach ein eigenes Sakrament der Fußwaschung als zusätzliches Reinigungsritual nach der Taufe, das insbesondere als Vorbereitung auf das Abendmahl praktiziert wurde.[32]

Craig S. Keener deutet ausgehend vom Langtext in Joh 13,10 die Fußwaschung als Abbild des absolut heilsrelevanten Opfertodes Jesu zur Sündenvergebung, auf die alle Jünger angewiesen seien, auch wenn sie zuvor

---

[27] Vgl. a.a.O., 406.
[28] Vgl. a.a.O., 177–187.
[29] Vgl. *Thomas*, Footwashing, 19–25.
[30] Vgl. a.a.O., 71–76.
[31] Vgl. a.a.O., 67f.
[32] Vgl. a.a.O., 146f.

bereits Reinigung oder Sündenvergebung erfahren haben.[33] Das im Langtext von Joh 13,10 angesprochene Vollbad könne auf der Ebene der Erzählung als die vorausgegangene Reinigung für das Passafest angesehen werden (Joh 11,55), beziehe sich im übertragenen Sinn aber auf die Reinigung durch das Wort (Joh 15,3).[34] Die Fußwaschung verweise als Abbild des Opfertodes Jesu auf die dadurch ermöglichte grundlegende Vergebung der Sünden und die Teilhabe am Heil. Dass Johannes die Abendmahlserzählung durch die Fußwaschung ersetzt, zeige, dass der Evangelist an dieser Stelle in seiner Erzählung die Bedeutung des heilsrelevanten Kreuzestodes herausstellen wolle, sodass dafür auch das Sakrament des Abendmahls in den Hintergrund trete.[35] Johannes verwende zwar wiederholt eucharistische Sprache, jedoch nicht um eine sakramentale Handlung zu beschreiben, sondern um damit auf den Tod Jesu und dessen einmalige Heilsbedeutung zu verweisen.[36]

Jerome Neyrey versteht die Fußwaschung auf der Basis des Langtextes in Joh 13,10 als ergänzende Reinigung der Jünger Jesu, die darauf vorbereitet werden, dass sie nach dem Tod Jesu und seiner Rückkehr zum Vater selbst als Jesu Boten der Todesgefahr ausgesetzt seien.[37] Er nimmt für die Jünger Jesu unterschiedliche Stufen an Reinheit an und kann von daher auch eine Abfolge verschiedener Reinigungen in Übereinstimmung mit dem Langtext von Joh 13,10 in seine Auslegung integrieren. Neyrey deutet Joh 13 ausgehend von der Ritualtheorie von Victor Turner.[38] In der Fußwaschung durch Jesus

---

[33] *Craig S. Keener*, The Gospel of John. A Commentary Volume II, Pebody 2003, 909.
[34] Vgl. a.a.O., 909f.
[35] Vgl. *Craig S. Keener*, The Gospel of John. A Commentary Volume I, Peabody 2003, 689–691.
[36] Vgl. a.a.O., 690.
[37] Vgl. *Jerome H. Neyrey*, The Gospel of John, NCBC, Cambridge 2007, 229f.
[38] Vgl. *Jerome H. Neyrey*, The Footwashing in John 13:6–11: Transformation Ritual or Ceremony?, in: *L. Michael White / O. Larry*

sieht er ein Ritual, das einmalig stattfindet und der Vorbereitung der Jünger auf Jesu Abschied dient und sie auf die bevorstehende Todesgefahr auch in ihrem eigenen Leben vorbereite.[39] Es komme durch die Fußwaschung zu einem Statuswechsel und zu einer neuen Stufe von Reinheit in ihrer Glaubensbiographie.[40] In 13,12–20 sieht Neyrey den Hinweis auf eine regelmäßig praktizierte Fußwaschung in der johanneischen Gemeinde, welche auf das Abendmahl vorbereite und Gastfreundschaft symbolisiere. Die Gemeindeleiter würden diese Fußwaschung durchführen und dadurch ihre Leitungsposition stabilisieren.

Die Fußwaschung kann unter Voraussetzung des Langtextes also als eine Art Taufe, als ergänzendes Bußritual, als Abbild des sündenvergebenden Todes Jesu, als weitere Zeichenhandlung zur Reinigung oder auch als Vorbereitung der Jünger auf ihre Aufgaben nach dem Tod Jesu verstanden werden. Ob dabei sakramentale Bezüge gesehen, für möglich erachtet oder abgelehnt werden, hängt davon ab, wie die Haltung des vierten Evangeliums zu Sakramenten oder sakramentalen Handlungen insgesamt eingeschätzt wird. Die detailreiche Schilderung und Erläuterung der Fußwaschung Jesu in Joh 13,1–20 bietet jedenfalls ausreichend Anknüpfungspunkte für unterschiedliche Interpretationen und Zuordnungen von Bad und Fußwaschung gemäß Joh 13,10.

3.2 Interpretationsmodelle unter Voraussetzung des Kurztextes

In der Fassung des Kurztextes von Joh 13,10 kann das Vollbad als Bild für die Fußwaschung selbst verstanden werden, sodass die reinigende oder auch im weiteren Sinn heilsvermittelnde Funktion der Fußwaschung im

---

Yarbrough (Hg.), The Social World of the First Christians, Minneapolis 1995, 198–213, hier: 203f.
[39] Vgl. *Neyrey*, Gospel, 228–230.
[40] Vgl. a.a.O., 230.

Fokus bleibt. Auf welche Weise die Fußwaschung die Heilsvermittlung abbildet, wird in der Forschung unterschiedlich gesehen. Das im Kurztext erwähnte Bad kann aber auch als eine der Fußwaschung vorausgehende Reinigung verstanden werden, sodass die Jünger als Gebadete bereits ganz rein seien und keine Reinigung von Füßen, Händen und Kopf nötig haben (13,9). Die Bitte des Petrus in Joh 13,9 wäre dann im Sinne eines johanneischen Missverständnisses zu verstehen, sodass die Antwort Jesu in 13,10 nicht nur eine Waschung von Händen und Kopf ablehnt, sondern zugleich auch eine reinigende Wirkung der Fußwaschung negiert.

Rudolf Bultmann versteht den Satz Jesu über den Gebadeten als ein „Bildwort" für die Fußwaschung selbst.[41] Die Fußwaschung sei zwar soteriologisch zu verstehen, verweise jedoch nicht auf den Kreuzestod im Besonderen, sondern auf das heilsvermittelnde Kommen und Wirken Jesu insgesamt.[42] Joh 13,9–11 wende sich in polemischer Weise gegen die Vorstellung, die Heilsvermittlung durch Waschungen absichern zu wollen, vielmehr gelte, dass die Fußwaschung bzw. der damit symbolisierte Dienst des Offenbarers – wie ein Vollbad – die Jünger vollständig reinige.[43] Die Heilsvermittlung und damit auch die Reinigung der Jünger geschehen durch das Wort Jesu (vgl. Joh 15,3).[44] Durch Jesu Dienst, durch sein Kommen als Offenbarer, werde Gemeinschaft mit Jesus ermöglicht und zugleich die Gemeinde konstituiert.[45]

Georg Richter sieht in Joh 13,6–11 ein johanneisches Zeichen, welches auf den Kreuzestod Jesu verweise, der

---

[41] *Bultmann*, Evangelium, 358, Anm. Ähnlich auch Rudolf Schnackenburg, der unter Voraussetzung des Kurztextes das Bad als Metapher für die Fußwaschung versteht, die er auf den Tod Jesu bezogen sieht, vgl. *Rudolf Schnackenburg*, Das Johannesevangelium, HThKNT IV, Bd. 3, Freiburg u.a. 1975, 24.
[42] Vgl. *Bultmann*, Evangelium, 356.
[43] Vgl. a.a.O., 357.
[44] Vgl. a.a.O., 358f.
[45] Vgl. a.a.O., 365.

die Jünger von allen Sünden reinige.[46] Das Vollbad wird hier ebenfalls als Bild für die Fußwaschung verstanden, jedoch um die umfassende, in der Sündenvergebung bestehende Wirkung des Kreuzestodes Jesu darzustellen. Der durch die Fußwaschung dargestellte Kreuzestod ist nach Richter das Bad, das völlig rein mache und alle anderen Teilwaschungen bzw. kultischen Waschungen ersetze.[47] Richter sieht auch die Möglichkeit, dass in Joh 13,10 ein Sprichwort aufgegriffen werde und ein Vergleich vorliege, der jedoch zu derselben Interpretation führen würde: denn wie ein Vollbad vermittle der Kreuzestod die völlige Reinheit von den Sünden und damit das Heil.[48] Die ganze Szene sei rückblickend geschrieben, um den Lesenden auf die Heilsbedeutung des Kreuzestodes aufmerksam zu machen, sodass die Frage, wie in 13,10f den Jüngern schon vor dem Kreuzestod Jesu völlige Reinheit zugesprochen werden könne, für den Evangelisten irrelevant sei.[49] Nach Richter geschehe die Reinigung von den Sünden nicht durch eine Waschung, auch nicht durch die Fußwaschung selbst, sondern einzig und allein durch den Kreuzestod Jesu und sein Blut.

Nach Hartwig Thyen ist die Fußwaschung das Zeichen der Lebenshingabe Jesu, der sich wie ein Sklave aus Liebe zu allen Menschen erniedrige.[50] Thyen versteht das Johannesevangelium als intertextuelles Spiel mit den Synoptikern, sodass der Verfasser das Abendmahl deute, indem er in Joh 13 die synoptischen Abendmahlstexte durch die Fußwaschung ersetze.[51] Jesus vermittle seinen Jüngern so Erbbesitz am Reich Gottes (Joh 13,8; vgl.

---

[46] Vgl. *Georg Richter*, Die Fußwaschung Joh 13,1–20, MThZ 16 (1965), 13–26, hier: 16.
[47] *Richter*, Geschichte, 293.
[48] Vgl. a.a.O., 293f.
[49] Vgl. a.a.O., 294f.
[50] Vgl. *Thyen*, Johannesevangelium, 585.
[51] Vgl. *Thyen*, Johannesevangelium, 592.

Lk 22,30).[52] In Joh 13,9f würden die Füße als pars pro toto für den ganzen Körper verstanden, sodass die Fußwaschung zu völliger Reinheit führen könne.[53] Mit dem Verweis auf das Vollbad erläutere Johannes die Wirkung der Fußwaschung mit Blick auf die umfassende Reinigung.

Arland J. Hultgren interpretiert in seinem 1982 erschienenen Aufsatz Joh 13,1–11 als Zeichen eschatologischer Gastfreundschaft: Als der Sohn seines himmlischen Vaters wasche Jesus wie ein Sklave die Füße der Jünger und heiße sie damit in den himmlischen Wohnungen willkommen (Joh 13,1.3; 14,2).[54] Die Fußwaschung sei im übertragenen Sinn zwar soteriologisch zu verstehen, jedoch nicht im Sinne einer Reinigung. Die Reinheit des Gebadeten (Joh 13,10) resultiere aus dem Anteil an Jesu Schicksal (Joh 13,8b) und der Annahme des Wortes (Joh 15,3), nicht aus der Fußwaschung als einer Waschung (13,9f).[55] In Joh 13,9f werde ein Missverständnis der Fußwaschung im Sinne einer kultischen Waschung korrigiert.[56] Die johanneische Gemeinde könne jedoch den Gebadeten (ὁ λελουμένος) aus 13,10 durchaus mit den Getauften identifizieren, für die gelte, – auch ohne, dass sie bei der Fußwaschung beteiligt waren –, dass sie rein seien und Anteil an Jesus haben (13,8.10).[57] Aus der Perspektive der Gemeinde habe der Text nach Hultgren also durchaus Anklänge an die Taufe.

Julius Wellhausen sieht in Joh 13,6–11 eine sakramentale Handlung, welche die Jünger in eine mystische Ge-

---

[52] Thyen verweist hier darauf, dass in 2Sam 20,1 und Jes 57,6 der Anteil am Land Israel entsprechend bezeichnet werde, im priesterlichen Sinn sogar Gott selbst als Erbteil der Priester bzw. später sogar aller Frommen angesehen werde (Num 18,20; Dtn 12,12; 14,27); vgl. *Thyen*, Johannesevangelium, 588f.
[53] Vgl. a.a.O., 587–589.
[54] Vgl. *Hultgren*, Footwashing, 542.
[55] Vgl. a.a.O., 543.
[56] Ebd.
[57] Vgl. a.a.O., 544.

meinschaft mit Jesus eingliedere.[58] Die Fußwaschung Jesu habe nicht die Reinigung zum Ziel, sondern die Gemeinschaft, weshalb Petrus auch keine umfassendere Waschung benötige. Jesus korrigiert durch seine Antwort das in der Bitte des Petrus vorausgesetzte Verständnis der Fußwaschung als Reinigungshandlung. Das Vollbad in der Antwort Jesu verweise nach Wellhausen auf die Taufe, durch welche die Jünger bereits vollständig rein seien.[59] Wellhausen bezieht das Vollbad nicht auf die Fußwaschung, sondern auf eine der Fußwaschung vorausgehende umfassende Reinigung.

Die Interpretationsbeispiele zeigen, dass gerade auch der Kurztext eine Vielzahl an Deutungsmöglichkeiten zulässt. Mit der kurzen Lesart von Joh 13,10 kann das nun exklusiv erwähnte Vollbad als alternative Beschreibung und Bild für die Fußwaschung verstanden werden, sodass mit dem Verweis auf ein Vollbad die vollständig reinigende bzw. heilsvermittelnde Wirkung der Fußwaschung erläutert wird. Die Fußwaschung kann also als Zeichenhandlung verstanden werden, die das Heil repräsentiert, das Jesus den Seinen vermittelt und das in der Forschung z.B. in der Liebe, in der Aufnahme in die gegenwärtige oder eschatologische Gemeinschaft mit Gott und Jesus, in der Ermöglichung einer neuen Gemeinschaft der Seinen und/oder in der grundlegenden Reinigung bzw. Sündenvergebung gesehen wird. Die Heilsvermittlung durch den Dienst Jesu ist umfassend und nicht ergänzungsbedürftig, so wie ein Vollbad umfassend reinigt.

---

[58] Vgl. *Julius Wellhausen*, Das Evangelium Johannis, Berlin 1908, 62f.
[59] Vgl. a.a.O., 60. Vergleichbar auch *Wilhelm Heitmüller*, Das Johannesevangelium, in: ders. / *Wilhelm Bousset*, Die Schriften des Neuen Testaments neu übersetzt und für die Gegenwart erklärt, Bd. IV: Das Johannes-Evangelium, die Johannes-Briefe und die Offenbarung des Johannes, Göttingen ³1918, 9–184, hier: 145, der das Vollbad in Joh 13,10 auf die Taufe bezieht und zum Kurztext tendiert, während die Fußwaschung nicht Reinigung, sondern Liebe und Gemeinschaft vermittle.

Doch das in Joh 13,10 erwähnte Vollbad und die zuvor dargestellte Fußwaschung können auch als zwei unterschiedliche Aspekte der Heilsvermittlung differenziert werden. Es ist textpragmatisch und sprachlich möglich, das in 13,10 erwähnte Bad als eine – der Fußwaschung vorausgehende – Reinigung zu verstehen, die bereits zur vollständigen Reinheit der Jünger führt. In diesem Fall bestätigt Jesus mit seiner Antwort gemäß Joh 13,10 nicht die – vollständig oder auch nur begrenzt – reinigende Wirkung der Fußwaschung, sondern antwortet vielmehr ablehnend auf die Bitte des Petrus in Joh 13,9. Eine Waschung von Händen und Kopf als Ergänzung der Fußwaschung sei nicht nötig, da die Jünger durch ein vorausgehendes Vollbad, das zum Beispiel auf die Offenbarung des Wortes oder auf die Taufe verweist, bereits gereinigt seien. Gemäß dieser Deutung wird in Joh 13,10 ein Missverständnis der Fußwaschung abgewehrt, das die reinigende Wirkung der Fußwaschung problematisiert und etwa ein Verständnis der Fußwaschung als kultischer Reinigung ausschließt. Außerdem kann der Kurztext dahingehend verstanden werden, dass die Reinigungsfunktion der Fußwaschung insgesamt negiert wird, während die Fußwaschung einen anderen Aspekt der Heilsvermittlung Jesu abbildet, zum Beispiel mit Blick auf die Bildung und Bestärkung einer vertrauten Gemeinschaft.

Als Fazit kann festgehalten werden, dass auch der Kurztext in Joh 13,10 nicht zu einer eindeutigen Interpretation der Fußwaschung Jesu führt, sondern ebenfalls ein breites Spektrum an Interpretationsmöglichkeiten von Vollbad und Fußwaschung, ihrer Zuordnung und der Frage nach der jeweiligen Heilsbedeutung ermöglicht.

4. Joh 13,10 als Korrektur eines Missverständnisses

Auch wenn man in Joh 13,10 den Kurztext voraussetzt, ergibt sich die Notwendigkeit, ausgehend vom Kontext nach der Funktion bzw. der Bedeutung der Fußwaschung zu fragen und dabei den Verweis auf das Vollbad in Joh 13,10 in die Interpretation einzubeziehen. Sowohl die Situation in Joh 13 als auch die Berücksichtigung der in der Antike kulturell verbreiteten Deutungsmöglichkeiten einer Fußwaschung legen nahe, dass die Fußwaschung Jesu gemäß Joh 13,9f im Johannesevangelium als eine Handlung verstanden werden will, die auf die Ermöglichung einer Liebesgemeinschaft der Seinen mit Jesus zielt, nicht jedoch auf deren Reinigung.

Im Mittelmeerraum zu der Zeit Jesu war Füßewaschen so selbstverständlich wie bei uns heute das Zähneputzen, und wer dies nicht regelmäßig tat, galt als barbarisch und ungebildet.[60] Kopf, Hände und Füße waren Körperteile, die unbedeckt waren und deshalb immer wieder dem Staub ausgesetzt waren, sodass sie einer regelmäßigen Reinigung bedurften. Die antiken Quellen belegen, dass die Fußwaschung nicht nur der tatsächlichen oder kultischen Reinigung diente, sondern auch als Erweis einer Ehre oder als Ausdruck einer innigen freundschaftlichen oder sogar intimen Beziehung verstanden werden konnte. Es war üblich, dass Kinder ihren Eltern oder die Ehefrau ihrem Ehemann als Zeichen der Ehre und Liebe die Füße wuschen. Für die rabbinische Zeit ist auch belegt, dass Schüler ihrem Lehrer die Füße gewaschen haben. Eine im Jerusalemer Talmud überlieferte Erzählung zeigt, wie differenziert die Assoziationen im Hinblick auf Liebe und Ehre sind, die sich mit der Fußwaschung verbinden können:[61] Als Rabbi Yishma'el (um 135 n. Chr.) aus dem Lehrhaus zurückkommt, will seine Mutter ihm die Füße waschen und ihm so als Rabbi eine Ehre erweisen. Rabbi Yishma'el lässt dies nicht zu, da er darin offensichtlich eine Verletzung des vierten Gebots sieht. Dabei wird vorausgesetzt, dass es die Aufgabe der

---

[60] Vgl. *Kötting*, Fußwaschung, 743.
[61] Vgl. Talmud Yerushalmi Pea 15c nach der Übersetzung des Talmud Yerushalmi, hg. v. *Martin Hengel* et al., 1/2 Pea – Ackerecke, übersetzt v. *Gerd A. Wewers*, Tübingen 1986; vgl. auch *Kötting*, Fußwaschung, 758; *Karl H. Rengstorf*, Art. διδάσκω κτλ, ThWNT II, 138–168, hier: 157.

Kinder ist, den Eltern eine Ehre zu erweisen, indem sie ihnen die Füße waschen. Daraufhin wendet sich die Mutter an die anderen Rabbinen und beklagt sich, dass ihr Sohn gegen das vierte Gebot verstoßen habe: Er hätte ihr die Ehre nicht zugestanden, ihm als angesehenen Rabbi die Füße waschen zu dürfen. In dieser Erzählung geht es zwar um die reinigende Fußwaschung beim Betreten des Hauses, diskutiert werden jedoch nicht Fragen der Reinheit, sondern der Beziehung.

Berücksichtigt man diesen kulturellen Hintergrund, ergeben sich interessante Deutungsmöglichkeiten für Joh 13. Die Liebe ist der rote Faden der Fußwaschungserzählung: In der Fußwaschung offenbart Jesus den Jüngern seine Liebe, im Nachahmungsbefehl und im Liebesgebot fordert er die Jünger auf, wie er zu lieben (13,1.14.34f). Indem Jesus während des Mahls aufsteht und den Jüngern die Füße wäscht, vollzieht er an ihnen eine Handlung, die mit Berührung und Nähe verbunden ist und als Ausdruck einer innigen Liebesgemeinschaft gedeutet werden kann. Vor allem Wellhausen, aber auch Bultmann haben diesen Aspekt der Gemeinschaft ausgehend vom Kurztext in Joh 13,10 in ihren Interpretationen von Joh 13 besonders betont. Beim letzten Mahl kurz vor seinem Abschied erläutert Jesus den Jüngern ausführlich seinen Auftrag: Die Sendung Jesu zielt auf die Liebes-Gemeinschaft mit den Seinen (13,1–3). Diese Liebe Jesu findet im Tod Jesu ihren tiefsten Ausdruck (15,13), der zwar zu einem Abschied führt, aber gerade nicht zur Aufhebung ihrer Liebesgemeinschaft. Durch die Fußwaschung gibt Jesus den Jüngern in einer Zeichenhandlung erfahrbar Anteil an dieser Liebesgemeinschaft mit ihm (Joh 13,8), die er später als Gemeinschaft zwischen ihm, Gott und allen Gläubigen weiter konkretisieren wird (17,21–26). Damit ist die Fußwaschungserzählung eine stimmige Einleitung und integraler Bestandteil der Abschiedsreden, die im hohenpriesterlichen Gebet Jesu enden und mit denen Jesus die Seinen auf die Zeit vorbereitet, in der er nicht mehr sichtbar bei ihnen ist. Der Verweis Jesu auf die völlige Reinheit eines Gebadeten in

Joh 13,10 dient der Korrektur eines möglichen Missverständnisses der Fußwaschung Jesu: Es geht bei der Fußwaschung Jesu nicht um Reinigung, weder im tatsächlichen noch im übertragenen Sinn.
Während der Mahlzeit steht Jesus vom Tisch auf und wäscht den Jüngern die Füße (13,4f). Bereits dieser Umstand spricht gegen eine Reinigungshandlung, da man sich üblicherweise gewaschen und mit gereinigten Füßen zu Tische legt. Als Jesus zu Petrus kommt, weigert sich dieser, sich von seinem Herrn – dieser Aspekt wird durch die Satzstellung betont – die Füße waschen zu lassen (13,6). Legt man zugrunde, dass eine Fußwaschung als Zeichen der Verehrung oder Liebe immer von dem sozial niedriger Stehenden ausgeführt wurde, also von den Kindern, der Ehefrau oder den Schülern, erklärt sich der Einspruch des Petrus aus dem Beziehungsgefüge: Er als Schüler müsste dem Lehrer Jesus die Füße waschen, um ihm so Ehre zu erweisen, nicht umgekehrt (vgl. Joh 13,13f). Jesus erklärt Petrus, dass die Fußwaschung Teilhabe an ihm vermittelt, auch wenn er das erst später verstehen wird (13,7f).
Petrus hat nun zumindest verstanden, dass die Fußwaschung in irgendeiner Form heilsrelevant ist und fordert eine weitergehende Waschung (13,9). Mit dieser Bitte stellt Petrus folglich den Aspekt der Reinigung in den Vordergrund: nicht nur seine Füße sollen gereinigt werden, sondern auch Kopf und Hände. In der Fassung des Kurztextes von Joh 13,10 weist Jesus dieses Anliegen des Petrus kategorisch zurück: ein Gebadeter ist ganz rein und hat keine (Teil-)Waschung – ergänze: zur Reinigung – mehr nötig. Die umfassende Reinheit gelte bereits für alle Jünger mit Ausnahme von Judas, der unrein ist und bleibt, obwohl Jesus ihm offensichtlich ebenfalls die Füße gewaschen hat (13,11). Die Reinheit des Judas und damit auch der anderen Jünger steht folglich nicht in einem kausalen Zusammenhang mit der Fußwaschung. Damit wird durch den Dialog zwischen Jesus und Petrus explizit festgestellt, was sich aufgrund der Situation (13,4.12) bereits nahegelegt hat. Während

Petrus die Fußwaschung auf der materiellen Ebene als Reinigung versteht und eine umfassendere Reinigung fordert (13,9), geht es Jesus um etwas anderes, das durch die Fußwaschung ausgedrückt und erfahrbar wird. Indem Jesus den Jüngern die Füße wäscht, gibt er ihnen Anteil an der Liebe Gottes, die er im Auftrag Gottes in die Welt gebracht hat (Joh 13,8; vgl. 3,16; 15,9f; 17,26). Jesus konstituiert durch die Fußwaschung eine innige Liebesgemeinschaft zwischen ihm und den Seinen, die seinen Tod überdauert und mit der er die Seinen hineinnimmt in die Liebesbeziehung zwischen Vater und Sohn (12,26; 14,23; 17,22–24). Diese Liebesgemeinschaft wird von Judas verlassen, der sich – im übertragenen Sinn – als unrein erweist, indem er wegen seines bevorstehenden Verrats die Gemeinschaft verlässt.

Setzt man in Joh 13,10 den Kurztext voraus, ergibt sich eine stimmige Interpretation von Joh 13,9f: Bei der Bitte des Petrus handelt es sich um ein Missverständnis, das von Jesus zurückgewiesen wird und das textpragmatisch dazu beiträgt, die Bedeutung der Fußwaschung für die Lesenden zu klären. Die Fußwaschung Jesu zielt nicht auf eine tatsächliche oder übertragene Reinigung der Jünger, sondern als Liebeserweis auf die Herstellung einer Liebesgemeinschaft mit Jesus (13,1.8.34f). Damit ist die Fußwaschung im übertragenen Sinn eine Zeichenhandlung für die Sendung Jesu. Indem Jesus die Seinen beauftragt, selbst Füße zu waschen bzw. sich gegenseitig zu lieben, lässt er sie zugleich teilhaben an der Sendung durch Gott (13,16.20). So wie Jesus die Liebe Gottes zu den Menschen bringt, sollen nach Jesu Abschied die Jüngerinnen und Jünger der Ort sein, an dem die Liebe Gottes und die Liebe Jesu für die ganze Welt weiterhin präsent und erfahrbar bleiben (17,18–26). Mit dieser Interpretation bildet die Fußwaschungserzählung den sinnvollen Auftakt der Abschiedsreden, in denen Jesus erklärt, wie die Jüngerinnen und Jünger auch nach Jesu Abschied in der von Jesus ermöglichten Liebesgemeinschaft mit ihm und Gott bleiben können und welche Rolle ihnen als Gesandte Jesu zukommt.

Als Fazit kann festgehalten werden: Der Kurztext von Joh 13,10 ist als ursprünglich zu betrachten und fügt sich inhaltlich am besten in den Kontext ein. Für den johanneischen Jesus ist offensichtlich auch nicht von Interesse, wie es zu der in Joh 13,10f für alle Jünger behaupteten und für Judas sofort wieder eingeschränkten Reinheit kommt. Diese Frage wird im vorliegenden Kontext nicht weiter erläutert. Die Aussage Jesu zur Reinheit eines Gebadeten ist deshalb am ehesten im Sinne einer allgemeinen Erfahrung oder eines Vergleichs zu verstehen, um ein falsches Verständnis der Fußwaschung abzuwehren (13,9), nicht jedoch, um auf ein anderes Heilsereignis – wie z.B. die Taufe – zu verweisen.

Tobias Nicklas

Mensch sein und Mensch werden im Johannesevangelium[1]

Die Schriften des Neuen Testaments bieten weder eine systematische Gotteslehre noch eine Christologie im dogmatischen Sinne – und doch lassen sie sich als Erzählungen auffassen, denen nicht nur Bilder Gottes wie auch Christi zugrunde liegen,[2] sondern in denen Gott wie auch Christus als Figuren der Handlung entscheidende Rollen spielen.[3] Genauso wenig begegnet uns „der Mensch" an

---

[1] Ich bin den Teilnehmerinnen und Teilnehmern der Züricher Tagung des Colloquium Johanneum 2016, allen voran Jörg Frey, Uta Poplutz, Samuel Vollenweider, Christos Karakolis und Jean Zumstein, für wertvolle Rückfragen zu Dank verpflichtet. Ich habe versucht, sie alle in meinem Text zu berücksichtigen, bin aber sicher, dass noch unendlich mehr zu sagen wäre.

[2] Bereits die Vorstellung, dass Christologie durch facettenreiche Bilder entsteht bzw. erzeugt wird, ist ein entscheidender Fortschritt gegenüber einer allein an Titeln, die allerdings ebenfalls bildhaft zu verstehen sind, orientierten sowie zudem eventuell aufgrund späterer Konzilsentscheidungen an den Text herangetragenen Fragen erbrachten Christologie. Hierzu besonders gewichtig: *Ruben Zimmermann*, Christologie der Bilder im Johannesevangelium: Die Christopoetik des vierten Evangeliums unter besonderer Berücksichtigung von Joh 10, WUNT 171, Tübingen 2004; zur Bildsprache im Zusammenhang mit der johanneischen Darstellung Gottes vgl. *Marianne M. Thompson*, ‚Every Picture Tells A Story': Imagery for God in the Gospel of John, in: *Jörg Frey / Jan G. van der Watt / Ruben Zimmermann* (Hg.), Imagery in the Gospel of John: Terms, Forms, Themes, and Theology in Johannine Figurative Language, WUNT 200, Tübingen 2006, 259–277.

[3] Dies ist z.B. die grundlegende Idee hinter den Beiträgen des Bandes *Predrag Dragutinovic / Tobias Nicklas / Kelsie Rodenbiker / Vladan Tatalovic* (Hg.), Christ of the Sacred Stories, WUNT II/453, Tübin-

sich in den Evangelien, sondern eine Vielzahl mehr oder weniger entwickelter Charaktere, die als Einzelfiguren oder als Gruppen die „erzählte Welt" bevölkern.[4] Wenn die Evangelien des Neuen Testaments jedoch tatsächlich „frohe Botschaft" mitteilen wollen und wenn dies bedeutet, dass sie eine Idee vom Heil (Israels, der Welt und damit auch des Menschen oder besser: konkreter Menschen) entwickeln,[5] dann lassen sie sich wohl auch als Erzählungen auffassen, in denen es nicht nur um Einzelfiguren (gar der Vergangenheit) und ihr Schicksal gehen kann. Vielmehr gehe ich davon aus, dass sich ihr Plot wenigstens in Teilen auch als Erzählung (oder Zueinander von Erzählungen) darüber, was es heißt, Mensch zu sein, beschreiben lässt. Ein solches Reden vom Menschen ist dann vielleicht nicht in erster Linie an der klassischen anthropologischen Frage interessiert, wie man

---

gen 2017. Konkrete Beispiele hierzu auch bei: *Tobias Nicklas*, Der Gott der frühen Christen, in: *Karlheinz Ruhstorfer* (Hg.), Gotteslehre. Theologie studieren – Modul 7, UTB, Paderborn 2014, 73-132; *Tobias Nicklas*, Wer war Jesus von Nazaret? Jesus im Spiegel der Evangelien, in: *Gerhard Hotze / Tobias Nicklas / Markus Tomberg / Jan-Heiner Tück*, Jesus begegnen. Zugänge zur Christologie, Theologische Module 3, Freiburg et al. 2009, 7–78, sowie (konkret am Markusevangelium und mehr ins Detail gehend) *Tobias Nicklas*, The Crucified Christ and the Silence of God. Thoughts on the Christology of Mark, in: *Christos Karakolis / Karl-Wilhelm Niebuhr / Sviatoslav Rogalsky* (Hg.), Gospel Images of Jesus Christ in Church Tradition and in Biblical Scholarship, WUNT 288, Tübingen 2012, 349–72 und *Tobias Nicklas*, Mark's 'Jesus Story'. A Story about God, in: *Bernardo Estrada* et al. (Hg.), The Gospels: History and Christology. The Search of Joseph Ratzinger – Benedict XVI, Roma / Vatikan 2013, 37–62.

[4] Zu den konkreten Figuren im Johannesevangelium vgl. jetzt den Band von *Steven A. Hunt / D. Francois Tolmie / Ruben Zimmermann* (Hg.), Character Studies in the Fourth Gospel. Narrative Approaches to Seventy Figures in John, WUNT 314, Tübingen 2013.

[5] Dass Heilslehre ohne eine Vorstellung von dem, was es heißt, Mensch zu sein, nicht möglich ist, braucht nicht erst erläutert zu werden. Zu soteriologischen Konzepten neutestamentlicher Schriften vgl. sehr grundlegend den Band von *Jan G. Van der Watt* (Hg.), Salvation in the New Testament. Perspectives on Soteriology, NovT.S 121, Leiden u.a. 2005.

sich den „Aufbau" des Menschen (z.B. als Wesen aus Leib, Seele und Geist) vorzustellen hat.[6] Explizit wie implizit lassen sich aber in vielen Fällen Antworten auf Fragen wie „Woher kommen wir?", „Wohin gehen wir?" und „Wie kann unser Leben glücken?" entdecken und konstruieren. Die in solchen Texten zu erkennenden Erzählungen wie die Stimmen hinter ihnen mögen weniger kohärent sein, als eine systematische Anthropologie erfordern würde. Die grundsätzliche Offenheit vor allem komplexer erzählender Texte wie der Evangelien und das darin erkennbare Ringen um die Deutung menschlicher Erfahrung können aber vielleicht gerade deswegen auch einen besonders wichtigen, nicht zu unterschätzenden Mehrwert bedeuten.

Wenn ich im Folgenden versuche, Aspekte des Plots des Johannesevangeliums vor dem Hintergrund der Frage, welche Bilder von Mensch sein dabei erkennbar werden, darzustellen, dann bin ich mir des Risikos dieses Unterfangens vollkommen bewusst. „Den" Plot des Johannesevangeliums vollkommen zu erfassen, dürfte im Rahmen eines Aufsatzes vollkommen unmöglich sein.[7] So werde ich mich auf einige Linien konzentrieren, von denen ich hoffe, dass sie nicht ganz Entscheidendes übersehen.[8]

Um dieser Aufgabe gerecht zu werden, sind jedoch einige Vorüberlegungen angebracht. Ich formuliere bewusst thesenartig: (1) Johannesprolog und Restevangelium

---

[6] Wie in allen biblischen Texten spielt die Differenzierungen zwischen dem, was man zu Unrecht ab der Neuzeit als „Rassen" von Menschen konstruiert und bezeichnet hat, keine Rolle. Spannend wäre zudem die Frage, wie das Johannesevangelium mit der geschlechtlichen Verfasstheit von Menschen umgeht. Dies zu beantworten würde aber eine eigene Studie erfordern.

[7] Leider ist das ehrgeizige und spannende Projekt von Uta Poplutz, dem Plot des Johannesevangeliums eine ganze Monographie zu widmen, noch nicht vollendet.

[8] Obwohl ich mir natürlich der bekannten literarischen Brüche im Johannesevangelium bewusst bin, gehe ich davon aus, dass der Endtext als bewusst gestaltete Einheit gelesen werden kann und will.

interpretieren sich gegenseitig.[9] Wo das Johannesevangelium in einem Stück gelesen wird, kann der Prolog als ein Schlüssel zur Interpretation des Folgenden dienen;[10] er löst jedoch nicht einfach alle Rätsel, sondern stellt Leserinnen und Leser vor eine Vielzahl von Fragen, die sich erst im Zueinander zu den nachfolgenden Teilen beantworten lassen. Umgekehrt erhalten die mit Joh 1,19 einsetzenden Teile des Textes z.B. durch Stichwortverbindungen zum Prolog eine Bedeutungstiefe, die ihnen ohne den Prolog nicht zukommen würde. (2) Die Abschiedsreden des Johannesevangeliums folgen nicht einfach den erzählenden Teilen der Kapitel 1–12, sondern bieten vertiefende Interpretationen des Vorhergehenden. Gleichzeitig können sie als ein weiterer Schlüssel zur Deutung des Gesamtevangeliums verstanden werden.[11] (3) Joh 20,30–31 bietet als „erster Buchschluss" einen knappen Einblick, was das Evangelium bei den von ihm angezielten Rezipienten erreichen will.[12]

---

[9] Obwohl *Martinus De Boer*, The Original Prologue of the Gospel of John, in: NTS 61 (2015), 448–467, mit seiner These, Joh 1,1–5 enthalte den ursprünglichen, eigentlichen Prolog des vierten Evangeliums, viele gute Beobachtungen anführt, halte ich doch Joh 1,1–18 weiterhin für eine Einheit, die als Ganzes den Prolog des JohEv bietet. Innerhalb dieser Einheit jedoch kommt den VV. 1–5 noch einmal eine Sonderrolle zu.

[10] Vgl. z.B. *John Painter*, The Prologue as an Hermeneutical Key to Reading the Fourth Gospel, in: *Joseph Verheyden / Geert Van Oyen / Michael Labahn / Reimund Bieringer* (Hg.), Studies in the Gospel of John and its Christology. Festschrift Gilbert van Belle, BETL 265, Leuven et al. 2014, 37–60 (mit Diskussion v.a. älterer Literatur).

[11] Wichtige Gedanken hierzu z.B. bei *Hans-Ulrich Weidemann*, Der Tod Jesu im Johannesevangelium: Die erste Abschiedsrede als Schlüssel für den Passions- und Osterbericht, BZNW 122, Berlin / New York 2004.

[12] Auch hier kann ich nur sehr holzschnittartig argumentieren; die Diskussion um die Bedeutung der beiden Verse geht sehr weit. Zu Details vgl. *Gilbert van Belle*, The Meaning of σημεῖα in Jn 20,30–31, in: ETL 74 (1998), 300–325, sowie *Adelbert Denaux*, The Twofold Purpose of the Fourth Gospel: A Reading of the Conclusion to John's Gospel (20, 30–31), in: *Joseph Verheyden / Geert Van Oyen / Michael Labahn / Reimund Bieringer* (Hg.), Studies in the Gospel of

Sie sollen zu einem vertieften Glauben an Jesus, den Messias und Sohn Gottes, kommen, der ihnen „Leben" vermittelt.[13] Bereits damit macht der Text klar, wie sehr ihm die Frage „Was bedeutet es, als Mensch ein gelingendes Leben zu führen?" am Herzen liegt.[14] (4) Der Plot des Johannesevangeliums, der aufgrund von Joh 1,1 im Grunde bereits vor der Erschaffung der Welt einsetzt, ist grundsätzlich fortschreitend zu denken. Dieser Fortschritt des Plots lässt sich auf verschiedene Weisen beschreiben. Er kann z.B. als Erzählung von der Aussendung zunächst des Johannes sowie dann des Logos, des Wirkens Jesu als Offenbarer, seiner Erhöhung und Auferweckung (bzw. Rückkehr zum Vater; vgl. 13,3; 16,28) und schließlich der Sendung seiner Jünger (z.B. 13,20; 17,18) gedeutet werden,[15] welchen zudem die Sendung des Parakleten (Joh 14,16–17.26; 15,26; 16,7–15) zugesagt ist. Für das Folgende wichtiger ist aber eine zweite

John and its Christology. Festschrift Gilbert van Belle, BETL 265, Leuven et al. 2014, 519–536.

[13] Auf die Tatsache, dass dem johanneischen Begriff des Lebens zudem eine ethische Komponente innewohnt, kann ich im vorliegenden Beitrag nicht mehr eingehen. Hierzu *Mira Stare*, Der Lebensbegriff als ethische Norm im Johannesevangelium, in: *Friedrich W. Horn / Ulrich Volp / Ruben Zimmermann* (Hg.), Ethische Normen des frühen Christentums: Gut – Leben – Leib – Tugend, WUNT 313, Tübingen 2013, 257–279.

[14] Leider lag mir die Monographie von *Nadine Ueberschaer*, Theologie des Lebens bei Paulus und Johannes: Ein theologisch-konzeptueller Vergleich des Zusammenhangs von Glaube und Leben auf dem Hintergrund ihrer Glaubenssummarien, WUNT 389, Tübingen 2017, bei Niederschrift dieses Beitrages noch nicht vor. Vgl. zu dieser Passage aber *dies.*, „... damit ihr glaubt, dass Jesus der Christus ist, der Sohn Gottes ..." (Joh 20,31), in: *Jörg Frey / Benjamin Schliesser / Nadine Ueberschaer* (Hg.), Glaube. Das Verständnis des Glaubens im frühen Christentum und in seiner jüdischen und hellenistisch-römischen Umwelt, WUNT 373, Tübingen 2017, 451–471.

[15] Unter diesen wiederum sind die Figuren des Petrus und – noch mehr – des Lieblingsjüngers herausragend wichtig. Zur Petrusfigur vgl. jetzt *Tanja Schultheiss*, Das Petrusbild im Johannesevangelium, WUNT II/329, Tübingen 2012; zum Lieblingsjünger v.a. *Wolfgang Fenske*, Der Lieblingsjünger: Das Geheimnis um Johannes, Biblische Gestalten, Leipzig 2007.

Möglichkeit, die ich im Anschluss ausführlicher zu begründen suche:[16] Der Text beschreibt auch einen Bogen, der vom Ausgangspunkt der Schöpfung bis zur Vollendung der Schöpfung[17] in der Jesusgemeinde reicht. (5) Gleichzeitig vollführt der Plot des Johannesevangeliums „kreisende" Bewegungen. Er führt immer wieder auf Vergleichbares zurück, erzählt z.B. an immer neuen Beispielen Begegnungen von Menschen mit Jesus,[18] die vor der Frage der Annahme oder Ablehnung der mit seiner Person verbundenen Wahrheitsoffenbarung stehen und diese dabei auf unterschiedlichen Ebenen und in verschiedener Weise verstehen oder missverstehen. Auf diese Weise bieten solche Figuren Leserinnen und Lesern unterschiedliche, z.T. komplexe Identifikationsmöglichkeiten und suchen sie in eine Bewegung auf Jesus zu mitzunehmen.[19]

Dieser Hintergrund erlaubt es nun, wenigstens in Ansätzen und thesenhaft Gedanken zu der „Story", welche das

---

[16] Dies schließt keineswegs aus, dass es nicht noch weitere Möglichkeiten geben kann.

[17] Man könnte in diesem Zusammenhang auch von Neuschöpfung sprechen, ich halte die Bezeichnung „Vollendung der Schöpfung" aber für angemessener.

[18] Dabei sind einige Erzählungen besonders eng miteinander verzahnt; so könnten etwa die Erzählungen vom Nachtgespräch mit Nikodemus (Joh 3,1–21) und der Begegnung Jesu mit der Frau am Jakobsbrunnen (Joh 4,1–26) als einander komplementär gelesen werden, während die beiden Sabbatheilungen der Kapitel 5 und 9 sich eng aufeinander beziehen lassen.

[19] Man kann dies auch als „erzählerische Didaktik" beschreiben. Wenigstens in Ansätzen aufgegriffen ist dieser Gedanke bei *Franz-Georg Untergassmair*, „Du bist der Lehrer Israels und verstehst das nicht?" (Joh 2,10b), in: *Beate Ego / Helmut Merkel* (Hg.), Religiöses Lernen in der biblischen, frühjüdischen und frühchristlichen Überlieferung, WUNT 180, Tübingen 2005, 211–234; *Klaus Scholtissek*, Mündiger Glaube: Zur Architektur und Pragmatik johanneischer Begegnungsgeschichten: Joh 5 und Joh 9, in: *Dieter Sänger / Ulrich Mell* (Hg.), Paulus und Johannes. Exegetische Studien zur paulinischen und johanneischen Theologie und Literatur, WUNT 198, Tübingen 2006, 75–108, hier 101–103, spricht von einer Erzählstrategie, mit Hilfe derer der vierte Evangelist seine Leser*innen in einen „Prozeß verwickeln" (101) möchte.

vierte Evangelium über den Menschen bzw. über Menschen zu erzählen weiß, zu formulieren. Dabei ist mir vollkommen bewusst, dass das Folgende bruchstückhaft bleiben muss und den Reichtum johanneischen Denkens über den Menschen in seinem Vollsinn nur im Ansatz erfassen kann.

1. Schlüsseltexte für die johanneische Erzählung vom Menschen

Tatsächlich enthält bereits der Prolog des Johannesevangeliums eine Erzählung über „den Menschen". Ich denke dabei nicht an die V. 6–8, die sich, auf Johannes den Täufer bezogen, als Zusammenfassung dessen verstehen lassen, wie das vierte Evangelium das Wirken des Täufers deutet.[20] Besonders interessant erscheinen mir stattdessen die V. 9–13. Der nur auf den ersten Blick einfach erscheinende V. 9 ist jedoch bekanntlich in vielerlei Hinsicht problematisch:[21]

Ἦν τὸ φῶς τὸ ἀληθινόν, ὃ φωτίζει πάντα ἄνθρωπον, ἐρχόμενον εἰς τὸν κόσμον.

Ich sehe selbst – z.B. mit H. Thyen[22] – den Satz als weit nach vorne greifend, verstehe den (allerdings zuletzt in

---

[20] Zur johanneischen Figur des Täufers s. *Martin Stowasser*, Johannes der Täufer im Vierten Evangelium. Eine Untersuchung zu seiner Bedeutung für die johanneische Gemeinde, ÖBS 12, Klosterneuburg 1992.

[21] *Michael Theobald*, Die Fleischwerdung des Logos. Studien zum Verhältnis des Johannesprologs zum Corpus des Evangeliums und zu 1 Joh, NTA NF 20, Münster 1998, 191, schreibt: „Alles ist an V. 9 umstritten, das Verb, das Subjekt, die Funktion des Relativsatzes und die Einbettung des Partizips."

[22] *Hartwig Thyen*, Das Johannesevangelium, HNT 6, Tübingen 2005, 80 (mit Verweis auf ältere Autoren, die ähnlich entscheiden), aber auch jüngst *Jean Zumstein*, Das Johannesevangelium, KEK 2, Göttingen 2016, 81. Anders z.B. *Michael Theobald*, Fleischwerdung, 191–193 (φῶς oder τὸ φῶς τὸ ἀληθινον als mögliches Subjekt); *ders.*, Das

V. 3 explizit erwähnten) Logos als sein Subjekt, wodurch m.E. auch ein besserer Anschluss an V. 10 möglich ist, wo die Worte καὶ ὁ κόσμος δι'αὐτοῦ ἐγένετο auf πάντα δι'αὐτοῦ ἐγένετο aus V. 3 zurückzugreifen scheinen. Auch der Bezug der Worte ἐρχόμενον εἰς τὸν κόσμον in V. 9 ist nicht ganz eindeutig,[23] doch ist wohl davon auszugehen, dass der Text vom Licht spricht, das in die Welt kommt und jeden Menschen erleuchtet. Schwierig zu bestimmen ist auch das Verhältnis zwischen den Worten πάντα ἄνθρωπον (V. 9), dem κόσμος, in dem das Licht „war", der durch das Licht wurde, der das Licht aber nicht erkannte (V. 10), „dem Seinen" und „den Seinen" (τὰ ἴδια/οἱ ἴδιοι), die ihn nicht annahmen (V. 11) und schließlich all denjenigen (ὅσοι!), die ihn annahmen. Die „Story", die hier erzählt wird, lässt sich jedoch vielleicht trotzdem recht einfach zusammenfassen: Der Logos, verstanden als wahres Licht, das jeden Menschen erleuchtet, kommt in die Welt (1,9). Obwohl die Welt durch ihn „geworden" ist, erkennt sie ihn, als er in der Welt ist, nicht (1,10). Das Kommen in die Welt (1,9) wird in 1,11a durch das „Er kam in das Seine"[24], das fehlende Erkennen (1,10) durch „die Seinen nahmen ihn nicht an" (1,11b) aufgegriffen. Und doch gibt es eine Anzahl derer, die ihn annahmen – ihnen allen gibt er die Macht, „Kinder Gottes" zu werden (1,12). Joh 1,12c erklärt nun konkreter, was es heißt, ihn anzunehmen,

---

Evangelium nach Johannes. Kapitel 1–12, RNT, Regensburg 2009, 121–122; oder *Otto Schwankl*, Licht und Finsternis: Ein metaphorisches Paradigma in den johanneischen Schriften, HBS 5, Freiburg et al. 1995, 118: „ist noch zu erwägen, ob nicht τὸ φῶς in 9a Subjekt und τὸ ἀληθινόν Prädikatsnomen ist."

[23] Man könnte auch einen Bezug auf πάντα ἄνθρωπον vertreten, wie dies z.B. die Vulgata-Übersetzung voraussetzt. Sehr klare Diskussion der Argumente bei *Zumstein*, Johannesevangelium, 81.

[24] Die Bedeutung von τὰ ἴδια/οἱ ἴδιοι ist nicht ganz klar. Ich halte aber eine Engführung auf „Israel" bzw. die „Juden" für nicht angemessen, wie *Thyen*, Johannesevangelium, 83–86 vorschlägt. Vgl. stattdessen *Zumstein*, Johannesevangelium, 82: „Die Schöpfung ist also das Heimatland des Logos, ein Raum, mit dem er auf intimste Weise verbunden ist."

nämlich „an seinen Namen zu glauben". 1,13 schließlich beschreibt diese letztere Gruppe mit einem weiteren Attribut: Sie seien „weder aus Blut noch aus dem Willen des Fleisches noch aus dem Willen des Mannes, sondern aus Gott geboren worden". Für die „Geschichte des Menschen", die das Johannesevangelium erzählt, ist nun ganz entscheidend, ob 1,13 ontologisch zwischen zwei Gruppen von Menschen unterscheidet, d.h. einer Gruppe, der aufgrund ihrer Geburt aus dem Fleisch die Erkenntnis des Logos nicht möglich ist, die also dazu prädestiniert ist, den Logos abzulehnen, und einer Gruppe von Menschen, die ihn aufgrund ihrer (wie auch immer verstandenen) Geburt von Gott annehmen, oder ob er zwei Stufen des Menschseins differenziert:[25] die Geburt jedes Menschen aus Blut, dem Willen des Fleisches bzw. dem Willen des Mannes und die darüber hinaus gehende spätere, womöglich gnadenhaft vermittelte Geburt aus Gott, die die erste Geburt so sehr relativiert, dass sie im Grunde für die Existenz des Menschen nicht mehr entscheidend ist.[26] Im ersten Fall wäre die „Story" des Menschen klar: Eine Gruppe bleibt in der Finsternis, weil sie ontologisch dazu bestimmt ist. Sie muss den Logos ablehnen und kann ihn – als aus dem Fleisch stammend – nicht erkennen. Eine andere Gruppe dagegen kann den göttli-

---

[25] Noch weiter könnte man fragen, inwiefern diese „Stufen" für jeden Menschen gleich aussehen müssen (oder ob bei manchen Menschen nicht die Möglichkeit vieler kleiner Zwischenschritte besteht).
[26] Mir ist vollkommen klar, dass die Frage des „johanneischen Dualismus" keineswegs so einlinig beantwortet werden kann, wie ich sie hier holzschnittartig darzustellen suche. Ausführlich hierzu der gewichtige und hoch differenzierte Beitrag von *Jörg Frey*, Zu Hintergrund und Funktion des johanneischen Dualismus, in: *ders.*, Die Herrlichkeit des Gekreuzigten. Studien zu den Johanneischen Schriften I, WUNT 307, Tübingen 2013, 409–482, der hier im Anschluss an Jürgen Becker von der „Polyphonie dualistischer Ausdrucksweisen" spricht (vgl. besonders den Überblick über die Forschungsgeschichte in 414–421) und auf die „dramaturgischen Interessen" (479) des Textes verweist. Zur darüber hinausgehenden textkritischen Problematik vgl. *Thyen*, Johannesevangelium, 88, der letztlich jedoch den Text der kritischen Ausgaben zugrunde legt.

chen Logos deswegen erkennen, weil sie selbst von Gott geboren ist. Im zweiten Fall ist die Erzählung vom Menschen eine andere: Alle Menschen sind zunächst aus „Fleisch" geboren, die Begegnung mit dem göttlichen Logos, dem Licht der Welt, führt sie jedoch in eine (oder mehrere) Entscheidungssituation(en), in der (bzw. denen) sie klar Stellung beziehen müssen. Ihn anzunehmen und an seinen Namen zu glauben, bringt sie in eine neue Form der Existenz – sie können neu aus Gott geboren werden und damit „Kinder Gottes" genannt werden. Selbst dann blieben viele Fragen offen: Wie ist die so angedeutete „neue Geburt" zu beschreiben? Ist es möglich, wieder in die erste, frühere Stufe zurückzufallen? Wie groß ist bei dieser Entscheidung der Anteil menschlicher Freiheit und wie wichtig ist die göttliche Gnade? Sollte letztere allein entscheidend sein und wiederum nur einigen zukommen, würde Deutung 2 letztlich doch wieder mit Deutung 1 in eins fallen. Immerhin böte eine solche „Story" jedoch Raum für göttliche Gnade und menschliche Entscheidung. Außerdem ist wichtig, dass 1,12 nicht davon spricht, dass diejenigen, welche den Logos annehmen, einfach Kinder Gottes sind (oder gar, dass diejenigen, die bereits aus Gott geboren sind, den Logos annehmen). Dies spricht sicher für die zweite Deutung. Am Anfang scheint die menschliche Antwort zu stehen („so viele ihn annehmen"), dann das Geschenk der „Vollmacht, Kinder Gottes zu werden". Diese Überlegung muss sich jedoch erst im Blick auf das Gesamtevangelium als haltbar erweisen.
Bevor ich versuche, vor dem Hintergrund des hier Gesagten einen Gesamtplot zu beschreiben, der in Einzelerzählungen auf unterschiedliche Weise beleuchtet wird, zeigt der Blick auf den ersten Buchschluss, dass die Wendung von denen, „die an seinen Namen glauben" (1,12: πιστεύουσιν εἰς τὸ ὄνομα αὐτοῦ) und so die Vollmacht erhalten, „Kinder Gottes" zu werden, dort, in 20,31, in Variation wieder aufgegriffen wird. Was im vorliegenden Buch aufgeschrieben ist, verfolgt das Ziel, dass ihr „als Glaubende Leben habt in seinem Na-

men" (20,31: πιστεύοντες ζωὴν ἔχητε ἐν τῷ ὀνόματι αὐτοῦ).²⁷ Das „Leben zu haben" und „Kinder Gottes" genannt zu werden, sind somit als Bilder zwar nicht austauschbar, versuchen jedoch, das gleiche Ziel menschlichen Daseins zu beschreiben. Auch in den Abschiedsreden werden Bilder für die so beschriebene Realität bereitgehalten: Den deutlichsten und direktesten Anschluss bietet der Beginn des Gebets zum Vater in Kapitel 17. In Joh 17,2 lesen wir über die Vollmacht des Sohnes:

17,2: ... ἔδωκας αὐτῷ ἐξουσίαν πάσης σαρκός,
ἵνα πᾶν ὃ δέδωκας αὐτῷ δώσῃ αὐτοῖς ζωὴν αἰώνιον

Die etwas eigenartig formulierte Passage kommt nicht nur dem eben zitierten 20,31 sehr nahe, sie erinnert mit ihrer Verwendung der Begriffe δίδωμι, ἐξουσία und σάρξ natürlich auch an 1,12–13: Erneut bestätigt sich nicht nur, dass die Rede vom „(ewigen) Leben", das hier als Geschenk verstanden ist, und die Möglichkeit, „Kinder Gottes" zu werden, die gleiche Möglichkeit menschlichen Daseins illustrieren. Vielleicht gibt die Rede von der „Vollmacht über alles Fleisch" darüber hinaus auch einen erneuten Hinweis darauf, dass der Text nicht ontologisch zwischen denen „aus dem Fleisch" und denen „aus Gott" differenziert, sondern zwei Seinsweisen unterscheidet: Der zunächst „aus dem Fleisch" geborene Mensch kann aufgrund der Vollmacht des Sohnes zum aus Gott geborenen Menschen werden, dem ewiges Leben geschenkt ist. Dieses ewige Leben wiederum hat nach 17,3 die Erkenntnis des einzigen wahren Gottes und seines Gesandten, Jesus Christus, als Folge;[28] die Möglichkeit dazu ist in der Offenbarung des göttlichen Na-

---

[27] Zur textkritischen Problematik vgl. *Thyen*, Johannesevangelium, 775.
[28] *Thyen*, Johannesevangelium, 684 schreibt hierzu: „Dabei bezeichnet das ἵνα γινώσκουσιν nicht ein theoretisches Erkennen, sondern die höchst praktische Erkenntnis des Glaubens."

mens an die Menschen, die „du mir aus dem Kosmos gegeben hast" (17,6), eröffnet. Gottes gnadenvolle Initiative und die glaubende Annahme des Menschen sind so kaum in ein eindeutig logisches Zueinander oder gar Nacheinander gebracht; sie gehen geradezu ineinander über.

Damit ist jedoch bei weitem nicht alles gesagt. Es würde den vorgegebenen Rahmen um ein Vielfaches sprengen, die in den Abschiedsreden erkennbaren, z.T. eng, z.T. lockerer mit dem bisher erkennbaren Raster verknüpften Gedanken zur Illustration dessen, was das mögliche Ziel menschlichen Lebens ausmacht, im Detail zu analysieren. Die Vorstellung von der Erkenntnis bzw. vom Sehen des Vaters (Joh 14,7) wurde bereits knapp angesprochen. Daneben begegnen Ideen wie die vom durch den Glauben ermöglichten „Wohnen" im Haus des Vaters (Joh 14,1–2), des „Gott Gehörens" (17,9) oder der Freundschaft mit Christus (15,14). Der Freundschaft mit Christus ist der Hass gegen Jesus und den Vater (15,23) entgegengesetzt. Über die außerhalb der Abschiedsreden vorherrschende Rede vom Glauben hinaus thematisieren die Abschiedsreden zudem die Liebe:[29] die gegenseitige Liebe (13,34–35; 15,12.17), der jedoch die Liebe Christi vorausgeht (vgl. auch 16,26 zum Geliebtsein vom Vater), in der die Jünger nun „bleiben" sollen (15,9–10), um

---

[29] Auch dieser Gedanke müsste natürlich genauer unter die Lupe genommen werden und könnte eine ganze Monographie füllen. Ausführlicher z.B. *Jörg Frey*, Love Relations in the Fourth Gospel: Establishing a Semantic Network, in: *ders.* Die Herrlichkeit des Gekreuzigten. Studien zu den johanneischen Schriften I, hg. v. *Juliane Schlegel*, WUNT 307, Tübingen 2013, 739–765; *Udo Schnelle*, Die johanneischen Abschiedsreden und das Liebesgebot, in: *Gilbert van Belle / Michael Labahn / Pieter Maritz* (Hg.), Repetitions and Variations in the Fourth Gospel, BETL 223, Leuven et al. 2009, 589–608; *Francis Moloney*, The Love Theme in the Gospel of John, in: *ders.*, Johannine Studies 1975–2017, WUNT 372, Tübingen 2017, 117–134; sowie (allgemeiner zum gesamten Corpus Johanneum) *Enno E. Popkes*, Die Theologie der Liebe Gottes in den johanneischen Schriften: Zur Semantik der Liebe und zum Motivkreis des Dualismus, WUNT II/197, Tübingen 2005.

ganz eins sein zu können (z.B. 17,11). Dieser Gedanke ist ganz eng verknüpft mit der Vorstellung des „in Christus, welcher wiederum im Vater ist, Seins und Bleibens" (in unterschiedlichen Variationen: 14,20; 15,4–7; 17,23; vgl. auch die Rede vom „Anteil haben" in 13,8).[30]
All dies erlaubt ein erstes Zwischenfazit: Prolog, Abschiedsreden und erster Buchschluss als Schlüsseltexte für das Verständnis des vierten Evangeliums bieten, z.T. bis in Formulierungen hinein eng verknüpft, Variationen einer ganz einfachen „Story": Der zunächst im Fleisch geborene Mensch hat glaubend aufgrund der Gnade Gottes die Möglichkeit, „Kind Gottes" zu werden bzw. „ewiges Leben" zu erlangen. Dabei ist das Zueinander von „Glauben" und „Gottesgnade" nicht als eine Abfolge im Sinne eines eindeutig bestimmbaren Nacheinanders, sondern geradezu als die zwei Seiten einer Medaille, ein Ineinander, verstanden. Im Folgenden werde ich zunächst versuchen zu zeigen, dass sich dies in einen Gesamtplot einfügen lässt, welcher sich (auch und wenigstens in Teilen) als Erzählung von der Vollendung der Schöpfung beschreiben lässt. Anschließend möchte ich anhand von drei Beispielen demonstrieren, inwiefern einzelne Erzählungen des Johannesevangeliums diese ganz einfache „Story" wiederum in verschiedenen Variationen beleuchten und konkretisieren.

2. Das Johannesevangelium – eine Story über die Vollendung von Mensch und Schöpfung

Wenn wir den Bezug von Joh 1,1a auf Gen 1,1, den Beginn der Schöpfungserzählung, ernst nehmen und gleichzeitig Joh 20,22, wo der Auferstandene die Jünger anhaucht und sagt „Nehmt den Heiligen Geist", in Bezug

---

[30] Allein diesen Gedanken im Detail darzustellen, würde den Rahmen um ein Vielfaches sprengen. Vgl. weiterführend die Monographie von *Klaus Scholtissek*, In ihm sein und bleiben. Die Sprache der Immanenz in den johanneischen Schriften, HBS 21, Freiburg et al. 2000.

zu Gen 2,7 zu setzen ist,[31] dann schreibt sich wenigstens ein entscheidender Teil des erzählenden Bogens im Johannesevangelium in die Schöpfungserzählungen der Genesis ein.[32] Lässt sich das Johannesevangelium so als Ganzes (wenigstens auch) als Erzählung von der Vollendung der Schöpfung und damit von der Vollendung wahren Menschseins auffassen?[33]
Eine Reihe von Indizien deutet darauf hin, dass für das vierte Evangelium das Werk der Schöpfung aus Gen 1 noch nicht als abgeschlossen bzw. als bereits zurückliegend verstanden ist: Bereits in den ersten Sätzen des Prologs spielt der Text mit dem Nebeneinander von ἦν und ἐγένετο. Dabei wird Ersteres im Zusammenhang mit dem bereits im Anfang seienden Logos verwendet; beschrieben wird so sein „Sein" bei Gott und seine Göttlichkeit (Joh 1,1–2), aber auch das Leben, das in ihm ist (1,4). Das ab V. 3 dagegen verwendete ἐγένετο scheint die erst ins Sein gerufenen Dinge der Welt, also durch

---

[31] Eine Reihe anderer alttestamentlicher Intertexte bietet jedoch z.B. *R. Alan Culpepper*, Designs for the Church in John 20,19–23, in: *Joseph Verheyden / Geert van Oyen / Michael Labahn / Reimund Bieringer* (Hg.), Studies in the Fourth Gospel and Its Christology. Festschrift Gilbert van Belle, BETL 265, Leuven et al. 2014, 503–518, hier 510–511.

[32] Vgl. auch den Abschnitt „Kontinuierliche Schöpfung durch den Logos" bei *Ulrich Busse*, Theologie oder Christologie im Johannesprolog?, in: *Joseph Verheyden / Geert Van Oyen / Michael Labahn / Reimund Bieringer* (Hg.), Studies in the Gospel of John and its Christology. Festschrift Gilbert van Belle, BETL 265, Leuven et al. 2014, 1–36, bes. 1–11, der schreibt: Gott „ist der finale Handlungsträger des Prologs. Es war seine kreative Idee, die Welt zu erschaffen. Er lässt aus johanneischer Sicht vom Uranfang an ein Gegenüber zu, sucht das Gespräch mit ihm, weiht ihn in seinen Plan ein und vertraut ihm anschließend sein Schöpfungswerk an" (S. 11), zudem Joh 20,22 vor dem Hintergrund von Gen 2,7 interpretiert (S. 10–11).

[33] Zur Schöpfungstheologie des Johannesevangeliums ausführlicher *Hans-Ulrich Weidemann*, The Victory of Protology over Eschatology? Creation in the Gospel of John, in: *Tobias Nicklas / Korinna Zamfir* (Hg.), Theologies of Creation in Early Judaism and Ancient Christianity. In Honour of Hans Klein, DCLS 6, Berlin / New York 2010, 299–334.

den Logos Geschaffenes, zu bezeichnen.[34] Vor diesem Hintergrund fällt auf, dass in 1,6 Johannes der Täufer mit den Worten ἐγένετο ἄνθρωπος eingeführt wird. Wenn dies nicht als Zufall oder als Zeichen einer unbeholfenen Redaktion gedeutet werden soll, legt sich nahe, die Form ἐγένετο auch hier auf das in der Zeit aufgrund des schöpferischen Wirkens Gottes ermöglichte Entstehen eines Menschen zu beziehen, der von Gott gesandt ist, um als Zeuge für das Licht aufzutreten.[35]

Noch deutlicher erscheint mir Joh 5,17: Die Heilung des Gelähmten am Sabbat wird nicht wie etwa in Mk 2,25–27 par. in den Kontext kontroverser halachischer Fragen gestellt. Der Text geht auch weiter als etwa Mk 2,28 par., wo von der Vollmacht des Menschensohns die Rede ist. Stattdessen lesen wir: ὁ πατὴρ μου ἕως ἄρτι ἐργάζεται κἀγὼ ἐργάζωμαι. – „Mein Vater wirkt bis jetzt und (so) wirke auch ich." Damit ist natürlich die für das Johannesevangelium bedeutsame Wirkeinheit Jesu mit dem Vater angesprochen, jedoch wird – im Kontext des Sabbats – deutlich gemacht, dass für den noch immer handelnden Gott der menschliche, an Gottes Ruhen nach vollendetem Schöpfungswerk erinnernde, die „Krone der Schöpfung" einnehmende Sabbat und damit die göttliche Sabbatruhe (Gen 2,2–3) aus johanneischer Sicht noch nicht eingetreten sein kann. Dies alles wird noch deutlicher, wenn man bedenkt, dass Gen 2,2 LXX (gegen den hebräischen Text) von den „Werken Gottes" und deren Vollendung spricht:

---

[34] Zum Hintergrund der Idee des göttlichen Logos als Schöpfungsmittler vgl. *Jutta Leonhardt-Balzer*, Der Logos und die Schöpfung: Streiflichter bei Philo (Op 20–25) und im Johannesprolog, in: *Jörg Frey / Udo Schnelle* (Hg.), Kontexte des Johannesevangeliums, WUNT 175, Tübingen 2004, 295–320.

[35] *Thyen*, Johannesevangelium, 75 schreibt: „Schon der Einsatz dieses neuen Prologabschnittes mit dem durch die erste Strophe unwiderruflich geprägten Lexem ἐγένετο in seinem Gegensatz zu ἦν [...] rückt den hier [...] eingeführten Zeugen Johannes an die Werden-Seite der Achse."

καὶ συνετέλεσεν ὁ θεὸς ἐν τῇ ἡμέρᾳ τῇ ἕκτῃ τὰ ἔργα αὐτοῦ, ἃ ἐποίησεν,
καὶ κατέπαυσεν τῇ ἡμέρᾳ τῇ ἑβδόμῃ ἀπὸ πάντων τῶν ἔργων αὐτοῦ, ὧν ἐποίησεν. (Gen 2,2)

Vor diesem Hintergrund lässt sich Joh 5,17 als Klarstellung deuten: Das „Wirken Gottes" ist noch nicht vollendet, er führt es vielmehr bis jetzt im Wirken Jesu fort – die Ruhe des siebten Tages kann deswegen weder für ihn noch für seinen Sohn gelten, sie liegt vielmehr erst in der Zukunft.[36]

Vor diesem Hintergrund ist zumindest zu erwägen, ob sich die johanneische Rede vom Wirken Gottes bzw. damit zusammenhängend seinem „Werk" bzw. seinen „Werken Gottes" grundsätzlich nicht nur als Gottes Handeln in und an der Welt, sondern konkreter auch als schöpferisches Handeln auf ihre Vollendung hin deuten lässt.[37] Eine solche Deutung passt besonders gut zu Joh 4,34, wo Jesus davon spricht, dass seine Speise darin bestehe, den Willen dessen, der ihn gesandt hat, zu tun und sein Werk – hier im Sg. – zu vollenden (καὶ

---

[36] Eine (ausführlichere) Interpretation der Heilung des Gelähmten als Schöpfungsakt hat auch *Esther Straub*, Alles ist durch ihn geworden: Die Erschaffung des Lebens in der Sabbatheilung Joh 5,1–18, in: *Andreas Dettwiler / Uta Poplutz* (Hg.), Studien zu Matthäus und Johannes. Festschrift für Jean Zumstein zu seinem 65. Geburtstag, AThANT 97, Zürich 2009, 157–168; auf frühjüdische Parallelen (z.B. Aristobul in Eusebius v. Caesarea, Praep. Ev. 13,9–11, Philo, Leg All 1,5) verweisen z.B. *Theobald*, Johannes 1–12, 381 und *Thyen*, Johannesevangelium, 307.

[37] Dass die Rede von den „Werken" bzw. dem „Werk" im Johannesevangelium deutlich vielschichtiger ist, als ich hier andeuten kann, zeigt die Analyse von *Karl Weyer-Menkhoff*, Die Ethik des Johannesevangeliums im sprachlichen Feld des Handelns, WUNT II/359, Tübingen 2014, 71–125, der das Wirken Gottes und die daraus resultierenden Werke differenziert und so die ἔργα „als Manifestation einer Ordnung" versteht, „die auf denjenigen Taten beruht, die Gott der Vater *getan hat*. Τὰ ἔργα τοῦ θεοῦ zeigen nicht das aktuelle, produktive Handeln Gottes, sondern stellen den Niederschlag des göttlichen ‚Wirkens' dar" (S. 102).

τελειώσω αὐτοῦ τὸ ἔργον)[38]. Während Joh 5,19–20 das Verhältnis von Vater und Sohn im Sinne einer Wirkeinheit beschreibt, in der der Vater dem Sohn zeigt, was er tut, spricht Joh 5,36 erneut von der Vollendung der Werke (τελειώσω αὐτά). Wenn für Joh 6,28–29 das Werk Gottes zu tun darin besteht, an den zu glauben, den er gesandt hat, so liegt auch dies auf der Linie, wenn Glauben, Annehmen, die Möglichkeit „Leben" zu erlangen (Joh 20,31) und „Kinder Gottes zu werden" (Joh 1,12), wie angedeutet, einander gegenseitig interpretieren. Dem gegenüber steht die Sünde, die darin besteht, die Werke, die kein anderer vollbracht hat, nicht anzunehmen (Joh 15,24). Joh 9,3–4, worauf ich später noch zurückkommen werde, sowie Joh 10,25, 10,32–33[39] und 10,37–38, aber auch 14,10–12[40] thematisieren erneut in erster Linie das Zueinander des Wirkens Jesu zum Wirken des Vaters. Joh 17,4 schließlich, obwohl im Erzählkontext noch vor der Passion eingeordnet, spricht schon aus der Perspektive des Erhöhten, der dem Vater gegenübersteht und ihm Rechenschaft ablegt: „Ich habe dich auf der Erde verherrlicht, indem ich das Werk vollendete (τελειώσας), das du mir gegeben hast, damit ich es tue". Mit der Vollendung des Wirkens des inkarnierten Logos[41] ist der Vater auf der Erde verherrlicht. Dies kann gleichzeitig im Kontext des bisher Gesagten als Vollendung des Schöpfungswerks verstanden werden.

Wenn vor diesem Hintergrund Vollendung der Schöpfung und Sendung des Sohnes aufgrund göttlicher Liebe (vgl. 3,16) zusammenhängen, dann kann in diese Linie

---

[38] *Theobald*, Johannes 1–12, 333, sieht hier (wohl mit Recht) einen Vorausblick auf die Vollendung des Lebens Jesu.
[39] Joh 10,33 zeigt das Missverständnis der „Juden" auf, welche die „guten Werke", die ihnen Jesus im Auftrag des Vaters gezeigt hat, einfach mit einem „guten Werk" an sich gleichsetzen, ohne sich dessen gewärtig zu sein, dass Gott selbst in Jesu Wirken wirksam ist.
[40] Wenn in 10,37–38 oder 14,10 vom „Tun" der Werke des Vaters die Rede ist, so erinnert das an das τῶν ἔργων αὐτοῦ, ὧν ἐποίησεν aus Gen 2,2, ist jedoch für sich nicht signifikant.
[41] Von daher ist auch das letzte Wort Jesu 19,30 zu erklären.

vielleicht auch der Gedanke eingewoben werden, dass der Fleisch gewordene Logos, der in Joh 1,14b als „Wohnort Gottes" beschrieben ist,[42] gerade als solcher vollendetes Mensch-Sein repräsentiert, in das die Jünger durch den Geisthauch (Joh 20,22) hineingenommen werden.
Ich sehe dies weniger in der mit Joh 1,51 beginnenden Reihe von Aussagen über den „Menschensohn" angedeutet, welcher für Johannes Himmel und Erde miteinander verbindet, für die ganz außergewöhnliche Sonderstellung Jesu steht und somit, soweit ich sehe, nicht in erster Linie Jesu wahres Menschsein zum Ausdruck bringen will. Stärker auffallend ist dagegen, dass Jesus von Beginn des Evangeliums an immer wieder als „dieser Mensch" oder „ein Mensch" beschrieben wird.
So haben die Gerichtsdiener sicherlich recht, wenn sie sagen, dass noch niemals ein Mensch so gesprochen habe wie Jesus (Joh 7,46; vgl. auch die Aussage des Nikodemus in 7,51). Dieser selbst beschreibt sich als „ein Mensch, der euch die Wahrheit sagt" (Joh 8,40). Der Hohe Rat spricht von einem Menschen, der „viele Zeichen tut" (Joh 11,37) und Petrus leugnet, ein Jünger „dieses Menschen" (Joh 18,17) zu sein, gegen den durch Kajaphas vor Pilatus Anklage erhoben wird (vgl. 18,29). Wenn „die Juden" Jesus am Tempelweihfest steinigen wollen, dann hat ihre Anklage σὺ ἄνθρωπος ὢν ποιεῖς σεαυτὸν θεόν (Joh 10,33) in ihrem ersten Teil vollkommen recht. Jesus ist „Mensch"; er macht sich aber nicht selbst zu Gott, sondern ist Fleisch gewordener göttlicher Logos; in ihm hat Gottes Logos Wohnung genommen

---

[42] Zu dem für das Johannesevangelium bedeutsamen Gedanken der Schechina vgl. *Jörg Frey*, Joh 1,14, die Fleischwerdung des Logos und die Einwohnung Gottes in Jesus Christus. Zur Bedeutung der ‚Schechina-Theologie' für die johanneische Christologie, in: *Bernd Janowski / Enno E. Popkes* (Hg.), Das Geheimnis der Gegenwart Gottes. Zur Schechina-Vorstellung in Judentum und Christentum, WUNT 318, Tübingen 2014, 231–256; sowie *Uta Poplutz*, „... und hat unter uns gezeltet" (Joh 1,14b). Die Fleischwerdung des Logos im Licht der Schechina-Theologie, in: Sacra Scripta 13 (2015), 101–114.

(Joh 1,14). Oder, um es mit den Worten von Joh 10,32 zu sagen: Seine Werke sind Werke im Auftrag des Vaters, in vollkommenem Einklang mit dessen Willen. Dieses wahrhafte, auch ganz als leiblich beschriebene Menschsein Jesu[43] zeigt sich in absoluter Unterordnung unter den Willen des Vaters: Nur in Einklang mit dessen Willen und nicht aufgrund irgendwelcher anderer Anstöße wirkt Jesus seine Zeichen und offenbart seine Herrlichkeit, wie schon das Wunder bei der Hochzeit zu Kana (Joh 2,1–11) erkennen lässt. Dieses wahre Menschsein Jesu in vollkommener Unterordnung unter den Willen des Vaters aber führt nicht zum äußeren Triumph, sondern in Leid und Tod, gleichzeitig die äußerste Form der Verherrlichung.[44] Nur in dieser Unterordnung unter Gottes Willen – und nicht aus politischem Kalkül heraus (vgl. stattdessen Joh 11,50; 18,14) – ist es verständlich, dass ein einziger Mensch für das Volk stirbt und dabei dieses „für" tatsächlich als Heil schaffend verstanden ist. Dann ist das auf den Dornenkrone und Purpurmantel tragenden Gefolterten weisende ἰδοῦ ὁ ἄνθρωπος - Ecce Homo des Pilatus (Joh 19,5) natürlich nicht nur ein Ruf zur Aufmerksamkeit an die Umstehenden, nicht einfach ein Zeigen auf Jesus, um vielleicht ein Gefühl von Mitleid zu erzeugen, das „Gnade" und Freilassung des so Geschundenen ermöglicht.[45] Soll hier zum

---

[43] Zur Bedeutung der Leiblichkeit für die Darstellung des johanneischen Jesus bis hinein in die Zeichnung des Auferweckten vgl. die vielen Beobachtungen bei *Jörg Frey*, Leiblichkeit und Auferstehung im Johannesevangelium, in: *ders.*, Die Herrlichkeit des Gekreuzigten. Studien zu den johanneischen Schriften I, hg. v. *Juliane Schlegel*, WUNT 307, Tübingen 2013, 699–738.
[44] Wie sehr dies natürlich die nachösterliche Perspektive des Johannesevangeliums zum Ausdruck bringt, zeigt *Jörg Frey*, „…daß sie meine Herrlichkeit schauen" (Joh 17,24). Zu Hintergrund, Sinn und Funktion der johanneischen Rede von der δόξα Jesu, in: *ders.*, Die Herrlichkeit des Gekreuzigten. Studien zu den johanneischen Schriften I, hg. v. *Juliane Schlegel*, WUNT 307, Tübingen 2013, 639–662, bes. 660–662.
[45] Eine Übersicht über vier Hauptlinien der Deutung der Szene bietet *Jean Zumstein*, Johannesevangelium, 705–706, der selbst zu dem

Ausdruck gebracht werden, dass wahrhaftes Menschsein sich in vollkommener Unterordnung unter den Willen Gottes zeigt, welche jedoch auch in die Abgründe des Todes führen kann? Dann wird hier – vielleicht in narrativer Weiterführung des Gedankens der Synoptiker, dass ein Mensch sein Leben in der Jesusnachfolge, die Kreuzesnachfolge ist, zu retten vermag (vgl. Mk 8,34–9,1 par Mt 16,24–28; Lk 9,23–27) – ein tiefer Blick auf den geworfen, der auch in Entstellung und Folter ganz Mensch ist. Oder kommen der Passage auch andere Dimensionen zu? Schwingt hier etwa auch mit, dass die Würde eines Menschen (um einen Begriff aus heutiger Perspektive einzubringen) auch da unangetastet bleibt, wo versucht wird, sein Leben zu zerstören? Der Text ist zu offen formuliert, um endgültige Antworten auf diese Fragen zu erlauben. Er bleibt aber so sehr bei dem Bild des gefolterten ἄνθρωπος Jesus stehen, dass diese geradezu herausgefordert werden.

All dies ist, um nicht missverstanden zu werden, jedoch nur eine Linie, eine Möglichkeit, die das Johannesevangelium anbietet, um das Wirken des johanneischen Jesus zu deuten. Dass daneben bekanntlich auch von der eschatologisch-richterlichen Funktion Jesu (z.B. Joh 5,21–30), seiner Identifikation mit der endzeitlichen Auferstehung (Joh 11,25–26), aber auch seiner Sendung zur Rettung der Welt (z.B. Joh 3,16–17; vgl. aber auch die Rede vom Gericht in 3,17–18) die Rede ist – und dies sind nur wenige Beispiele –, zeigt, dass der Plot des Johannesevangeliums, je nachdem von welcher Perspektive man ihn unter die Lupe nimmt, aus schöpfungstheologischer, soteriologischer und eschatologischer Sicht erzählt werden kann.[46] Keine der drei Perspektiven

---

Schluss kommt: „Der ganze Prozess des Pilatus erweist sich als paradoxe Epiphanie des Königtums Jesu. In diesem gedemütigten und lächerlichen Menschen soll der wahre Gesandte Gottes erkannt werden. Das im Prolog besungene Paradoxon der Menschwerdung ist hier wieder präsent."

[46] Zur Soteriologie des Johannesevangeliums im Sinne von „Heilsgeschichte" vgl. *Jörg Frey*, Heil und Geschichte im Johannesevangeli-

schließt die andere aus, vielmehr sind sie drei Aspekte, ja Ausdrucksweisen des gleichen Geschehens, das mit verschiedenen Termini beschrieben werden kann.

3. Erzählungen in der Erzählung: Verschiedene Wege verschiedener Menschen

Wie schon eingangs angesprochen, lässt sich der Plot des Johannesevangeliums nicht nur als ein einziger Bogen beschreiben. In diesem Bogen sind vielmehr einzelne Erzählungen eingewoben, die sich auf unterschiedliche Weise als Explikationen dessen lesen lassen, was in Joh 1,9–13 als Kern der Erzählung vom „Menschen" auszumachen ist und was sich anhand des Gesamtplots des Textes über die Vollendung des Werkes Gottes sagen lässt. Ich kann im Folgenden nur drei Beispiele knapp ansprechen.[47]

3.1 Die Figur des Nikodemus

Zu den faszinierendsten Figuren im Johannesevangelium gehört sicherlich Nikodemus, der zum ersten Mal im dritten Kapitel begegnet. Seine Charakterisierung weist ihn gleich mehreren Gruppen zu:[48] Er wird als ἄνθρωπος

---

um, in: *ders.*, Die Herrlichkeit des Gekreuzigten. Studien zu den Johanneischen Schriften I, hg. v. *Juliane Schlegel*, WUNT 307, Tübingen 2013, 585–63; zur Eschatologie *ders.*, Die johanneische Eschatologie, 3 Bde., WUNT 96.110.117, Tübingen 1997–2000, sowie knapper *ders.*, Eschatology in the Johannine Circle, in: *ders.*, Die Herrlichkeit des Gekreuzigten. Studien zu den Johanneischen Schriften I, hg. v. *Juliane Schlegel*, WUNT 307, Tübingen 2013, 663–698.

[47] Der Text bietet darüber hinaus eine Vielzahl weiterer Beispiele an, die in Variationen Wege zum Menschsein z.T. nur andeuten (z.B. die Figur des Königlichen Joh 4,43–54), z.T. ausführlicher (z.B. die Frau am Jakobsbrunnen Joh 4,1–42; der Geheilte aus Kapitel 5 u.v.a.) verfolgen lassen.

[48] Zur Charakterisierung des Nikodemus vgl. *Tobias Nicklas*, Ablösung und Verstrickung: ‚Juden' und Jüngergestalten als Charaktere der erzählten Welt des Johannesevangeliums und ihre Wirkung auf

beschrieben, gleichzeitig den Pharisäern und als ἄρχων den „Juden" zugeordnet (Joh 3,1). Dass er in der Nacht zu Jesus kommt (vgl. auch 19,39), dürfte kaum als pure Zeitangabe zu verstehen sein, sondern sich in das bereits im Prolog angedeutete Zueinander von Licht und Finsternis einordnen.[49] Dies heißt jedoch noch nicht einfach platt, dass Nikodemus dem Bereich der Finsternis angehören würde: Die Ambivalenz der Zeitangabe „Nacht" zeigt sich vielleicht am besten, wenn man sie in Bezug zum Abschluss der Jesusrede ab 3,20 setzt:

> „Jeder, der Böses tut, hasst das Licht und kommt nicht zum Licht, damit seine Werke nicht aufgedeckt werden. Wer aber die Wahrheit tut, kommt zum Licht, damit offenbar wird, dass seine Werke in Gott gewirkt sind." (Joh 3,20–21)

Will man das Kommen des Nikodemus in der Nacht und die Rede über das Kommen zum Licht als Inklusion um die ganze Szene ansehen, so zeigt sich bereits hier die ganze Ambivalenz der Figur Nikodemus: Ist sein nächtliches Kommen ein Zeichen dafür, dass er in der Finsternis verharrt, dass er zu den Menschen gehört, die die Finsternis mehr lieben als das Licht? Oder gehört er zu denen, die zum Licht kommen? Er scheint eigenartig unentschieden zwischen Licht und Finsternis zu stehen, gehört aber keineswegs allein dem Bereich der Finsternis

---

den ‚impliziten Leser', RStTh 60, Frankfurt am Main 2000, 225–240; sowie jüngst *R. Alan Culpepper*, Nicodemus: The Travail of New Birth, in: *Steven A. Hunt / D. Francois Tolmie / Ruben Zimmermann* (Hg.), Character Studies in the Fourth Gospel: Narrative Approaches to Seventy Figures in John, WUNT 314, Tübingen 2013, 249–259, der dabei auch einen Überblick über die ausführliche Sekundärliteratur zu Nikodemus bietet (252).

[49] Daneben wurde die Szene auch immer wieder unter historischen Gesichtspunkten betrachtet und von der Nacht als der üblichen Zeit rabbinischen Studiums gesprochen. So z.B. *Rudolf Schnackenburg*, Das Johannesevangelium I. Einleitung und Kommentar zu Kap. 1–4, HThKNT 4,1, Freiburg et al. [7]1992, 380; oder *Richard E. Bauckham*, Nicodemus and the Gurion Family, in: JThS 47 (1996), 31 (aufgrund der eher vagen Parallelen in Strack-Billerbeck II 419–420).

an: Immerhin kommt er ja offenbar auf eigene Initiative, wenn auch wohl als Sprecher einer Gruppe, zu Jesus (Joh 3,2) und formuliert sogar ein Bekenntnis, das ihn in Bezug zu denen setzt, welche aufgrund der Zeichen, die Jesus in Jerusalem während des Pesachfestes tut, zum Glauben kommen (Joh 2,23). Mit der Erkenntnis, dass Jesus „von Gott gekommen" sein müsse und „Gott mit ihm sei" (Joh 3,2), liegt er sicherlich nicht falsch. Wichtig wird nun die Rede Jesu, dass es notwendig sei, „von Neuem" bzw. „von oben her geboren zu werden", um die Königsherrschaft Gottes sehen zu können. Wenn die Vorstellung eines ἄνωθεν γεννηθῆναι als Variation zu dem in 1,12 verwendeten Bild vom Ziel des Menschen – τέκνα θεοῦ γενέσθαι – aufgefasst wird (ohne natürlich ganz identisch zu sein), dann lässt sich der ganze Dialog in diesem Horizont verstehen. 3,5 lässt sich als Variation von 3,3 auffassen, beides greift jedoch auch auf 1,13 zurück:

3,3 ἐὰν μή τις γεννηθῇ ἄνωθεν,
    οὐ δύναται ἰδεῖν τὴν βασιλείαν τοῦ θεοῦ.

3,5 ἐὰν μή τις γεννηθῇ ἐξ ὕδατος καὶ πνεύματος,
    οὐ δύναται εἰσελθεῖν εἰς τὴν βασιλείαν τοῦ θεοῦ.

1,13 ... ἐκ θεοῦ ἐγεννήθησαν.

Selbst wenn man zögert, aus dem Text des Johannesevangeliums konkrete Folgerungen auf die sakramentale Praxis der johanneischen Gemeinde zu ziehen, so kommt der Rede von einer Geburt aus „Wasser und Geist" doch wenigstens „sakramentales Potential" zu.[50] Ganz klar ist

---

[50] Dafür spricht auch der Bezug zu Joh 1,33, wo Wasser und Geist mit Johannestaufe und Jesustaufe in Verbindung gebracht sind. Zur Diskussion des „baptismal potential" der Szene vgl. *Turid K. Seim*, Baptismal Reflections in the Fourth Gospel, in: *David Hellholm / Tor Vegge / Øyvind Norderval / Christer Hellholm* (Hg.), Ablution, Initiation, and Baptism: Late Antiquity, Early Judaism, and Early Christia-

ein radikaler Neuanfang zum Ausdruck gebracht, der von Nikodemus als unmöglich angesehen wird. Ich halte es für kaum wahrscheinlich, dass Nikodemus in seiner Antwort V. 4 tatsächlich meint, Neugeburt bedeute „ein zweites Mal in den Bauch der Mutter hineinzugehen und geboren zu werden" (Joh 3,4), sondern denke, dass auch ihm ruhig bildliche Rede zuzutrauen ist. Vielleicht will er so zum Ausdruck bringen, dass ein radikaler Neuanfang für einen alten Mann im Grunde nicht möglich ist. Nikodemus bleibt also, obwohl er offen für Jesus ist und „zum Licht kommt", ganz Realist, der auf der Ebene menschlicher Erfahrung spricht, während Jesu Rede von den Möglichkeiten Gottes handelt. Auch vor diesem Hintergrund verstehe ich die Unterscheidung zwischen dem aus Fleisch und dem aus Geist Geborenen nicht als ontologische Differenzierung zweier für immer festgelegter Seinsweisen, sondern als Hinweis auf zwei Entwicklungsstufen: Alles wird zunächst „aus Fleisch geboren", „neu" bzw. „von oben geboren" zu werden heißt, aus dem Wasser und dem Geist geboren zu werden (vgl. auch 3,8). Wie dabei das konkrete Verhältnis von „Wasser" und „Geist" zu sehen ist, muss wohl offenbleiben, obwohl die Weiterführung in 3,8 andeutet, dass offenbar das Geschenk des als vollkommen frei verstandenen Geistes entscheidend ist,[51] welcher „weht, wo er will" (Joh 3,8), was deutlich macht, dass das Erreichen der zweiten Stufe als Gnade verstanden ist.[52] Die Tatsache, dass Joh 3,3 all dies mit dem „Sehen der Königsherrschaft Gottes" in Bezug setzt, ist beachtlich. Ist es denkbar, dass das vierte Evangelium hier den markinischen

nity I, BZNW 176.1, Berlin / Boston 2011, 717–734, hier 722–727 (mit ausführlicher Literaturliste).
[51] Für die Frage nach dem Verhältnis von Wasser und Geist danke ich Christos Karakolis, obwohl ich gleichzeitig nicht sicher bin, ob ich in der Lage bin, sie angemessen zu beantworten.
[52] Hierzu *Culpepper*, Nicodemus, 256: „The parable of the wind in verse 8 points to the reality of the Spirit but also its incomeprehensibility: we hear and feel its presence, but we do not know where it comes from."

Gedanken vom „Geheimnis der Gottesherrschaft" (Mk 4,11) aufgreift und weiterführt, die einige „sehen, aber nicht erkennen, hören, aber nicht verstehen" (Mk 4,12; vgl. Jes 6,9–10)?[53] Dann ist hier die in den synoptischen Evangelien zum Ausdruck gebrachte „Nähe" der Gottesherrschaft (vgl. allen voran Mk 1,15 par.) im Sinne einer bereits vor Augen liegenden Präsenz gedeutet, die nur dem „von oben her" Neugeborenen in einer ihm geschenkten Form neuen „Sehens" zugänglich ist.[54]

Im Grunde kann schließlich auch die dritte Jesusrede vor dem mehr und mehr in der Sprachlosigkeit versinkenden Nikodemus als weitere Variation desselben Themas aufgefasst werden: Wer an den Menschensohn glaube, der als der vom Himmel Herabgestiegene zum Himmel aufgestiegen sei (Joh 3,13) und wie die Schlange in der Wüste erhöht werden müsse,[55] habe „ewiges Leben". Was in 3,3–8 in Termini der Neugeburt des Einzelnen durch den Geist beschrieben ist, wird nun – sicherlich noch einmal rätselhafter und nur verständlich für denjenigen, der das Evangelium schon im Gesamten überblickt – in einer Kombination aus soteriologischen und eschatologischen Aussagen zum Ausdruck gebracht.

---

[53] Immerhin wird das Verstockungszitat aus Jes 6,9–10 auch in Joh 12,40 aufgegriffen und verarbeitet.
[54] Die Frage nach der Bedeutung sinnlicher Wahrnehmung die die Gotteserkenntnis im johanneischen Sinne hat jüngst *Rainer Hirsch-Luipold*, Gott wahrnehmen. Die Sinne im Johannesevangelium, WUNT 374, Tübingen 2017, bearbeitet und dabei – über das Sehen hinaus – auf die Bedeutung des Schmeckens, Riechens und Berührens verwiesen.
[55] Joh 3,14–15, sein Rückgriff auf Num 21 und seine christologische Verarbeitung auf die Erhöhung des Menschensohns am Kreuz hin würde ein eigenes Feld für die Diskussion eröffnen. Ich kann hier nur verweisen auf *Jörg Frey*, ‚Wie Mose die Schlange in der Wüste erhöht hat...' Zur frühjüdischen Rezeption der ‚ehernen Schlange' und ihrer christologischen Rezeption in Johannes 3,14f, in: *ders.*, Die Herrlichkeit des Gekreuzigten. Studien zu den johanneischen Schriften I, hg. v. *Juliane Schlegel*, WUNT 307, Tübingen 2013, 89–145.

Dieses Mal stehen 3,15, 3,16 und 3,18 in engem Zusammenhang und interpretieren einander gegenseitig:

3,15 ἵνα πᾶς ὁ πιστεύων ἐν αὐτῷ ἔχῃ ζωὴν αἰώνιον.

3,16 ἵνα πᾶς ὁ πιστεύων εἰς αὐτὸν μὴ ἀπόληται ἀλλ' ἔχῃ ζωὴν αἰώνιον.

3,18 ὁ πιστεύων εἰς αὐτὸν οὐ κρίνεται, ὁ δὲ μὴ πιστεύων ἤδη κέκριται ὅτι μὴ πεπίστευκεν εἰς τὸ ὄνομα τοῦ μονογενοῦς υἱοῦ τοῦ θεοῦ.

Die Geschichte des Nikodemus muss sich nun vor diesem Hintergrund entscheiden: Gehört er zu denen, die an den Menschensohn glauben und so das ewige Leben haben und gerettet bzw. nicht gerichtet werden? Sein Schweigen ab V. 9 lässt es offen, wie er auf die Jesusrede reagiert. Von seinem Glauben ist im weiteren Evangelium nirgends explizit die Rede, wenn er auch in Joh 12,42f mitgemeint sein könnte, wo von Führenden der „Juden" die Rede ist, die zum Glauben kamen, diesen aber aus Liebe zur δόξα der Menschen und Sorge davor, von den Pharisäern aus der Synagoge ausgeschlossen zu werden, nicht offen bekennen. Zum Glauben kommen (Aorist) bedeutet aber noch nicht unbedingt dauerhaft „glauben" (vgl. das Partizip Präsens: πιστεύων) bzw. im Glauben verbleiben (vgl. z.B. 8,31) – das Johannesevangelium scheint mir zwischen beidem klar zu differenzieren.

Wir lesen zudem von einer Parteinahme des Nikodemus für Jesus in Joh 7,51 – auf die Antwort der Pharisäer, die auf sein Argument gar nicht eingehen, reagiert er nicht mehr. Zusammen mit Joseph von Arimathäa bereitet er Jesus ein geradezu königliches Begräbnis (Joh 19,39)[56] – und doch finden wir ihn weder unter dem Kreuz, wo sich

---

[56] *Klaus Wengst*, Das Johannesevangelium II: Kapitel 11–21, ThKNT 4,2, Stuttgart 2001, verweist in diesem Zusammenhang auf Ps 45,9, wo von den Gewändern des Königs die Rede ist.

die Herrlichkeit des erhöhten Menschensohns zutiefst offenbart, noch in den Ostererzählungen oder gar unter den Jüngern Jesu. Zumindest im Verlauf der Erzählung des Johannesevangeliums bleibt offen, ob ihm der letzte, entscheidende Schritt gelingt. Steht das Bild der „Neugeburt" in seinem Fall vielleicht für einen langwierigen, manchmal kaum wahrnehmbaren Prozess? Wenn ja, dann ist hier die Erfahrung verarbeitet, dass es die beiden „ideal" vorausgesetzten Weisen, Mensch zu sein, in der Realität kaum einmal in vollkommener Weise gibt. Das Johannesevangelium entwickelt so zwar „anthropologische" Vorstellungen, ist dabei aber nicht so naiv, konkrete menschliche Realität zu vergessen.

3.2 „Juden" und „Pharisäer"

Während Nikodemus als Figur zwischen den Welten beschrieben werden könnte, lebt die Figurenkonstellation des Johannesevangeliums natürlich auch vom Gegenüber zwischen „den Juden", die häufig mit „den Pharisäern" identifiziert werden können, und Jesus bzw. seinen entschiedenen Anhängern.[57] Wie sehr sich dieses Gegenüber ebenfalls mit der Erzählung aus 1,9–12 verbinden, ja in sie einschreiben lässt, zeigt z.B. die dramatische Dialogfolge in Joh 8,30–47. Die Passage beginnt mit der

---

[57] Die Sekundärliteratur hierzu ist kaum überschaubar: Vgl. u.a. *Tobias Nicklas*, Ablösung und Verstrickung; sowie *ders.*, Creating the ‚Other': The ‚Jews' in the Gospel of John. Past and Future Lines of Scholarship, in: *Michal Bar-Asher Siegal / Wolfgang Grünstäudl / Matthew Thiessen* (Hg.), Perceiving the Other: Ancient and Modern Interaction with Outsiders, WUNT 394, Tübingen 2017, 49–66. In der jüngeren Literatur besonders wichtig *Ruben Zimmermann*, 'The Jews': Unreliable Figures or Unreliable Narration; sowie *Uta Poplutz*, The Pharisees: A House Divided, beide in: *Steven A. Hunt / D. Francois Tolmie / Ruben Zimmermann* (Hg.), Character Studies in the Fourth Gospel. Narrative Approaches to Seventy Figures in John, WUNT 314, Tübingen 2013, 71–109 und 116–26; sowie *Uta Poplutz*, Die Pharisäer als literarische Figurengruppe im Johannesevangelium, in: *dies. / Jörg Frey* (Hg.), Narrativität und Theologie im Johannesevangelium, BThSt 130, Neukirchen-Vluyn 2012, 19–39.

Aussage, dass viele, die Jesu Aussagen aus 8,21–29 hörten, zum Glauben an ihn kamen (Aorist ἐπίστευσαν: 8,30). Diese an ihn glaubenden „Juden" (Perfekt: πεπιστευκότας)[58] werden von Jesus jedoch erst dann wahrhaftig als seine Jünger angesehen, wenn sie „in seinem Wort bleiben" (8,31) und sie die befreiende Wahrheit erkennen (8,32). Ist hier die im Falle des Nikodemus offen gebliebene Frage, ob es möglich ist, aus der bereits erreichten „Stufe" der Neugeburt wieder in die alte Seinsweise zurückzufallen, angesprochen? Dann reicht es offenbar nicht allein „von oben her geboren zu werden" (Joh 3,3); vielmehr muss nach dieser Neugeburt alles dafür getan werden, um zu „bleiben". Göttliche Gnade und menschliche Antwort scheinen hier wenigstens vorsichtig in ein Zueinander gebracht. Der folgende Dialog arbeitet nun mit verschiedenen Formen der Zugehörigkeit, die mit Bildern der Kindschaft zum Ausdruck gebracht sind. Der Text lässt sich deswegen als Spiel mit Joh 1,9–13 verstehen:

Die glaubenden „Juden" entgegnen Jesus, dass sie keiner Befreiung bedürften, weil sie als σπέρμα Ἀβραάμ niemals jemandem gedient hätten (8,33). Jesus dagegen bezeichnet sie (wenigstens implizit) als Diener bzw. Sklaven der Sünde (8,34), die als solche der Befreiung durch den Sohn bedürften, um auf immer im Haus verbleiben zu dürfen (8,35–36). Joh 8,37 bietet einen – v.a. gegenüber „glaubenden Juden" – etwas abrupten, überraschenden Einschnitt: Jesus gibt zu, dass seine Dialogpartner die „Nachkommenschaft Abrahams" seien. Weil sie ihn jedoch zu töten suchten, habe sein Wort in ihnen keinen Raum – ein Vorwurf, der nur dann nachvollziehbar ist, wenn die als Ἰουδαῖοι Angesprochenen als Figuren verstanden sind, die mit den etwa in 5,17 genannten

---

[58] Eine Übersetzung im Plusquamperfekt (z.B. *Thyen*, Johannesevangelium, 433) scheint mir nicht angebracht. Wie *Theobald*, Johannes 1–12, 589, deutlich macht, würde sie das Problem des Textes auch nicht lösen: „[E]s bleibt das Problem, wie Menschen, die Jesus einmal geglaubt haben, dann aber von ihm abgefallen sind, ihm sogleich nach dem Leben trachten können."

Gestalten zu identifizieren sind (vgl. auch 7,25.30. 32.44).[59] Jesus wie die Angesprochenen täten, was sie von (ihrem) Vater sähen bzw. hörten (8,38), worauf die „Juden" erneut auf die Vaterschaft Abrahams bestehen (8,39). Derselbe Jesus, der ihnen noch in 8,37 zugestanden hat, (wohl aufgrund leiblicher Abstammung) „Sperma Abraham" zu sein, stellt dieses nun in Frage: Wenn sie „Kinder Abrahams" wären, würden sie die Werke Abrahams tun; da sie jedoch ihn als einen Menschen, der die Wahrheit spricht, töten wollten, kann dies nicht der Fall sein. Abraham habe so etwas nicht getan (8,40)[60] – sie jedoch täten tatsächlich die Werke ihres Vaters (8,41a). Der Dialog spitzt sich erneut zu: Während die „Juden" nun beanspruchen, Gott als einzigen Vater zu haben, lehnt Jesus nun auch diesen Anspruch ab, weil sie sonst auch ihn lieben müssten (8,42) – sie seien in Wirklichkeit aus ihrem Vater, dem Teufel, und handelten entsprechend dem Verlangen ihres Vaters (Joh 8,44). Aufgrund seiner grausigen Nachgeschichte ist Joh 8,44 einer der problematischsten Texte des gesamten Neuen Testaments, dessen antijüdisches Potential aufzuarbeiten hier nicht möglich ist.[61] In Bezug zu Joh 1,9–13 gesetzt,

---

[59] Vor diesem Hintergrund alles, was ab jetzt ausgeführt wird, nur auf die konkreten Jerusalemer Autoritäten, die in Kap. 5 und 7 als „Juden" bezeichnet sind, zu beziehen, scheint mir, weil eben alle diese Figuren unter dem Label „Juden" beschrieben sind, nicht hilfreich (so aber *Theobald*, Johannes 1–12, 599). Will der Text damit deutlich machen, dass jeder, der sich weiterhin als Ἰουδαῖος versteht, auch dann, wenn er grundsätzlich Jesus gegenüber offen ist, weiterhin solidarisch mit der Tötungsabsicht durch die führenden Figuren der „Juden" bleibt? Aus heutiger Sicht klingt dies ungerecht; ähnlich aber funktioniert z.B. die antijüdische Polemik des Martyrium Polycarpi. Hierzu *Tobias Nicklas*, Jews and Christians? Second Century ‚Christian' Perspectives on the ‚Parting of the Ways', Tübingen 2014, 52–60.
[60] Mit großer Wahrscheinlichkeit ist hier auf Gen 22 angespielt. Hierzu z.B. *Steven A. Hunt*, ‚And the Word Became Flesh' – Again? Jesus and Abraham in John 8:31–59, in: *ders.* (Hg.), Perspectives on Our Father Abraham, Grand Rapids (MI) 2010, 81–109.
[61] Verwiesen sei nur auf Aspekte der Rezeptionsgeschichte des Johannesevangeliums in nationalsozialistischen Kontexten. Hierzu z.B.

zeigt sich, dass es der Szene keineswegs um „Juden" an sich gehen kann. Vielmehr will sie erzählen, wie die zum Glauben gekommenen, in der konkreten Szene angesprochenen „Juden" nun zeigen, dass sie offenbar nicht im „Glauben" bleiben. Ihre Ablehnung des Anspruchs Jesu als Blasphemie (vgl. Joh 5,17 sowie in der gleichen Szene 8,59) erweist aus johanneischer Sicht, dass sie nicht als „von oben Geborene" sprechen, sehen und denken – und sie so die „Wahrheit" nicht erkennen können, ja auch nicht „Kinder Gottes" (Joh 8,41; vgl. 1,12) im johanneischen Sinne sein können. Solange sie aber nicht aus der Wahrheit sind, sind sie nach johanneischer Logik „aus der Lüge" und haben so den Teufel zum Vater (Joh 8,44). So gruselig dies klingt, so sehr ist nach johanneischer Logik jedoch auch klar, dass dies keine ontologische Aussage sein kann – und schon gar keine, die irgendetwas über „Juden" an sich aussagt. Vielmehr wird etwas über die konkrete Haltung dieser Menschen in der konkreten Szene, die zum Versuch der Steinigung Jesu führen wird, gesagt. Mit einer solchen Haltung können die Angesprochenen noch nicht „Kinder Gottes" sein. Der Text jedoch schließt nirgends aus, dass sie es noch werden könnten, auch wenn sie weit davon entfernt scheinen.

Mit anderen Worten: So wie es in johanneischer Sicht möglich ist, aufgrund der eigenen Taten den Anspruch, Kinder Abrahams zu sein, zu verlieren, so ist es möglich, vom Teufelskind aufgrund neuer Geburt zum Gotteskind zu werden. Wenn der johanneische Jesus „den Juden" „Teufelskindschaft" zuspricht, dann nur so lange und insoweit sie nicht in seinem Wort bleiben (Joh 8,31) bzw. ihn gar wegen seines Wortes töten wollen (8,59; vgl. vorher 5,17 u.a.) – dies heißt jedoch nicht, dass die Tür für sie aus johanneischer Sicht für alle Zeiten geschlossen ist.

Tobias Nicklas, The Bible and Anti-Semitism, in: *Michael Lieb / Emma Mason / Jonathan Roberts* (Hg.), The Oxford Handbook of the Reception History of the Bible, Oxford 2011, 267–280.

3.3 Der Blindgeborene

Ein besonders klares Beispiel, wie solch ein Weg zur Neugeburt exemplarisch aussehen kann, bietet Kapitel 9:[62] Der Text, der aufgrund seines Hinweises auf den *aposynagogos* seit J.L. Martyn gerne als Zwei-Ebenen-Drama oder, sicherlich mit Recht, doch zumindest als auf die Situation der johanneischen Gemeinde hin offen gelesen wird,[63] erschöpft sich damit jedoch nicht. Bereits die Alte Kirche hat diese Passage immer wieder als auf „den" Menschen hinweisend verstanden, der in der Taufe zur neuen Schöpfung werden könne.[64] Auf einer zumindest ähnlichen Linie lässt sich der Text interpretieren, wenn die Jesusrede in 9,3–5 als Deutung der anschließenden Szenenfolge ernst genommen wird. Joh 9,3–4 weist nicht nur die Jüngerfrage auf die Schuld des Blindgeborenen zurück, sondern verweist auf die an ihm zu offenbarenden „Werke Gottes", die in Joh 9,4 wiederum mit dem Wirken Jesu, der, solange es Tag ist, die Werke dessen, der ihn sendet, tun muss, verbunden werden.[65] Das an dem Blinden Geschehende ist somit nicht einfach nur Wundertat, sondern als „Werk Gottes" beschrieben, das sich durch die Vermittlung Jesu, des

---

[62] Ich kann im Folgenden nicht den Bezug zur ersten Sabbatheilung in Kapitel 5 herausarbeiten, der sicherlich die beiden Geheilten noch einmal in einer Kontrastsituation zueinander bringt. Hierzu z.B. *Scholtissek*, Mündiger Glaube. Kapitel 9 wird hier als „ein Paradigma mündigen Glaubens" (S. 90) beschrieben.

[63] Vgl. *J. Louis Martyn*, History and Theology in the Fourth Gospel, Nashville ²1979; besonders einflussreich zudem *Raymond E. Brown*, The Community of the Beloved Disciple, New York 1979; und – im deutschsprachigen Raum – *Klaus Wengst*, Bedrängte Gemeinde und verherrlichter Christus. Ein Versuch über das Johannesevangelium, München ⁴1992.

[64] Eine knappe Übersicht hierzu bietet *Rudolf Schnackenburg*, Das Johannesevangelium II: Kommentar zu Kap. 5–12, HThKNT IV/2, Freiburg et al. ²1977, 326 n. 1; sowie 327f: Irenäus von Lyon, haer. 5,15,3; Augustinus, in Jh. 44,2; Apollinaris v.L. fr. 50.; Theodor von Heraclea fr. 71 und 72.

[65] Zu Textkritik und Punktierung von Joh 9,4 vgl. *Nicklas*, Ablösung und Verstrickung, 307–309.

von Gott Gesandten, an ihm vollzieht. Wenn wir die oben vorgeschlagene Verbindung zwischen „Werk Gottes" und Schöpfungswerk aufrechterhalten wollen, so wird die folgende Szene tatsächlich zu einem narrativen Paradigma der in 3,3 und 3,5 (vgl. 1,13) beschriebenen „Neugeburt". Dass der Text tatsächlich mit einer „Geburt" zu tun hat, zeigt im Grunde schon V. 1, wo von der Blindheit des Menschen „von Geburt an" (9,1) die Rede ist: Dies ist natürlich zuerst eine medizinische Aussage. Betrachtet man aber, dass Joh 9,5c nicht nur eine Verbindung zu Joh 8,12 im unmittelbareren Kontext herstellt, sondern sich auch mit dem Prolog sowie Joh 3,19 in Verbindung setzen lässt, so öffnet sich der Text – ähnlich wie die Notiz vom nächtlichen Kommen des Nikodemus – auch für eine symbolische Deutung. Die rein fleischliche Geburt „des Menschen" lässt ihn in Blindheit verharren.[66] All dies ändert sich erst aufgrund der Begegnung mit Jesus, der aufgrund des kontextuellen Netzwerks (1) als das Licht der Welt identifiziert ist, das bereits im Prolog erwähnt wurde. Zudem wissen Leserinnen und Leser, dass (2) diese Welt in der „Finsternis" bleibt, solange sie nicht vom Licht der Welt beleuchtet wird bzw. das Licht der Welt annimmt, dass (3) Jesus zu folgen ist, um nicht mehr in der Finsternis wandeln zu müssen, dass (4) über das Licht „Leben" vermittelt wird, welches ohne das Licht nicht zu erlangen ist, dass aber auch (5) die Finsternis das Licht nicht annimmt, es aber weiterhin in der Finsternis leuchtet, ja (6) dass es, als es in die Welt kommt, jeden Menschen beleuchtet. Kapitel 9 erzählt also vom Blindgeborenen, dem das Licht der Welt (Joh 8,12; 9,5) begegnet.

---

[66] Zum Netzwerk von Texten um 9,3–4 vgl. auch *Michael Labahn*, ‚Blinded by Light': Blindheit, Sehen und Licht in Joh 9. Ein Spiel von Variation und Wiederholung durch Erzählung und Metapher, in: *Gilbert van Belle / Michael Labahn / Pieter Maritz* (Hg.), Repetitions and Variations in the Fourth Gospel: Style, Text, Interpretation, BETL 223, Leuven et al. 2009, 454–509, hier 456–61 (dort auch weitere Parallelen!); vgl. auch die ausführliche Analyse des Bildfeldes „Licht" und „Finsternis" bei *Schwankl*, Licht und Finsternis.

Auch die V. 6–7, die die eigentliche Heilung erzählen, sind in hohem Maße symbolisch aufgeladen: Jesus heilt nicht einfach durch ein Wort, sondern spuckt auf den Boden, formt einen Teig und salbt[67] ihn auf die Augen. All dies hat mehrere Funktionen: Natürlich kann dies in einem sehr weiten Sinne als die auch im Sinne antiker Volksmedizin sinnvolle Unterstützung des Wirkens des Wundertäters gesehen werden;[68] natürlich aber dürfte zumindest das Motiv von der Vorbereitung des Teiges – und sei es nur aus Erde und Speichel – besonders wichtig für den späteren Vorwurf des Sabbatbruches werden. Da sich kein auch nur annähernd eindeutiger Bezug von Joh 9,6 zu Gen 2,7 LXX herstellen lässt, gibt die Szene kein klares Signal, dass sie als Akt der Schöpfung, Vollendung der Schöpfung oder Neuschöpfung interpretiert werden möchte. Weil auch die Praxis der Salbung beim Taufakt erst deutlich nach der Entstehung des Johannesevangeliums belegt ist, dürfte diese Assoziation des Verbs ἐπιχρίω in 9,6 wohl einen Anachronismus darstellen. Dass „Salbung" in der johanneischen Gemeinde jedoch eine Rolle gespielt haben dürfte, macht die Rede vom χρῖσμα in 1Joh 2,20 und 27 deutlich: Auch der dortige Text ist in vielerlei Hinsicht offen – vielleicht ist jedoch eine Form der Geistsalbung (2,20) gemeint, die in denen, die sie erhalten haben, bleibt, sie belehrt und in der Wahrheit bleiben lässt (2,27).[69] Auch wenn es zu gewagt erscheinen mag, diesen Gedanken in Joh 9,6 einzutragen und dann in dem Zueinander von „Salben"

---

[67] Zur Textkritik vgl. *Nicklas*, Ablösung und Verstrickung, 309–310. Ich könnte mir allerdings inzwischen durchaus auch vorstellen, dass die besser bezeugte Lesart mit dem Verb ἐπιχρίω sich Einflüssen der Auslegung des Textes verdanken könnte.

[68] So z.B. *Labahn*, Blinded by Light, 480.

[69] Hierzu *Udo Schnelle*, Salbung, Geist und Taufe im 1. Johannesbrief, in: *David Hellholm / Tor Vegge / Øyvind Norderval / Christer Hellholm* (Hg.), Ablution, Initiation, and Baptism: Late Antiquity, Early Judaism, and Early Christianity I, BZNW 176.1, Berlin / Boston 2011, 629–54, der schreibt (642): „Der I Joh steht damit in Kontinuität zu frühchristlichen Vorstellungen, indem er den Taufakt samt Geistverleihung mit einer rituellen Salbung verbindet."

und „Waschen" (9,6 und 7) einen Bezug zur „Geburt aus Wasser und Geist" (Joh 3,5) zu sehen, wird in jedem Fall deutlich, dass Jesus aktiv an dem Blindgeborenen handelt, der im Folgenden absoluten Gehorsam zeigt, und dass der Text sowohl durch das Verb ἐπιχρίω als auch durch die Deutung des Namens Siloach als „Gesandter" einen narrativen Bezug zwischen Jesus (Christus), dem von Gott Gesandten, und dem Blindgeborenen herstellt.[70] Der weitere Weg des Blindgeborenen „durch die Instanzen", sein wachsendes Bekenntnis und sein letztendlicher Hinauswurf (offensichtlich) aus der Synagoge (9,34) wurden in der Forschungsgeschichte so oft beschrieben, dass ich mich auf wenige Einzelheiten konzentrieren kann:[71]

(1) Der nun Geheilte hat sich so sehr geändert, dass ihn selbst seine Nachbarn nicht einfach erkennen. Dies wird ausgeräumt durch das höchst überraschende, ansonsten nur im Munde Jesu begegnende ἐγώ εἰμι in 9,9 – geradezu eine „Epiphanie" des Geheilten, dessen beginnende Beziehung zu Jesus auch damit assoziiert ist.[72] Gleichzeitig spricht er von seinem Heiler aber noch als „der Mensch, der Jesus genannt wird" (9,11), und weiß nicht, wo sich dieser aufhält (9,8–12).

(2) Bereits in der zweiten Szene (9,13–17) kommt es, da die Heilung an einem Sabbat stattfand, zu einer Krise. Der Blindgeborene wird zu den Pharisäern gebracht, denen er – deutlich knapper als den Nachbarn – von seiner Heilung erzählt. Sein Zeugnis führt zu einem

---

[70] Dass Jüngerschaft und „Christologie" im Johannesevangelium tatsächlich zusammengehören, zeigt *Marianus P. Hera*, Christology and Discipleship in John 17, WUNT II/342, Tübingen 2013.
[71] Ausführlich z.B. *Nicklas*, Ablösung, 307–390 (mit umfangreicher Diskussion der Sekundärliteratur).
[72] Für *Luc Devillers*, Jean 9, ou la Christologie interactive de Jean, in: *Joseph Verheyden / Geert van Oyen / Michael Labahn / Reimund Bieringer* (Hg.), Studies in the Gospel of John and its Christology. Festschrift Gilbert van Belle, BETL 265, Leuven et al. 2014, 227–38, hier 232, zeigt Joh 9,9, dass der Blindgeborene nicht nur geheilt, sondern zu einem Repräsentanten des nicht anwesenden Jesus transformiert wurde.

Schisma, er aber endet mit einem Bekenntnis zu Jesus als einem „Propheten" (9,17).
(3) In einer Art Zwischenspiel (9,18–22) versuchen sich die Eltern des Geheilten, die aus Angst vor dem Synagogenausschluss keine positive Aussage wagen, durch Verweis auf die Volljährigkeit ihres Sohnes aus der Affäre zu ziehen.
(4) Die ausführliche Szene 9,24–34 thematisiert wiederum Zugehörigkeiten: Der Blindgeborene wird, weil er an der Wahrheit festhält, als „Jünger von jenem" bezeichnet, während seine Gegenüber sich als Jünger Mose beschreiben (9,28), zu dem Gott gesprochen habe, während von diesem nicht bekannt sei, „woher" er ist. 9,30 bezeichnet den Blindgeborenen nun erneut als ἄνθρωπος. Dieser führt nicht nur das Spiel mit dem „Woher" weiter, sondern kommt zu der Argumentation, dass das unerhörte und gleichzeitig unumstößliche Wunder der Heilung eines Blindgeborenen nur dann möglich sei, wenn es auf Gott zurückgeführt werde, der auf einen Sünder jedoch nicht höre. Jesus könne somit kein Sünder sein, sondern müsse „von Gott" (παρὰ θεοῦ) sein, woraufhin der Geheilte, dessen „Geborensein" als Blinder bzw. (aus Sicht der Pharisäer) „in Sünden" noch zweimal thematisiert wird (9,32.34), hinausgeworfen wird.
Der Text beschreibt also eine Bewegung, ja geradezu eine Verwandlung des Blindgeborenen. Aus dem, der zu Beginn der Erzählung passiv in der Finsternis verharrte, wird mehr und mehr ein aktiv handelndes, seine Meinung klar vertretendes Subjekt. Dies geschieht selbst gegen, ja aufgrund von Widerständen und wird so im Grunde als schmerzhafter Prozess, einer Geburt gleich, beschrieben.[73] Nun erst, nach der Konfrontation mit den Gegnern, kommt es zur erneuten Begegnung mit Jesus; diese ist nicht zufällig, vielmehr „findet" Jesus den Geheilten und fragt ihn nach seinem Glauben an den Menschensohn. So sehr dies auf den ersten Blick überra-

---

[73] Ich bin Jean Zumstein dafür dankbar, mich im Anschluss an meinen Zürcher Vortrag darauf verwiesen zu haben.

schend wirkt, so sehr bindet gerade dieser für das Johannesevangelium wichtige Titel Jesu die drei betrachteten Szenen zusammen: Bereits 3,14 hatte davon gesprochen, dass derjenige, der an den Menschensohn glaube, welcher erhöht werde, ewiges Leben habe. Der anfanghafte Glaube der ab Joh 8,30 erwähnten „Juden" bezieht sich auf die Selbstoffenbarung Jesu als Menschensohn, der von ihnen erhöht und dann erkannt werde (8,28); jetzt steht erneut ein Mensch vor der Frage „Glaubst du an den Menschensohn?" (9,35). Anders als Nikodemus, der im Schweigen verharrt, und anders als die im 8. Kapitel erwähnten „Juden", die zunächst glauben, dann jedoch Jesus steinigen wollen, stellt der Blindgeborene zunächst die Frage „Wer ist das, Herr", verbindet diese aber sofort mit dem finalen Satz ἵνα πιστεύσω εἰς αὐτόν – „damit ich an ihn glaube" (9,36). Als Jesus sich ihm offenbart, äußert er die ganz einfache Formel πιστεύω, κύριε und verehrt Jesus fußfällig. Aus dem einst Blinden ist ein im johanneischen Sinne Sehender geworden, einer von denen, die „ihn annahmen" und die deswegen „Kinder Gottes" genannt werden können.[74]

Damit ist die Erzählung jedoch noch nicht abgeschlossen. Einen neben 9,3–5 bedeutsamen Schlüssel zur Gesamterzählung bietet der Schluss 9,39–41: Die Erzählung will nicht nur als Schöpfungserzählung, sondern auch als Erzählung vom Gericht verstanden werden. Dieses Gericht aber liegt nicht in der Hand derer, die in der Erzählung glauben, über Jesus (und den Blindgeborenen) urteilen zu können, sondern, wie nicht anders zu erwarten, in der Hand Jesu, „damit die nicht Sehenden sehen und die Sehenden zu Blinden würden" (9,39). Als daraufhin

---

[74] Dass der Blindgeborene nun als vollwertiger Jünger Jesu im johanneischen Sinne gesehen werden kann, wird eigentlich einhellig betont. Vgl. in der neueren Literatur z.B. *Andy M. Reimer*, The Man Born Blind: True Disciple of Jesus, in: *Steven A. Hunt / D. Francois Tolmie / Ruben Zimmermann* (Hg.), Character Studies in the Fourth Gospel. Narrative Approaches to Seventy Figures in John, WUNT 314, Tübingen 2013, 428–438, der zudem betont, welch großen Raum der Text dieser Erzählfigur einräumt (438).

einige Pharisäer die Frage stellen, ob sie etwa auch blind seien (9,40), gibt Jesus die folgende Antwort: „Wenn ihr blind wärt, hättet ihr keine Sünde. Nun aber, da ihr sagt „Wir sehen", bleibt eure Sünde" (9,41) – in geistlicher Blindheit zu verbleiben und sich dabei als „sehend" zu bezeichnen, versperrt aus johanneischer Sicht den Weg zur lebendigen Wahrheit Jesu.[75]

4. Fazit

Die Story des vierten Evangeliums kann auf verschiedene Weise erzählt werden: Je nachdem, worauf man den Fokus setzen will, kann sie als Erzählung vom Verhältnis Gottes zur Welt, als Christuserzählung, als Erzählung von der Vollendung der Schöpfung oder der Rettung der Welt, die auf das Gericht zuläuft, das ihr in Christus gleichzeitig schon jetzt begegnet, beschrieben werden. Jede dieser Facetten jedoch lässt sich auch in eine Erzählung umsetzen, die mit „dem Schicksal des Menschen" zu tun hat, obwohl es „den Menschen" an sich natürlich gar nicht gibt, sondern nur Menschen, die uns im Johannesevangelium in einer Vielzahl von Figuren gespiegelt begegnen. Der Kern dieser Erzählung wird in verschiedenen, z.T. bis hinein in konkrete Formulierungen verknüpften Variationen in Schlüsseltexten wie dem Prolog (v.a. 1,9–13), dem ersten Buchschluss (20,30–31) und den Abschiedsreden (besonders bedeutsam 17,2–3) erzählt. Immer wieder geht es dabei um die Möglichkeit, dass der im Fleisch geborene Mensch, sei es in wenigen Schritten, sei es in einem langwierigen Prozess, zum Teil auf mühsame, ja schmerzhafte Weise zum Gotteskind werden, aus Gott geboren werden bzw. ewiges Leben erlangen, aber auch den göttlichen Logos ablehnen und so im Dunkel verbleiben kann. Mit anderen Worten: Das Johannesevangelium erzählt die Geschichte von den

---

[75] *Scholtissek*, Mündiger Glaube, 92, spricht in diesem Zusammenhang vom „Rollenwechsel" der Erzählfiguren.

Möglichkeiten und den Abgründen des Menschen im Angesicht Gottes, der ihm in Jesus von Nazareth, welcher als der inkarnierte, Schöpfung vermittelnde Logos bzw. als der Wohnort des göttlichen Wortes (1,14a und b) verstanden ist, der in Einheit mit dem Vater wirkt. Diesen Logos und die in ihm erkennbare, vermittelte lebendige Wahrheit (auch unter größten Risiken) anzunehmen heißt, die Vollmacht zu erhalten, ein „Kind Gottes" zu sein. Dies nicht zu tun und in der Lüge zu verbleiben, bedeutet, in den Möglichkeiten des Fleisches zu verbleiben, ja letztendlich auf der Seite der „Teufelskinder" zu stehen. Dieser nicht einfach nur in einem einzelnen Akt oder Sprung, sondern manches Mal in einem mühsamen Prozess zu vollziehende Wechsel in der Qualität der Existenz hat einerseits mit der Aktivität des Menschen zu tun, seinem Glauben und, damit zusammenhängend, dem Bleiben im Wort. Er wird andererseits aber als Gnade beschrieben, die mit den Möglichkeiten Gottes (z.B. 17,2) und seines Geistes, der „weht, wo er will" (Joh 3,8) in Bezug gesetzt ist. Obwohl der Text so immer wieder die Begegnung mit Christus als bereits jetzt stattfindendes „Gericht" beschreiben kann (z.B. 5,27–30) und obwohl er scharfe Grenzen zwischen Gotteskindern und Teufelskindern zieht (und gleichzeitig Gestalten beschreibt, die auf halbem Wege stehen bleiben), scheint deswegen die Tür zur Neugeburt in keinem Fall – auch für den, der bereits ein alter Mann ist und am Ende seines Lebens angekommen scheint (Joh 3,4) – vorzeitig geschlossen.[76]

Besonders wichtig erscheint mir schließlich das Zueinander des einen großen Plots zu den vielen kleinen Erzählungen über Jesusbegegnungen verschiedener Menschen: Der Text bietet so gleichzeitig eine Erzählung vom Menschen, welche auf unterschiedliche Weise die Kernerzählung aus 1,9–13 wiedergibt (vgl. auch 17,2–3;

---

[76] Von einer dominierenden „heilsuniversalistischen Perspektive" *trotz* des johanneischen Dualismus spricht auch *Frey*, Dualismus, 480.

20,30–31 u.a.). Er bietet aber nicht einfach „Anthropo-Logie" im Sinne einer Lehre vom „Menschen an sich", sondern verliert nie die Erfahrung aus dem Auge, dass es diesen nicht gibt. So interessiert er sich für Menschen (im Plural) und konfrontiert seine große Idee mit menschlichen Erfahrungen. Erst dieses Zueinander der „großen Story" und der vielen kleinen Erzählungen über einzelne Figuren erlaubt es, einerseits die große Idee von den Möglichkeiten des Menschen zu formulieren und dabei andererseits die vielen Schicksale, Wege und Umwege einzelner Menschen mit ihren Tiefen und Untiefen nicht aus den Augen zu verlieren und somit letztendlich „menschlich" zu bleiben.

Stellenregister

Ausführlich behandelte Stellen sind **fett** markiert.

1. Altes Testament

Gen
1	182
1,1–5	41
1,1	181
1,27LXX	41
2,2–3	**183–185**
2,2LXX	183
2,7	182
2,7LXX	201
9	56
22	197

Ex
12,22	60
12,46	60
23,20	108

Lev
16,20–22	60

Num
21	193

Dtn
18,15.18	51, 53, 74

2Sam
20,1	160

1Kön
17,1–6	51
18,21	51
21,20	51

2Kön
1,8	51

Ps
45,9	194
132,17	70

Jes
6,9–10	193
40,3	46, 52, 73, 108–109
53	**56–57**
53,4.5.7	56
53,7LXX	60
53,10–12	56
53,11	60
53,12	56
57,6	160

Joel

3,1–5LXX	124	3,23	51
3,3	125	4,5LXX	51
3,5	125		
3,12	114	*Sir*	
		48,1	70

Mal

3,1	46, 51, 108

2. Neues Testament

Q

3,16	104, 106, 113, 115
3,17	106, 114

Mt

1,18–20	116, 118
3,1–12	58
3,5–6	101
3,5	67
3,6	58
3,11	53, 100, 104, 110, **113–119,** 132
3,12	110, 114
3,14	30, 58, 62, 102
3,16–17	118
7,19	114
11,2	50
11,7–15	69
11,9	52
13,40	115
13,42	115
13,50	115
14,26	120
15,2	145
25,41	115
26,26–29	139
28,18–20	2, 116, 118, 132
28,19	100, 117–118

Mk

1,1	108
1,2–3	46, 107–108
1,3	51–52
1,4–8	**107–112**
1,4–5	46, 53
1,4	58–59, 65, 90, 98, 100, 108–109, 113
1,5	49, 67, 101
1,6	51
1,7	47, 53, 110
1,8	52–53, 100, 104, 107, 110–113, 116, 129, 132
1,9	101

Stellenregister 211

Mk (Fortsetzung)

1,13	64	3,16	53, 100, 104, 110, **113, 119–128,** 133
1,14	62, 64, 112		
1,15	193		
1,33–37	67		
2,25–27	183	3,17	106
2,28	183	3,20–21	62
4,11	193	3,21	101
4,12	193	7,26	52
4,21	70	7,36–50	145
6,14–15	72	9,7	72
6,14	61, 100	9,23–27	188
6,24	100	11,38	101, 145
6,29	50	16,19–31	98
6,49	120	16,24	98
7,1–23	65	22,15–20	139
7,3	145	22,19	2
7,4	101	22,30	160
8,27–30	54	23,37	120
8,27–29	50, 53	23,44–45	42
8,28	61, 73	24,29	120
8,31	54	24,36–49	120
8,34–9,1	188	24,47	109
9,11–13	72	24,49	**119–121,** 122–124
9,13	51		
10,38	102		
11,30	98, 109	*Joh*	
11,32	52	1,1–51	40
14,12–25	59	1,1–18	40, 129, 172
14,22–25	139		
15,22	42	1,1–5	41–42
		1,1	173, 181
Lk		1,6–8	15, **40–47**
1,76–79	70	1,9–13	**175–179,** 189, 195–196, 206–207
1,76	90		
3,1–20	58		
3,3	90		
3,7–18	62	1,12	191
		1,13	81–82, 191

Joh (Fortsetzung)

1,14	186	3,4	82, 192, 206
1,15	**40–47**		
1,18	137	3,5–8	136
1,19–28	47, 129	3,5	3–6, 8–10, 12, 14, 20, 22–23, 25, 77, 80–81, 191, 200
1,19	172		
1,20–21	50–52		
1,23	50–54		
1,25	100		
1,26–27	50–54	3,6	13
1,26	10, 100	3,8	192
1,29–34	**54–61**, 129–132	3,9	82
		3,10	82
1,29	75	3,14–15	193
1,31–34	27	3,14	19
1,31	10, 30, 45, 55, **68**, 128	3,15	194
		3,16–17	188
1,33	9–10, 30, 34, 45, 53, 68, 81, 128, **129–132**, 135, 191	3,16	194
		3,18	194
		3,19	200
		3,20–21	**190**
		3,22–39	**61–68**
		3,22–26	3, 29
1,34	48–49	3,22–23	67
1,51	186	3,22	8–9, 12, 40, 100
2,1–11	187		
2,5	16	3,23	46, 100
2,6	65	3,25	65, 90
3	24, **80–86**, 136	3,30	75
		3,31–36	68
3,1–21	174	4	136, 189
3,1–8	31	4,1–26	174
3,3	81	4,1	9, 75
3,3–10	79	4,2	14, 29, 68
3,3–8	136, 193	4,4–42	89
3,3–5	8, 29, 31, 82, 85	4,10–14	92
		4,10	19
3,3	78, 81, 191, 200	4,24	135
		4,34	184

Joh (Fortsetzung)

5	174, 189	13,1–11	160
5,1–18	86, 88	13,2–15	91
5,14	31	13,4–10	154
5,17	**183–184**, 196	13,4–8	141
5,19–20	185	13,4–5	152
5,21–30	188	13,6–11	155, 158, 160
5,24	185	13,7–8	148
5,31–36	**69–70**	13,8	149, 152
5,36	185	13,9–11	158
6	24–25	13,9–10	31, 149, 160, 163, 166
6,28–29	185		
6,51–58	5, 16, 22–23, 81	13,9	148, 158, 162, 167
6,54	93		
6,63	23–24	13,10	**139–167**
7,38–39	92	13,12–20	157
7,39	9, 19	13,14–17	155
7,51	194	14,10–12	185
8,12	200	15,27	48
8,30–47	**195–198**	16,8–11	136
9	**86–88**, 174	17,2	179
9,1–41	**199–205**	17,4	185
9,7	20, 31	18,28	60
9,39–41	19, 204	19,5	187
10,25	185	19,30	185
10,32–33	185	19,34	22–23, **92–93**
10,32	187		
10,33	185	20,17	82
10,37–38	185	20,22–23	3, 14
10,40–42	**71–73**	20,22	135, 181
10,41	72	20,30–31	172
11,25–26	188	20,31	49, 178–179
12,42–43	194		
13	**139–167**		
13,1–30	2, 20	*Apg*	
13,1–20	**139–142**, 146, 157	1,1–8	124
		1,1–3	121

Apg (Fortsetzung)

1,4–5	119, **121–122**
1,5	100, 104, 125
1,8	**121–122**
1,29	56
2,2–4	119, **123–124**
2,7	126
2,12	126
2,16–17.33	119, **124–125**
2,19	125
2,21	125
2,33	125, 128
2,38	102
2,41	102
5,31	109
8,12	102
8,13	102
8,16	102
8,36	102
8,38	100
9,18	102
10,1–11,18	126
10,44–45	119, **126–128**
10,48	103
11,15–18	119, **126–128**
11,16	100, 104
16,10–18	103
16,15	103
16,33	103
19,3	103
19,4	100
19,5	103
22,16	102, 153

Röm

6,3	99, 101
6,4	20, 98

1Kor

1,13–17	100–101
11,23–25	2
12,13	97, 101

Gal

3,27	99, 101

Tit

3,5	20

Hebr

6,4	20, 87
10,22	153
10,32	20, 87

1Joh

1Joh	48
1,7	34
2,8	42
2,20	32, 201
2,27	32, 201
5,6–8	23

3Joh

3Joh	48

Apk

19,13	99

Autorinnen und Autoren

Carsten Claußen ist Professor für Neues Testament an der Theologischen Hochschule Elstal.

Jörg Frey ist Professor für Neutestamentliche Wissenschaft mit Schwerpunkten Antikes Judentum und Hermeneutik an der Theologischen Fakultät der Universität Zürich und Research Associate an der University of the Free State, Bloemfontein.

Anni Hentschel ist Professorin für Neues Testament und Diakoniewissenschaft an der Evangelischen Hochschule Freiburg im Breisgau.

Christina Hoegen-Rohls ist Professorin für Bibelwissenschaften (Altes und Neues Testament) und ihre Didaktik an der Evangelisch-theologischen Fakultät der Westfälischen Wilhelms-Universität Münster und Research Associate an der University of the Free State, Bloemfontein.

Christos Karakolis ist Professor für Neues Testament an der Theologischen Fakultät der National and Kapodistrian University Athen und Research Associate an der University of the Free State, Bloemfontein.

Tobias Nicklas ist Professor für Exegese und Hermeneutik des Neuen Testaments an der Theologischen Fakultät der Universität Regensburg und Research Associate an der University of Pretoria.

Uta Poplutz ist Professorin für Biblische Theologie mit dem Schwerpunkt Exegese und Theologie des Neuen Testaments am Institut für Katholische Theologie der Fakultät für Geistes- und Kulturwissenschaften der Bergischen Universität Wuppertal.